汽车电工电子基础

（第 3 版）

全国交通运输职业教育教学指导委员会
中国汽车维修行业协会　组织编写

陈文均　主　编

刘映霞　何志静　副主编

人民交通出版社

北京

内 容 提 要

本教材是"十四五"职业教育国家规划教材。其主要内容包括汽车直流控制电路、汽车继电器及电动机控制、汽车交直流变换控制电路、汽车传感器与信号处理、汽车执行器控制电路和汽车数字电路及其应用。

本教材不仅是职业教育汽车运用与维修专业、汽车车身修复专业、汽车美容与装潢专业、汽车整车与配件营销专业的专业基础课程教材,也可作为职业技能培训和相关技术人员的参考用书。

　　* 为便于教学,本教材配套多媒体教学课件,任课教师可通过加入"**QQ 群(教师专用):111799784**"获取。

图书在版编目(CIP)数据

汽车电工电子基础/陈文均主编. —3 版. —北京:
人民交通出版社股份有限公司,2025.8. —ISBN 978-7-
114-20449-4

　　Ⅰ. U463.6

　　中国国家版本馆 CIP 数据核字第 2025R8G225 号

Qiche Diangong Dianzi Jichu

书　　名:**汽车电工电子基础(第 3 版)**
著 作 者:陈文均
责任编辑:李佳蔚
责任校对:赵媛媛　魏佳宁
责任印制:张　凯
出版发行:人民交通出版社
地　　址:(100011)北京市朝阳区安定门外外馆斜街 3 号
网　　址:http://www.ccpcl.com.cn
销售电话:(010)85285911
总 经 销:人民交通出版社发行部
经　　销:各地新华书店
印　　刷:北京市密东印刷有限公司
开　　本:880×1230　1/16
印　　张:13.75
字　　数:318 千
版　　次:2017 年 3 月　第 1 版
　　　　　2021 年 12 月　第 2 版
　　　　　2025 年 8 月　第 3 版
印　　次:2025 年 8 月　第 3 版　第 1 次印刷　总第 13 次印刷
书　　号:ISBN 978-7-114-20449-4
定　　价:45.00 元

(有印刷、装订质量问题的图书,由本社负责调换)

PREFACE 第3版前言

本书自2017年3月首次出版以来,多次重印,被全国多所职业院校选为教学用书,受到广大师生好评。本书第2版于2021年12月出版,被评为"十四五"职业教育国家规划教材。

为了体现职业教育新理念,贴近汽车类专业实际教学目标,促进"教、学、做"更好地结合,突出对学生技能的培养,使之成为技能型人才。根据教育部相关要求,对本书第2版进行修订。

本次教材的修订工作,是以本书第2版为基础,吸收了教材使用院校教师的意见和建议,在修订方案和专业教学标准的指导下完成的。修订内容主要体现在以下几个方面:

1. 删去二极管焊接内容。

2. 增加点火电路控制相关内容。

3. 更新了新能源汽车高压继电器、霍尔元件在新能源汽车中的应用、新能源汽车电池串联并联、场效应管等相关内容。

4. 进一步修正了第2版教材中的不足之处,更新了部分图片。

5. 完善了数字资源和电子课件。

本书由贵州省交通运输学校陈文均担任主编,贵州交通职业大学刘映霞、贵州省交通运输学校何志静担任副主编;贵州省交通运输学校晏和坤、贵州交通技师学院赵陈平参与编写。在本书编写过程中,广州合赢教学设备有限公司冯津给予了鼎力支持和帮助。

限于编者水平,书中难免有不当之处,敬请广大院校师生提出宝贵意见和建议,以便再版时完善。

作 者
2024 年 12 月

CONTENTS 目录

项目一

汽车直流控制电路

项目描述

本项目主要介绍电路的特性参数及电路的测量计算。

项目目标

☞ 知识目标

1. 理解汽车电路基本概念;

2. 掌握电流、电压、电动势、电能等基本概念;

3. 完成复杂电路的计算。

☞ 技能目标

1. 能够按图连接电路,正确计算;

2. 学会使用数字式万用表;

3. 学会基本的焊接操作;

4. 掌握触电现场的急救方法。

☞ 素养目标

1. 养成团队合作精神和守正创新精神;

2. 养成严谨的工作作风;

3. 培养高度的安全意识。

项目任务

学习任务一　电路的组成及作用

学习任务二　数字式万用表的使用

学习任务三　电路的特性参数与测量

学习任务四　电路的连接分类

学习任务五　电路的焊接

学习任务一 电路的组成及作用

任务导入

本任务主要通过实例讲解,理论与实操相结合,认识电路的组成、工作状态、符号等。

任务点 基本电路的组成及工作状态

学习目标

知识目标:

1. 理解汽车电路的定义及组成;

2. 理解基本电路、电器元件符号及工作状态;

3. 掌握汽车电路的组成与特点。

技能目标:

1. 能够连接简单的电路;

2. 能够检测电路的通路、短路、断路。

素养目标:

1. 养成团队协作精神;

2. 养成自主学习习惯。

知识准备

电路的组成

一、电路的基本概念及组成要素

电路是电流流通的路径。

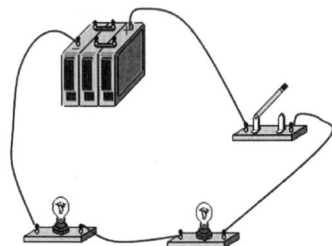

图1-1 简单直流电路

确切地说,电路是用导线把电源、用电器(负载)、控制器件连接起来组成的电流流通的路径,如图1-1所示。电路由以下几个部分组成。

1. 电源

电源是产生并提供电能的设备,可将化学能、光能、机械能等非电能转化为电能,如干电池①、蓄电池等。

---

① 干电池是一种伏打电池,利用某种吸收剂(如木屑或明胶)使内含物成为不会外溢的糊状。干电池常用作手电筒、收音机等的电源。

2.用电器(负载)

用电器(负载)指利用电能工作的器件(消耗电能的器件),如灯泡、电阻、电机等。

3.控制器件及导线

控制器件即控制电路通断和保护电路的器件,如开关、熔断器(熔断丝)等;导线是用来连接电路的,有传导电荷的作用,如铜线、铝线等。

二、常见电路及电器元件符号

电路的实物连接图画起来比较麻烦。一般画电路时,电路中的元器件都是以电路符号来代替的,而且电路符号都是有相关标准规定的。表1-1是电路图中几种常见的电工标准电路符号。

几种常见的电工标准电路符号　　　　　　　　　　　　表1-1

名称	符号	名称	符号
电阻	○—[□]—○	电压表	○—(V)—○
电池	○—|⊢—○	搭铁	⏚ 或 ⏊
电灯	○—⊗—○	熔断器	○—[▭]—○
开关	○—╱ ○	电容	○—||—○
电流表	○—(A)—○	电感	○—〰〰〰—○

三、电路的四种基本状态

电路有通路、短路、断路、虚接四种基本状态。在实际电路应用中,除了正常的"通路"之外,电路"短路"通常导致元件发热烧毁,"断路"通常导致元件不连接,"虚接"导致电路连接不良。

1.通路

电路接好后,闭合开关,处处相通的电路称为通路,如图1-2所示。

2.短路

导线不经过用电器直接跟电源两极连接的电路称为短路,如图1-3所示。短路时,电流很大,电源和导线会因发热而被烧坏。因此,要禁止短路的发生。

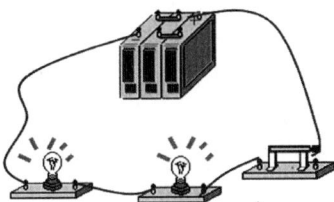

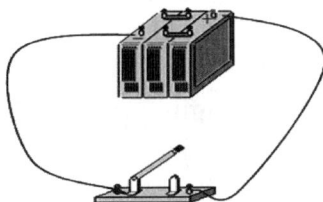

图1-2　通路　　　　　　　　图1-3　短路

3.断路(开路)

开关未闭合或电线断裂、接头松脱,使线路在某处断开的电路称为断路,如图1-4所示。

4. 虚接(接触不良)

电路导线连接处没有接好或焊点没有焊好,两接触点等于是接入一个阻值很大的电阻即称为虚接,如图1-5所示。

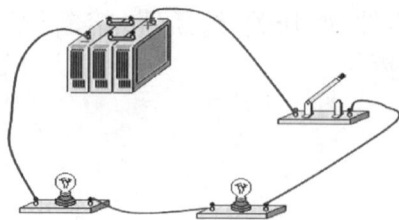 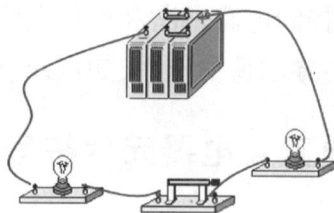

图1-4　断路　　　　　　　　　　图1-5　虚接

四、汽车电路组成与特点

一辆汽车有上千个单独的电路,其中一些电路非常复杂,但其工作原理都是相似的。若要构成一个完整的电路,就必须有电源、负载、控制保护和导线。

无论电路构成组件的数量有多少,或其位置如何,电流总是在一个完整回路中流动。在汽车电路中,电流总是从电源正极经由负载,最后回到电源负极。图1-6所示为标准汽车电路主要部件的实物。

a) 电源（蓄电池　　　b) 导体（导线或电缆）　　c) 保护装置（熔断器
或发电机)　　　　　　　　　　　　　　　　　　　　或断路器）

  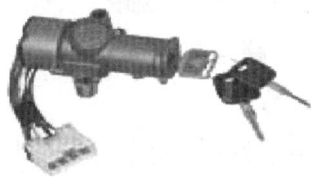

d) 接地通路（车体　　e) 负载（灯泡或电机）　　f) 控制装置（开关
底盘)　　　　　　　　　　　　　　　　　　　　或继电器）

图1-6　标准汽车电路组件实物图

1. 汽车整车电路的组成

汽车整车电路通常由电源电路、起动电路、点火电路、照明与灯光信号装置电路、仪表信息系统电路、辅助装置电路和电子控制系统电路组成。

1) 电源电路

电源电路也称充电电路,是由蓄电池、发电机、调节器及充电指示装置等组成的电路。电能分配(配电)及电路保护器件也可归入这一电路。

2) 起动电路

起动电路是由起动机、起动继电器、起动开关及起动保护电路组成的电路。低温条件下起动预热的装置及其控制电路也可列入这一电路。

3）点火电路

点火电路是汽油发动机汽车特有的电路,它由点火线圈、分电器、电子点火控制器、火花塞及点火开关组成。微机控制的电子点火控制系统一般列入发动机电子控制系统。

4）照明与灯光信号装置电路

照明与灯光信号装置电路是由前照灯、雾灯、示廓灯、转向灯、制动灯、倒车灯、车内照明灯及有关控制继电器组成的电路。

5）仪表信息系统电路

仪表信息系统电路是由仪表及其传感器、各种报警指示灯及控制器组成的电路。

6）辅助装置电路

辅助装置电路是由为提高车辆安全性、舒适性等而设置的各种电器装置组成的电路。辅助电器装置的种类随车型不同而有所差异。汽车档次越高,辅助电器装置越完善,一般包括风窗玻璃刮水装置及清洗装置、风窗玻璃除霜(防雾)装置、空调装置、音响装置等。较高级车型上还装有车窗电动升降装置、电控门锁、电动座椅调节装置和电动遥控后视镜等。电子控制安全气囊归入电子控制系统。

7）电子控制系统电路

电子控制系统电路主要由发动机控制系统(包括燃油喷射、点火、排放等控制)、自动变速器及定速行驶控制系统、防抱死制动系统、安全气囊控制系统等电路组成。

2.汽车电路的特点

汽车电路的特点是低压、直流、单线制。采用直流供电,单线制(负极搭铁),双电源(蓄电池,发电机);低压(12V,24V),并联电路,开关可以控制电源正极也可以控制电源负极。其中,负极搭铁就是蓄电池的负极用金属导线与汽车发动机或汽车金属底盘直接连接。

汽车电路特点

五、新能源汽车的低压与高压系统

新能源汽车都具备低压电系统与高压电系统,这两套系统是相互隔离的。高压电系统线缆(橙色)与车辆接地处的高压组件外壳是完全绝缘,从而将高压电网与低压车载电气系统(12V 或 24V 等)安全地进行电气分隔,如图 1-7[1] 所示。

图 1-7 中 DC/DC 变换器将新能源汽车的低压与高压系统联系起来,它可以将高压直流电降压为低压直流电。同时,鉴于新能源汽车高压的特性,有必要重点监测高压正、负极对地的绝缘电阻的大小(图 1-7 中虚线所示)。

电动汽车之所以采用高电压,其目的是降低从动力蓄电池到驱动电机之间电能的损耗,并减小传递电能导线的尺寸。

1.有效减小线束截面积

根据公式 $P = UI$,当功率一定时,电压和电流成反比关系。例如:120kW 功率,按照 12V

---

[1] 本图片选自德国 Christiani 克尼集团《HV5-绝缘电阻和电位均衡测量》课件。

供电,电流则高达 10000A;如按照 400V 供电,电流则仅有 300A。

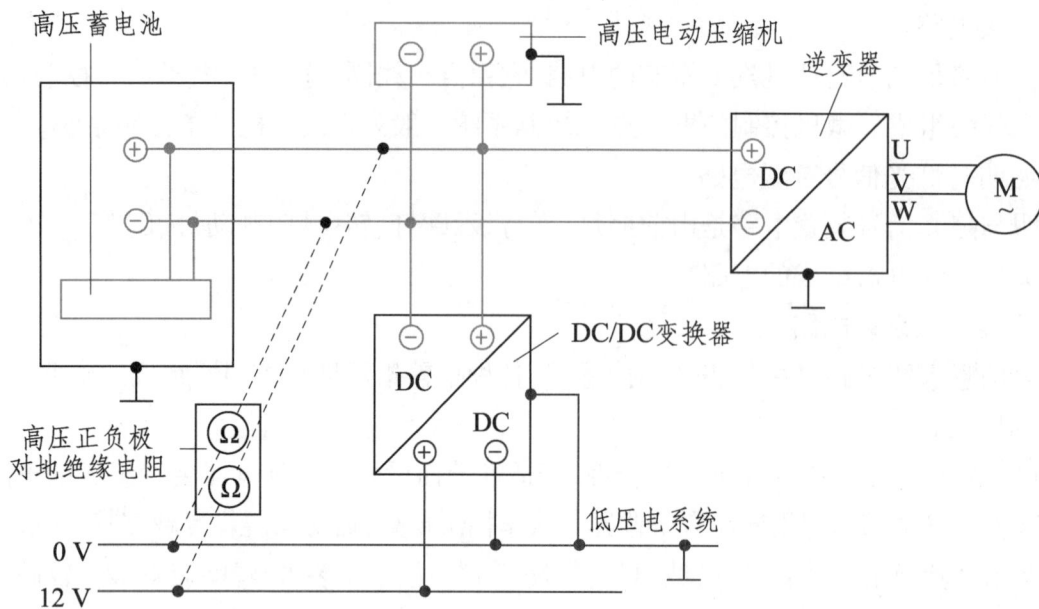

图 1-7　新能源高压与低压系统的并存与分隔关系

根据《家用和类似用途电器的安全　第 1 部分:通用要求》(GB/T 4706.1—2024)(该标准于 2026 年 8 月 1 日实施),线束粗细(即铜线截面积)与负载电流的关系见表 1-2。

线束粗细与负载电流　　　　　　　　　　　　　　　表 1-2

导线截面	允许承载电流(A)	
(mm²)	铜导线	铝导线
1	12	5
1.5	15	7.5
2.5	25	12.5
4	32	20
10	60	42
16	80	60
25	110	84
…	…	…

按照常见新能源汽车动力蓄电池 100Ah,3C 倍率①放电对应 300A 的峰值电流计算,对应铜线的截面积为 40mm²,铜线直径约为 8.7mm,加上铜线外部的绝缘层,高压线直径为 1.8cm 以上。

若是按照传统的 12V 供电,达到相应的功率,此刻电流高达 10000A,此刻,铜线截面积为 2000mm²,对应铜线直径约 50mm,加上铜线外部的绝缘层,直径为 10cm 以上。

---

　　① 一般充放电电流的大小常用充放电倍率来表示,即:充放电倍率 = 充放电电流/额定容量。例如:额定容量为 100Ah 的电池用 20A 放电时,其放电倍率为 0.2C。

显然,这样又粗又重的"高压线束"是难以在新能源汽车现实存在的。同时,线束截面积的增加,还会导致汽车线束芯部散热困难、空间布置难、成本提高等。所以,适当提高电压,选择合理的、较小截面积的线束势在必行。

2.有效减少电能损耗

电流通过导体时所产生的热量,与电流强度的平方、导体本身的电阻以及电流通过的时间成正比,这个结论称为焦耳—楞次定律,其数学表达式为:$Q = I^2Rt$。因此,同一功率输送时,电压越高,电流越小;电流越小可降低线束电阻发热量,故电能损耗越小。但是,提升电压又对高压安全方面及零部件等提出了挑战。

边学边做

(1)通过以上学习,具备了一定的理论知识,下面将进行实训。首先,准备实训需要使用的积木板、器材,见表1-3。

实训器材   表1-3

可调电压锂电池模块	开关与熔断丝积木板	负载积木板

(2)实训步骤:简单电路的连接,见表1-4。

简单电路连接   表1-4

步骤	电路原理图	工作步骤
1		读识电路原理图,说明每个元器件的作用。 电源:_____ 熔断丝:_____ 开关:_____ 灯泡:_____
2		检测积木板外观是否完好,用连接导线按照积木板连接示意图连接成完整电路,注意连接前先关闭电源开关

续上表

步骤	电路原理图	工作步骤
3		连接好实际的积木板电路,检查无误后打开电源开关,仔细观察实训现象,并做好相关记录
4		当开关断开时,电路处于_____状态,此时灯泡_____;当开关闭合时,电路处于_____状态,此时灯泡_____
5		按照上述步骤把灯泡换成电动机,观察实训现象,并做好相关记录
6		接通电路后,灯泡会发光,说明此时电池提供的电能通过电流的形式转变成_____;用手触摸灯泡会觉得热,说明此时电流还能转变成_____。将电动机代替灯泡,是将电能转变成_____;对电池充电,是将_____能转变成_____
7		用连接导线直接短接电源,电路处于_____状态。 (此操作不能频繁,短路后需重新关闭电源再开启方可恢复正常)

考核与评价

一、考核方式

(1)每小组对应一套电子积木板、一张实训工作台。

(2)检查实训任务:真实、完整、有效。

（3）按各实例的知识讲解及实训情况进行自评、互评。

二、考核说明及评价

考核说明及评价见表1-5。

考核说明及评价   表1-5

评价指标	考核说明	考核记录			
基本知识点考核	汽车电路的组成 汽车电路的特点 电路的四种工作状态 基本电路符号的掌握				

评价内容	检验指标	权重	自评	互评	总评
1.检查任务完成情况	（1）完成任务过程情况				
	（2）任务完成质量				
	（3）在小组完成任务过程中所起的作用				
2.专业知识	（1）能够描述汽车电路的组成、特点				
	（2）能够描述电路的工作状态				
	（3）能够画写电路符号				
	（4）能够检测电路的通路、短路、断路和虚接				
	（5）能够依照电路图连接电子积木板				
3.职业素养	（1）学习态度：积极主动参与学习				
	（2）团队合作：与小组成员一起分工合作、学习				
	（3）现场管理：服从工位安排、执行实训室"6S"管理				
4.综合评议与建议					

想一想

（1）汽车电路和普通电路有什么不同？

（2）认识与掌握汽车电路需要补充哪些知识？

学习任务二　数字式万用表的使用

任务导入

在维修汽车电路的过程中,数字式万用表是不可缺少的检测工具。本任务主要通过实例讲解,理论与实操相结合,学习万用表的组成、分类、作用和测量等。

任务点　数字式万用表的说明及测量

学习目标

知识目标:

1. 了解数字式万用表的结构;

2. 熟悉数字式万用表的功能。

技能目标:

1. 正确使用数字式万用表测量电流;

2. 正确使用数字式万用表测量电压。

素养目标:

1. 培养团队合作精神和守正创新精神;

2. 养成自主学习习惯;

3. 培养劳动精神、奋斗精神、奉献精神。

知识准备

一、数字式万用表的原理

数字式万用表是在数字式电压表的基础上扩展而成的,核心就是一个200mV量程的数字式电压表,其主要工作原理是把被测量的电压信号、电流信号、交流电压信号、电阻、电容、电感、二极管等统一转换成直流电压信号并且经过衰减器衰减到200mV以下,再由模/数(A/D)转换器将电压模拟量转换成数字量,然后,通过电子计数器计数,最后,把测量结果用数字直接显示在显示屏上。图1-8和图1-9所示为数字式万用表。

二、数字式万用表的使用

数字式万用表主要由数字电压表、测量电路、量程转换开关等组成。其中,测量电路能将待测电量和电参量转换为毫伏级的直流电压,供数字电压表显示待测量。当量程转换开关置于不同的位置时,可组成不同的测量电路。图 1-10 所示为 DY2201B 型数字式万用表。前面板装有液晶显示屏、电源开关、量程转换开关(功能旋钮)、公共输入端子(COM)、电压电阻频率等输入端子。后面板附有电池盆。

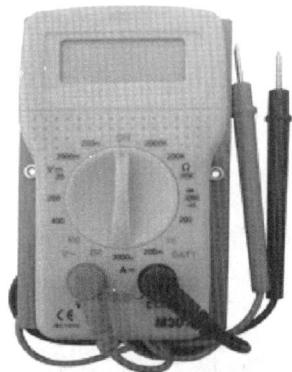

图 1-8　电子积木板用
数字式万用表

图 1-9　数字式万用表

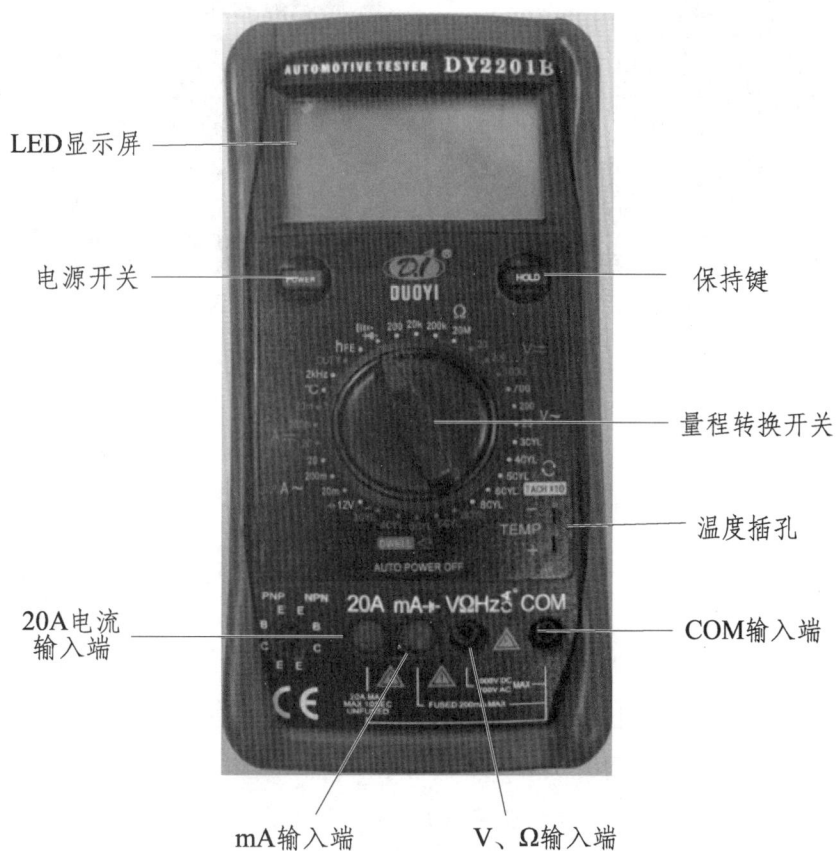

图 1-10　DY2201B 型数字式万用表

DY2201B 型数字式万用表的使用操作,先将量程放置在需测量的挡位,再按下电源开关按钮。

1. 电压测量

(1)将黑表笔插入 COM 插孔,红表笔插入 VΩ 插孔。

(2)测直流电压(DCV)时,将量程开关置于 DCV 量程范围,而测交流电压(ACV)时,则将量程开关置于 ACV 量程范围;将测试表笔并接到被测负载或信号源上;在显示电压读数时,同时会指示出红表笔的极性,如图 1-11 所示。

2. 电流测量

(1)将黑表笔插入 COM 插孔,当被测电流在 200mA 以下时红表笔插 A 插孔;如被测电流在 200mA ~2A 之间,则红表笔移至 10A 插孔。

(2)将量程开关置于直流电流(DCA)或交流电流(ACA)量程范围,测试笔串入被测电路中。

3. 电阻测量

(1)将黑表笔插入 COM 插孔,红表笔插入 VΩ 插孔(注意红表笔极性为" + ")。

(2)将量程开关旋转至所需电阻量程上,将测试笔跨接在被测电阻上,如图 1-12 所示。

图 1-11　万用表测量电压示意图　　　图 1-12　万用表测量电阻示意图

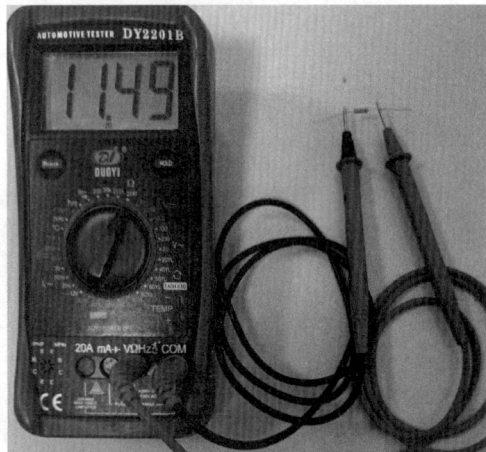

注　意

①当输入断路时,会显示过量程状态"1"。

②如果被测电阻超过所用量程,则会指示出过量程"1",必须换用高挡量程。当被测电阻在 1MΩ 以上时,需数秒后才能稳定读数,对于高电阻测量这是正常的。

③检测在线电阻时,必须确认被测电路已关闭电源,才能进行测量。

④当用 200MΩ 量程进行测量时应注意,在此量程,二表笔短接时读数为1.0,这是正常现象,此读数是一个固定的偏移值;当被测电阻为 100MΩ 时,读数为 101.0,正确的阻值是显示值减去 1.0 即 101.0 - 1.0 = 100.0。

测量高阻值时,应尽可能将电阻直接插入 VΩ 插孔和 COM 插孔中,长导线在高阻值测量时容易感应干扰信号,使读数不稳。

4. 电容测量

(1)接上电容器以前,显示可以缓慢地自动校零,但在 2nF 量程上剩余 10 位数以内无效是正常的。

(2)把测量电容连接到电容输入插孔(不用试棒),有必要时,注意极性连接。

①测试单个电容器时,把脚插入位于面板左下边的两个插孔中(插入测试孔之前电容器务必放尽电,以免损坏仪表)。

②测试大电容时,注意在最后指示之前会存在一定的滞后时间。

③单位:$1\mu F = 1000nF$;$1nF = 1000pf$。

④不要把一个外部电压或已充好电的电容器(特别是大电容器)连接到测试端。

5. 温度测量

测量温度时,将热电偶传感器的冷端(自由端)插入温度测试孔中,热电偶的工作端(测量端)置于待测物上面或内部,可直接通过表笔插座测量,如图 1-13 所示。

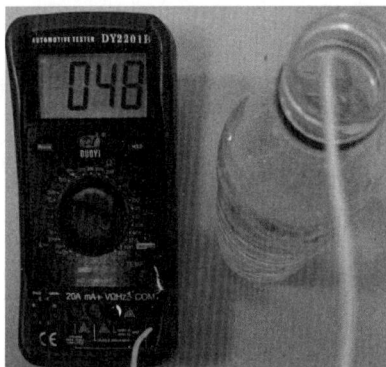

图 1-13   万用表测量温度示意图

①此表设计为当热电偶插入温度测试孔后,自动显示被测温度,当热电偶传感器断路时,显示常温。

②本表随机所附 WRNM-010 裸露式接点热电偶极限温度为250℃,短期内为300℃。

6. 音频电信号测量

(1)将黑表笔插入 COM 插孔,红表笔插入 VΩ 插孔。

(2)将量程开关旋转至频率(Hz)量程,将测试笔接入被测电路,读取显示值。

不得有大于250V 的有效值供给输入端,电压高于100V 有效值虽可显示出来,但会影响准确度。

7. 测试数据保持

按下保持开关,显示"H"符号,显示数字保持测量数据,再次按下保持开关,万用表即可恢复测量状态,保持开关符号"H"消失,显示数字为测量状态。

8. 二极管测量

(1)将黑表笔插入 COM 插孔,红表笔插入 VΩ 插孔。

(2)将量程开关旋转至"•)) ▸▸▸"挡,将测试笔跨接在被测二极管上,显示为正向电压降伏特值,当二极管反接时,显示为过量程状态。输入端断路时,显示为过量程状态即最高位显示"1"。

注　意

正向直流电流约1mA,反向直流电压约3V。

9. 晶体管的测量

(1)将量程开关旋转至 h_{FE} 挡上。

(2)确认晶体管是 NPN 型还是 PNP 型,然后将三极管的发射极、基极、集电极分别对应仪表 h_{FE} 插座相应的 E、B、C 插孔。

(3)显示读数为晶体管的 h_{FE} 近似值,测试条件:基极电流 $10\mu A$,电压 V_{ce} 约 3V。

10. 蜂鸣通断测试

(1)将黑表笔插入 COM 插孔,红表笔插入 VΩ 插孔。

(2)将量程开关置于"•)) ▸▸▸"挡位。

(3)将表笔跨接在欲测线路之两端,当两点之间的电阻值小于 50Ω 时,蜂鸣器便会发出声响。

注　意

当输入端开路时,仪表会显示过量程状态。

被测电路必须在切断电源状态下检查通断。因为任何负载信号都可能会使蜂鸣器发声,导致错误判断。

三、绝缘电阻测试仪的使用

整车绝缘是车辆本质安全的重要内容,按照《电动汽车安全要求》(GB 18384—2020)的规定,整车绝缘电阻分两种情形进行检测,分别为:"不带电法绝缘电阻检测"和"带电法绝缘电阻检测"。

1. 绝缘电阻测试仪

实现新能源汽车绝缘电阻测试,需要利用数字绝缘电阻表进行检测。某款数字式绝缘万用表外观如图 1-14 所示。

该款数字式绝缘万用表显示屏在最上方,第二行从左开始,依次是"HOLD"按键(用来锁定数据)、"LOCK&CONTINUOUS"按键(持续性检测)、"ZERO"按键(归零)。第三行是"TEST"按键(测试按键),其下方是功能显示盘,显示盘左侧是待检测高压元件电压选择 125V、250V、500V、1000V,中间是 OFF 挡,右侧依次是 400Ω、交流 1000V、交流 750V 挡位。

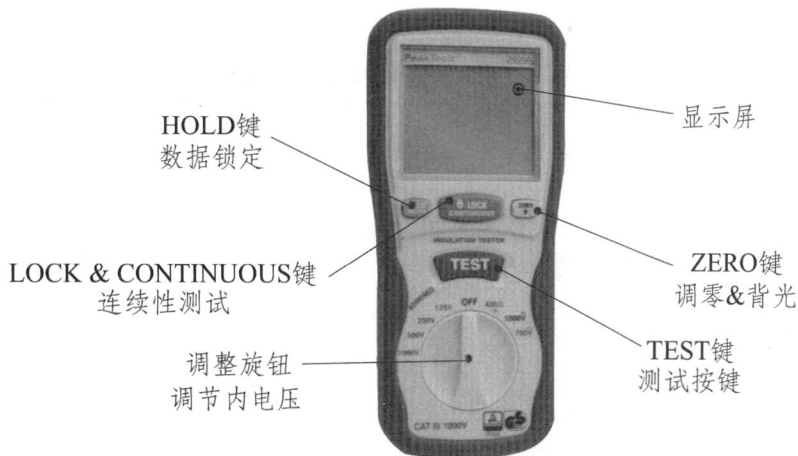

图 1-14 某款数字式绝缘万用表外观

另外,数字式绝缘万用表头部侧面有检测表笔 COM 线插孔(接黑色表笔)、VΩ 插孔(接红色表笔)。

2.绝缘电阻测试仪检测方法

首先,检视待检测元件的电压极限,用调整旋钮选择所需的测试电压。然后,根据相应的输出测试电压选择 125 V、250 V、500 V、1000 V 开关位置。

将红色测试导线连接到仪表的 VΩ 插孔,将黑色测试导线连接到 COM 插孔。将测试导线的探针末端连接到待测电路。按下"TEST"按键开始测试。该按钮会自行锁定,按钮灯将亮起。

主显示区会显示单位为 M(MΩ)或 G(kMΩ)的绝缘电阻。按下并松开 TEST 按钮以停止测试①。图 1-15 所示为交流充电插座的 L 端子对地绝缘性检测,数值为 24.16MΩ。

图 1-15 某款数字式绝缘万用表外观检测交流充电座 L 端子对地绝缘性

边学边做

(1)通过以上学习,具备了一定的理论知识,下面将进行实训。首先,准备实训需要使用的积木板、器材,见表 1-6。

实训器材   表 1-6

可调电压锂电池模块	万用表	二极管特性实训板

---

① 说明:大于 5.50 GΩ 的读数表示仪表读数超过测量范围的电阻值。

(2)实训步骤:数字式万用表检测电流实训(表1-7)。

数字式万用表检测电流实训　　　　　　　　　　表1-7

步骤	图示	工作步骤
1	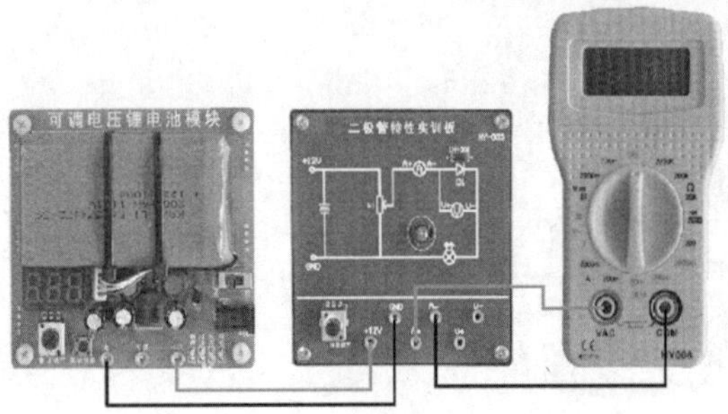	检测积木板外观是否完好,用连接导线按照积木板连接示意图连接成完整电路,注意连接前先关闭电源开关
2	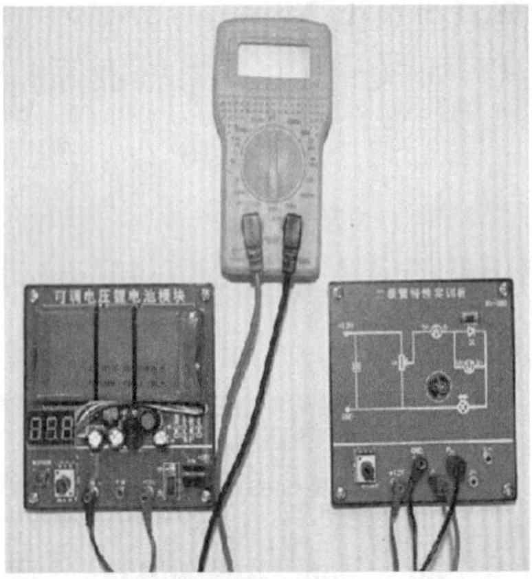	1.连接好实际的积木电路,检查无误后,将万用表旋转到直流电流挡,然后打开电源,仔细观察实训现象,并做好相关记录; 2.观察万用表显示屏上显示的电流是:_____毫安(mA); 3.调节二极管特性实训板的可调电阻后,观察万用表显示屏上电流值有什么变化; 4.观察万用表选择其他量程的直流电流挡,显示屏上的电流值有什么不同

(3)实训步骤:数字式万用表检测电压实训(表1-8)。

数字式万用表检测电压实训　　　　　　　　　　表1-8

步骤	图示	工作步骤
1	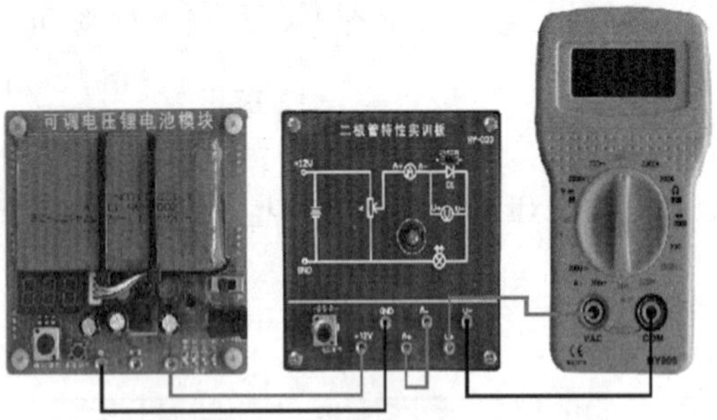	检测积木板外观是否完好,用连接导线按照积木连接示意图连接成完整电路,注意连接前先关闭电源开关
2	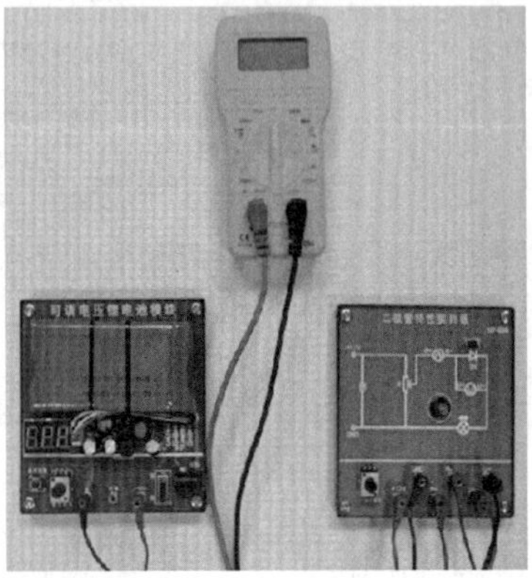	1.连接好实际的积木电路,检查无误后将万用表旋转到直流电压挡,然后打开电源,仔细观察实训现象,并做好相关记录; 2.观察万用表显示屏上显示的电压是:_____伏(V); 3.调节二极管特性实训板的可调电阻后,观察万用表显示屏上电压值有无变化,并说明原因

考核与评价

一、考核方式

（1）每小组对应一套电子积木板、一张实训工作台。

（2）检查实训任务：真实、完整、有效。

（3）按各实例的知识讲解及实训情况进行自评、互评。

二、考核说明及评价

考核说明及评价见表1-9。

考核说明及评价　　　　　　　　　　　　　　　　　　表1-9

评价指标	考核说明	考核记录			
基本知识点考核	数字式万用表的使用 万用表的结构 万用表的挡位				
评价内容	检验指标	权重	自评	互评	总评
1. 检查任务完成情况	（1）完成任务过程情况				
	（2）任务完成质量				
	（3）在小组完成任务过程中所起的作用				
2. 专业知识	（1）能够描述万用表的挡位用途				
	（2）了解万用表的结构组成				
	（3）掌握数字式万用表的使用方法				
	（4）掌握万用表测量的数值读取				
3. 职业素养	（1）学习态度：积极主动参与学习				
	（2）团队合作：与小组成员一起分工合作、学习				
	（3）现场管理：服从工位安排、执行实训室"6S"管理				
4. 综合评议与建议					

想一想

（1）在汽车上能否用蜂鸣挡直接测量线路的通断？

（2）万用表测量时，不同量程测量有什么区别？

学习任务三　电路的特性参数与测量

任务导入

本任务主要通过实例讲解,理论与实操相结合,学习电路中基本物理量包括电流、电压、电动势、电能、电功率的特性。

任务点1　电路的主要物理量与测量

学习目标

知识目标:

1. 理解电路的电流、电压定义;

2. 认识电流、电压的符号和单位;

3. 认识触电类型,学会安全用电。

技能目标:

1. 正确判断电压方向;

2. 能够分析电阻、电感及电容元件的特性;

3. 连接电路时,选择合适的电阻、电感和电容元件;

4. 掌握触电现场的急救方法。

素养目标:

1. 养成勇于挑战、精益求精的工作态度;

2. 养成责任意识、安全意识。

知识准备

电流(方向、强度)

一、电流

1. 电流的形成

水能在管中流动,称为水流;同样,电子也能在导线中流动,这种电子的流动就称为电流。如图1-16所示,当合上电源开关的时候,电灯就会发光,这是因为在电路中有电流通过的缘故。电流虽然用肉眼看不见,但是可以通过它的各种表现而被人们所觉察。那么,什么是电流呢? 电荷(带电粒子)在电场力或外力的作用下,做有规则的定向运动而形成电流。

2. 电流的大小和单位

表征电流强弱的物理量叫作电流强度,简称电流,用字母"I"表示。在国际上,电流强度定义为单位时间内通过导线某一截面的电荷量,数学表达式为 $I = Q/t$。

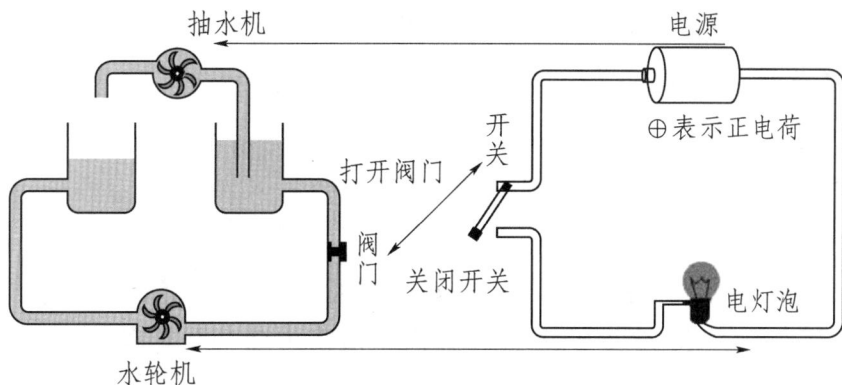

图 1-16 水流与电流的产生

在国际单位制中,电流的单位名称是安培,简称安,用符号 A 表示,并规定每秒钟通过导线截面的电量为 1 库时的电流为 1 安。电流的单位也可用千安(kA)、毫安(mA)、微安(μA)表示,它们之间的换算关系是:

$$1kA = 1000A \qquad 1A = 1000mA \qquad 1mA = 1000μA$$

3. 电流的方向规定

导体中的电流是由负电荷在导体中流动形成的,而我们习惯上规定正电荷运动的方向或负电荷运动的相反方向为电流的方向(实际方向)。所以,导体中的电流不仅具有大小,而且具有方向。

大小和方向都不随时间而变化的电流为恒定直流,简称直流,如图 1-17 所示。

方向始终不变,大小随时间而变化的电流称为脉动直流电流,如图 1-18 所示。

大小和方向均随时间变化的电流称为交流电流,通常其大小和方向随时间作周期性变化,简称交流。我国电力系统使用的正弦交流电,如图 1-19 所示。

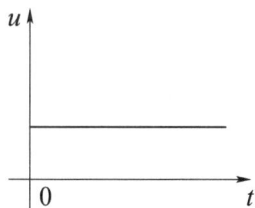

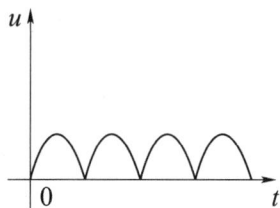

图 1-17 直流电   图 1-18 脉动直流电   图 1-19 正弦交流电

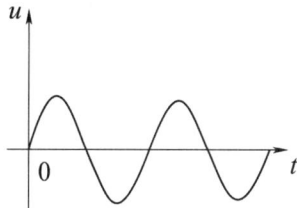

在实际测量中,使用电流表或万用表电流挡串联入被测电路中,且要注意极性,严禁将电流表并联在被测电路两端。

4. 电流产生的条件

(1)必须具有能够自由移动的电荷(金属中只有负电荷移动,电解液中为正负离子同时移动);

(2)导体两端存在电压差(要使闭合回路中得到持续电流,必须要有电源);

(3)电路必须为通路。

5. 电流的效应

(1)热效应。导体通电时会发热,这种现象称为电流热效应,例如电阻通电后会发热。

(2)磁效应。奥斯特发现,任何通有电流的导线,都可以在其周围产生磁场的现象,称为电流的磁效应,例如继电器线圈通电后会产生磁吸力。

(3)化学效应。电的化学效应主要是电流中的带电粒子(电子或离子)参与而使得物质发生了化学变化,例如蓄电池的充电过程。

二、电压与电动势

1. 电压的定义

如图1-20所示,高度不同产生压力的不同,产生了势能,导致水的流动。电压也是一样,因为两点间存在电势差,导致了正的带电离子从高电势向低电势流动,从而形成电流。电流形成的根本原因是因为导体两端存在电势差。我们常见的干电池、锂离子蓄电池和铅酸蓄电池,两个接线端子都存在电压。

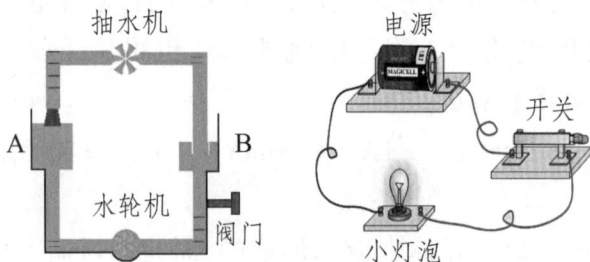

图1-20 水压与电压的产生

电压是用来表示电场力移动电荷做功本领的物理量。在物理上定义为a、b两点之间的电压U_{ab},在数值上就等于电场力将单位正电荷从a点移到b点所做的功。数学表达式为$U_{ab} = W_{ab}/q$。

电动势是用来表示电源移动电荷做功本领的物理量,用字母"E"表示。电源的电动势,在数值上等于电源把单位正电荷从负极b(低电位)经由电源内部移到电源的正极a(高电位)所做的功。

2. 电压的单位

在国际单位制中,电压和电动势的单位都是伏特(焦耳/库仑),简称"伏",用大写字母"V"表示。1伏特等于对每1库仑的电荷做了1焦耳的功,即$1V = 1J/C$。另外,还有千伏(kV)、毫伏(mV)和微伏(μV),它们的换算关系是:

$$1kV = 1000V \qquad 1V = 1000mV \qquad 1mV = 1000\mu V$$

3. 电压的方向

电压的实际方向规定为由高电位("+"极性)端指向低电位("−"极性)端,即为电位降低的方向。电源电动势的实际方向规定为在电池内部由低电位("−"极性)端指向高电位("+"极性)端,即为电位升高的方向。

实际测量中,可以使用电压表或万用表电压挡直接并联在被测电路的两端,且要注意极性。

4. 电位

在电路中选定一个参考点(即零电位点),则电路中某一点与参考点之间的电压即是该点的电位,单位也是伏特。

参考点(零电位)的选择,在电力电路中常以大地作为参考点;电子电路中常以多条支路汇集的公共点或金属底板、机壳等作为参考点;在汽车电路中常以车身金属作为参考点,连接的是蓄电池的负极,通常称作"搭铁"。

三、新能源汽车高压电安全

1. 高压电定义

高、中、低等电压等级的分法较为复杂,在不同的应用场合,可能存在不同的理解差异,而且,交流电和直流电的等级也有不同。如在电气工程中,220V 和 380V 都属于低压,而在安全用电方面,220V 和 380V 则都属于高压。

《电业安全工作规程　发电厂和变电所电气部分》(DL 408—2023)规定电气设备分为高压和低压两种。高压是指超过低压的电压等级;低压是指用于配电交流系统中 1000V 及以下的电压等级,或直流 1500(±750)V 及以下的电压等级。

2. 安全电压

安全电压是指人体不戴任何防护设备时,触及带电体不受电击或电伤的电压。

根据发生触电危险的环境条件不同,我国将安全电压分为三个等级:特别危险、高度危险、没有高度危险。

3. 触电机理

新能源汽车维修工作中,维修人员高压电事故是人体两部分同时接触了带电体,而且两个带电体之间存在电位差,结果导致电流通过人体产生有害效应。

(1)触电电流等级。

触电电流主要分为以下三个等级:感知电流、摆脱电流和室颤电流。

①感知电流:引起人的感觉的最小电流。人接触这样的电流会有轻微麻感。实验表明,成年男性平均感知电流有效值为 1.1mA;成年女性约为 0.7mA。

②摆脱电流:人体可以忍受而一般不致造成不良后果的电流。对于交流电,摆脱电流通常在 10 ~ 16mA 的范围内。当电流超过这个值时,人们可能会因为肌肉痉挛等原因而无法自行摆脱电源。

③室颤电流:是通过人体引起心室发生纤维性颤动的最小电流。人的室颤电流约为 50mA。当电流达到或超过这个级别时,它可能会在短时间内对人体造成严重伤害,如心跳停止和呼吸麻痹,甚至导致死亡。

(2)人体电阻。

人体电阻的数值并不是一个固定的值,它会受到多种因素的影响而发生变化。一般来说,人体电阻的平均值在 1000 ~ 2000Ω 之间。但在实际情况下,人体电阻的数值可能会在这个范围内有所波动。例如,在干燥环境中,人体电阻可能较高,达到 2kΩ ~ 20MΩ 的范围;而在皮肤出汗或潮湿的情况下,人体电阻可能会降低到 1kΩ 左右;如果皮肤有伤口,电阻值可能会进一步降低到 800Ω 左右。

边学边做

(1)通过以上学习,具备了一定的理论知识,下面将进行实训。首先,准备实训需要使用的积木板、器材,见表1-10。

实训器材   表1-10

可调电压锂电池模块	电压表电流表积木板	开关与熔断丝板
	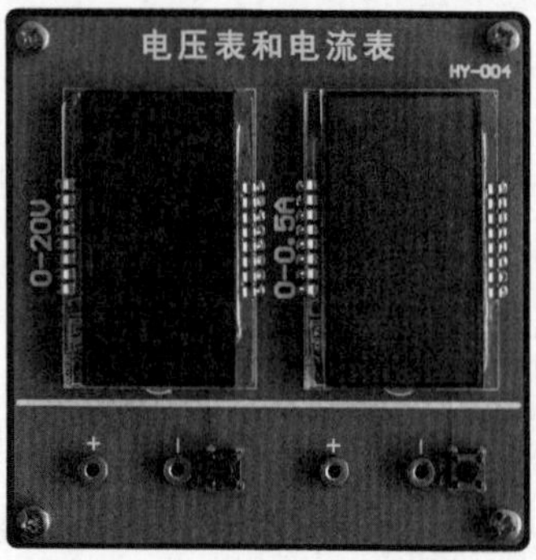	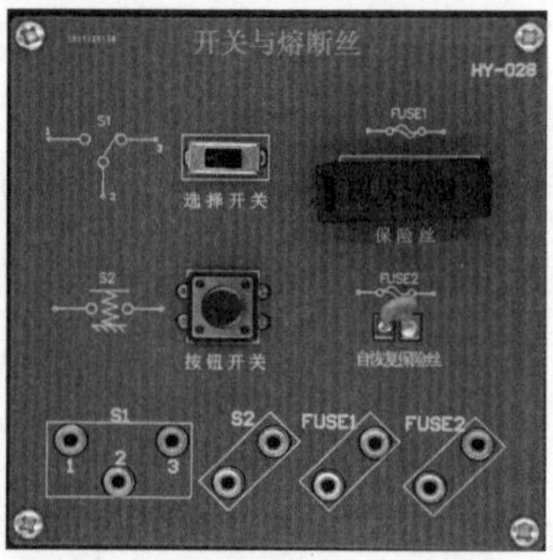

负载积木板	万用表
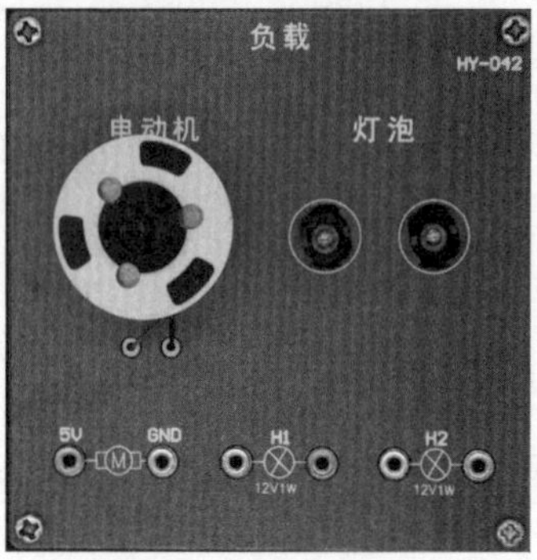	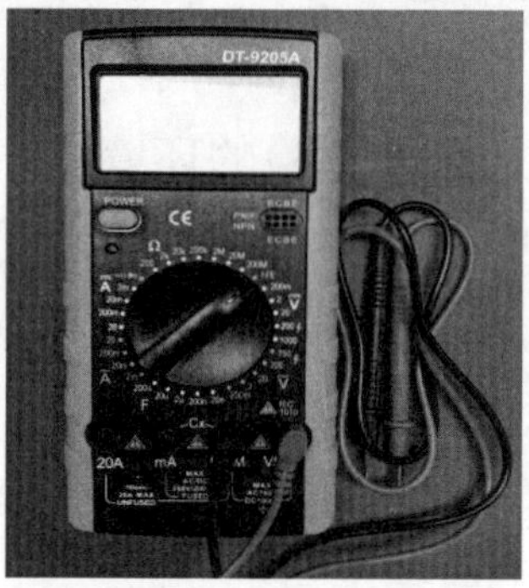

(2)实训步骤:电路电压、电流测量(表1-11)。

电路电压、电流测量   表1-11

步骤	图示	工作页
1	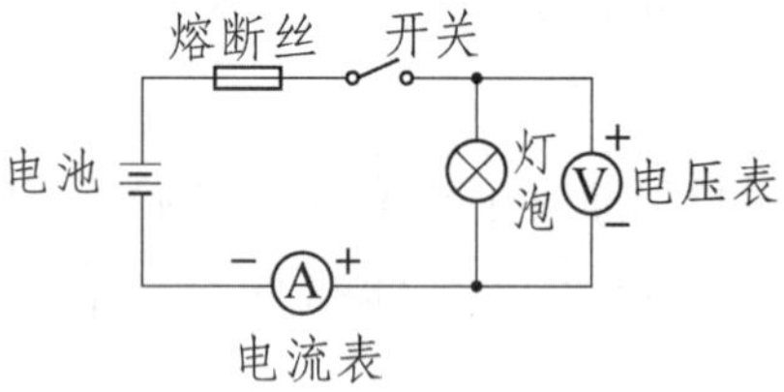	读识电路原理图,说明每个元器件的作用。 电源:_____ 熔断丝:_____ 开关:_____ 灯泡:_____ 电压表:_____ 电流表:_____
2	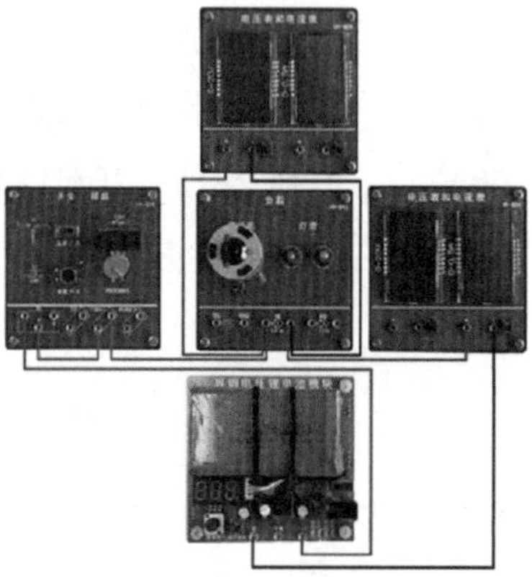	用连接导线按照积木连接示意图连接成完整电路,注意连接前先关闭电源开关。此时电压表是_____在灯泡两端,电流表是_____在电路中的。连接时,注意电压表和电流表都是有极性之分的

步骤	图示	工作页
3	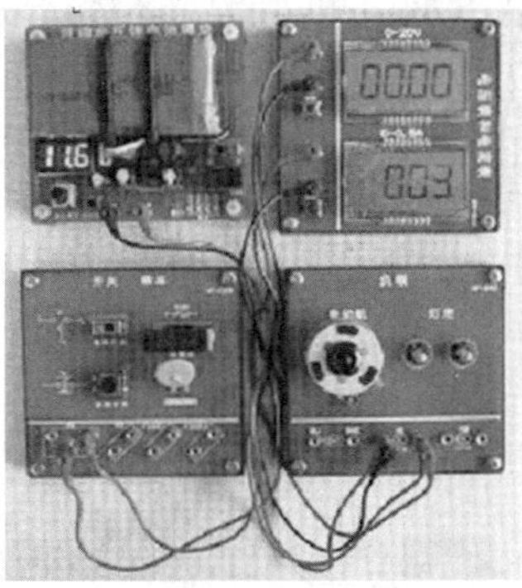	检查无误后,打开电源、电压表、电流表开关,仔细观察实训现象,并做好相关记录
4		闭合电路控制开关,当电源电压为_____V 时,电压表的读数是_____,单位_____;电流表读数是_____,单位_____;接可调电压输出端,调节电源电压为 10V 时,电压表的读数是_____;电流表的读数是_____。若对调电压表、电流表极性,显示会出现什么变化? 为什么? _____

任务点2　电阻、电功率的计算与测量

学习目标

知识目标:

1. 了解电阻单位及种类;

2. 理解电路的电能、电功率及计算。

技能目标:

1. 会区分电阻阻值和种类;

2. 掌握电阻、电功率的测量。

素养目标:

1. 养成团队合作精神和守正创新精神,拓展认识的广度和深度;

2. 养成自主学习习惯;

3. 培养劳动精神、奋斗精神、奉献精神。

知识准备

一、电阻的大小和单位

管路对水流有阻碍作用,同样,物质也能对电流产生阻碍作用,我们称其是该作用

下的电阻物质。电阻将会导致电子流通量的变化,电阻越小,电子流通量越大,反之亦然。电阻很小的物质称其为电导体,简称导体,如金、银、铜、铁等,而没有电阻值的物质称为超导体。不能形成电流传输的物质称为电绝缘体,简称绝缘体,如玻璃、橡胶等。图1-21所示为水流与电流的阻碍作用。

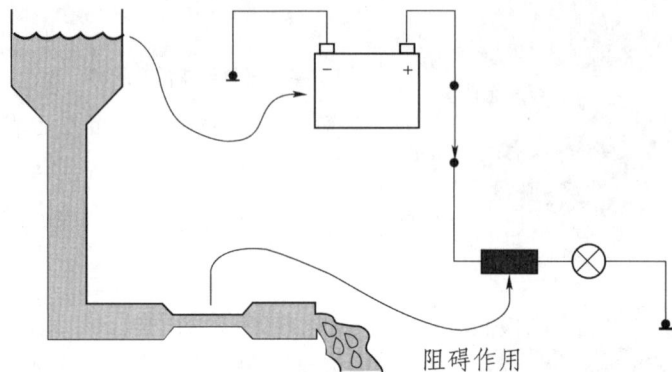

阻碍作用

图1-21　水流与电流的阻碍作用对比

导体对电流的通过具有一定的阻碍作用,称为电阻,用字母 R 表示,单位是欧姆,简称欧,通常用希腊字母 Ω 表示。电源内部的电阻称为内阻,电源以外导线及负载的电阻称为外电阻。

在汽车上,常见的电阻有点火线圈电阻、继电器线圈电阻、喷油器线圈电阻等,如图1-22所示。较大的电阻也可以用千欧(kΩ)或兆欧(MΩ)表示。它们之间的关系是:

$$1M\Omega = 1000k\Omega \quad 1k\Omega = 1000\Omega$$

电阻反映了导体的导电能力,是导体的客观属性,它的大小与导体的材料、长度以及导体横截面面积有关,还与导体所处的环境温度有关。实验结果表明,在保持温度不变的条件下,导体的电阻跟导体的长度成正比,跟导体的横截面积成反比,并

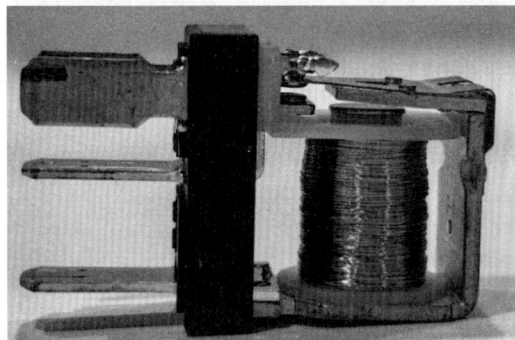

图1-22　继电器线圈、电阻

与导体的材料性质有关。

$$R = \rho \frac{l}{S}$$

式中,ρ 为导体电阻率($\Omega \cdot m$),它与导体的几何形状无关,而与导体材料的性质和导体所处的条件有关(如温度);l 为导体长度(m);S 为导体横截面积(m^2)。

二、电阻的标注方法

1. 直标法
直标法是用阿拉伯数字和单位符号在电阻器表面直接标出标称阻值,如图1-23所示。"5W10kJ"表示:5W 表示电阻的额定功率为5W;10k 表示电阻阻值为10kΩ;J 表示电阻的误差级别为±5%。

2. 色环法
色环法是用不同颜色的环在电阻器的表面标出标称阻值和允许误差,色环的数目常见

的有 4 种或 5 种,如图 1-24 所示。

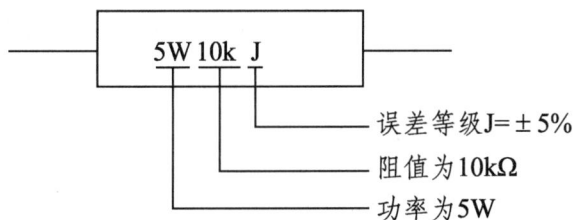

误差等级J=±5%
阻值为10kΩ
功率为5W

图 1-23 电阻直标法

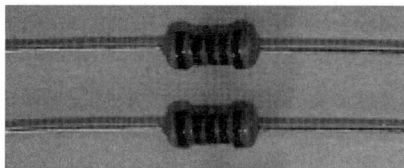

图 1-24 色环数目

色环与数字的对应关系见表 1-12。

色环与数字的对应关系 表 1-12

色环	棕	红	橙	黄	绿	蓝	紫	灰	白	黑	金	银	无
数字	1	2	3	4	5	6	7	8	9	0	5%	10%	15%

首先,确定有 n 个色环;其次,第一环表示的数值连接第二环的表示数值……连接到第(n - 2)环表示的数值乘以 10 的第(n - 1)环表示的数值次方;最后一环表示精度,如图 1-25 所示。

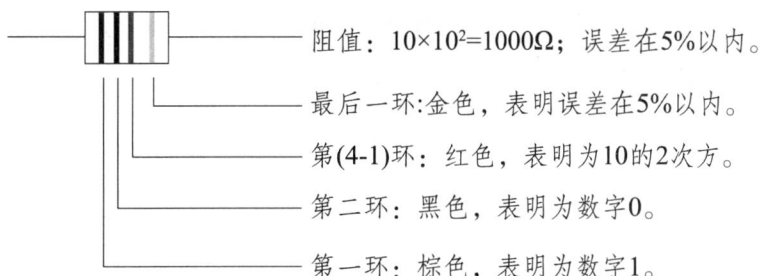

阻值:$10 \times 10^2 = 1000\Omega$;误差在5%以内。

最后一环:金色,表明误差在5%以内。

第(4-1)环:红色,表明为10的2次方。

第二环:黑色,表明为数字0。

第一环:棕色,表明为数字1。

图 1-25 色环标注阻值读取

要说明的是:电阻分为线性电阻和非线性电阻两种。电阻值 R 只与导体本身的材料和几何尺寸有关,而不随电压或电流的变化而变化,电阻值是一个常量,具有这种特性的电阻元件称为线性电阻,它的电压和电流之间的关系,即伏安特性是一直线。电阻值 R 随电压或电流的变化而变化的电阻元件,称非线性电阻。

色环标注记忆小技巧
棕一红二橙是三,黄四绿五六为蓝,
紫七灰八白对九,黑是零位记心间。

三、电阻的检测

1.量程的选择

为提高测量精度,应根据被测电阻标称值的大小来选择量程。一般数字万用表有 6 个电阻挡位:200Ω、$2k\Omega$、$20k\Omega$、$200k\Omega$、$2m\Omega$ 和 $20m\Omega$。R_x 为被测电阻,选取挡位的原则为 $R_x < 200\Omega$ 的选择 200Ω 挡位,$200\Omega < R_x < 2k\Omega$ 的选择 $2k\Omega$ 挡位,依次类推。若所选量程小于被测量电阻的阻值,则仪表会显示"1",此时,应改用更大的量程进行测量。

2.测量方法

测量前,先将表笔短路,万用表调零,才能保证测量的精度。实际检修时,如怀疑某电阻损坏失效,则不能直接在电路板上测量电阻值,因被测电阻两端存在其他电路的等效电阻,正确的方法是先将电阻拆下(或焊开一个头),再选择合适的量程测量。如果所测电阻阻值为无穷大,则表明电阻内部已断路。

注 意

一般情况下,电阻的失效率比较低,电阻失效的主要原因为阻值变大或内部开路、温度特性变差、脱焊等。

四、电压、电流和电阻的关系

德国物理学家乔治·西蒙·欧姆于1826年4月发表的《金属导电定律的测定》一文提出:在同一电路中,导体中的电流跟导体两端的电压成正比,跟导体的电阻阻值成反比,这就是欧姆定律,其基本公式是 $I=U/R$。其中,电流 I 的单位是安培(A),电压 U 的单位是伏特(V),R 电阻的单位是欧姆(Ω)。

图1-26a)显示了一个具有12V电源、2Ω 电阻和6A电流的电路。如果改变电阻,电流也会发生相应的变化,电阻、电流两者之间的关系是反比例,如图1-26b)所示的跷跷板。

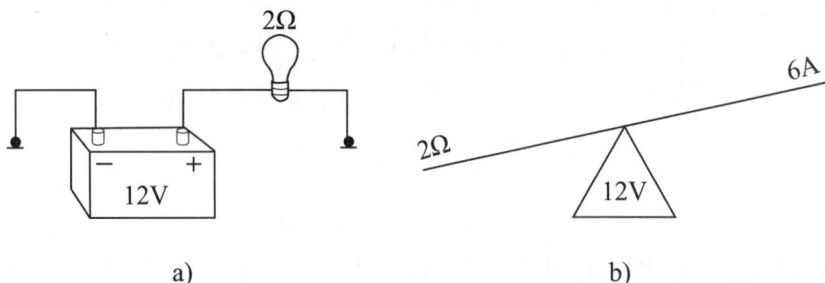

图1-26 图解欧姆定律

图1-27a)显示电阻被增加到了 4Ω,依据欧姆定律,此时电流与电阻成反比,电流由原来的6A降低到3A,如图1-27b)所示。

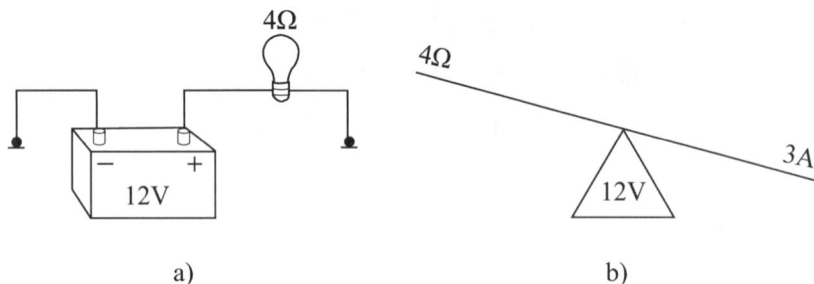

图1-27 增加电阻的作用

五、电路的电功、电功率说明及计算

电功就是电流通过导体时所做的功。电流做功的过程是电能转化为其他形式能的过程,它是一段导体中电压、电流和时间的乘积,数学表达式 $W=UIt$,单位是焦耳(J)。电功的测量一般用电能表,图1-28所示的家用电能表,也称电度表。

电功率的计算

电功率是表示电流做功快慢的物理量,即电流在单位时间内完成的功,数学表达式是 $P = W/t = UI$,单位是瓦特(W),简称"瓦"。比如说一灯泡标示"12V10W",表示的是该灯泡工作在 12V 电压下消耗的功率为 10W。功率常用的单位还有 kW、mW,它们的换算单位是:

图 1-28　电能表

$$1kW = 1000W \qquad 1W = 1000mW$$

边学边做

(1)通过以上学习,具备了一定的理论知识,下面将进行实训。首先,准备实训需要使用的积木板、器材,见表 1-13。

实训器材　　　　　　　　　　　　　　　　　　　表 1-13

可调电压锂电池模块	电压表电流表积木板	开关熔断丝板
负载积木板		万用表

(2)实训步骤:电功率和电阻的测量(表 1-14)。

电功率和电阻的测量　　　　　　　　　　　　　　表 1-14

步骤	图示	工作页
1	熔断丝　开关　灯泡　电压表　电池　电流表	读识电路原理图,说明元器件的作用。 电源:_____ 灯泡:_____ 熔断丝:_____ 开关:_____ 电压表:_____ 电流表:_____

续上表

步骤	图示	工作页
2	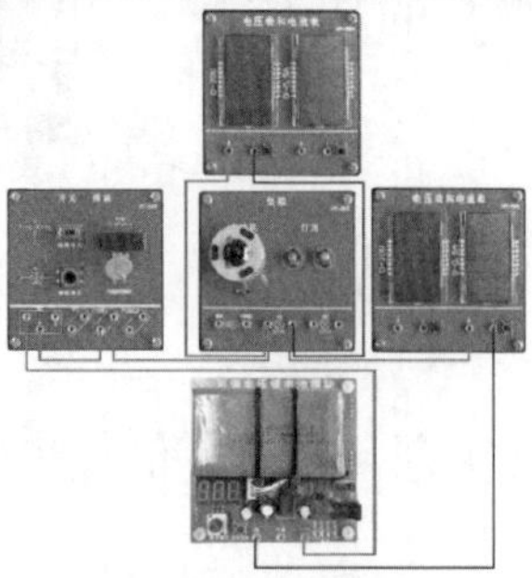	用连接导线按照积木板连接示意图连接成完整电路,注意连接前先关闭电源开关
3	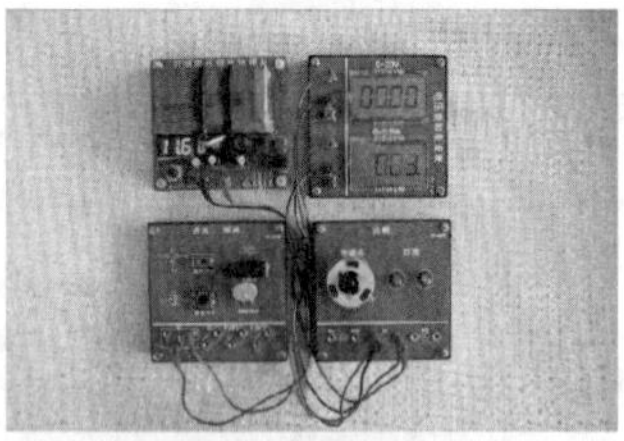	连接好实际积木板电路,打开电源、电流表、电压表开关,电流表测量的是_____电流,电压表测量的是_____的电压,仔细观察实训现象,并做好相关记录
4		闭合控制开关,电压表读数为_____,电流表读数为_____。我们可以直接用万用表测量出灯泡的电阻值外,还可用伏安法测量灯泡的电阻值,使用公式 $R=U/I$ 计算出灯泡的电阻值为_____。灯泡底座标示1W12V,表明灯泡的额定功率为_____,单位_____;根据公式 $P=UI$ 计算出灯泡实际消耗的功率为_____,单位_____
5	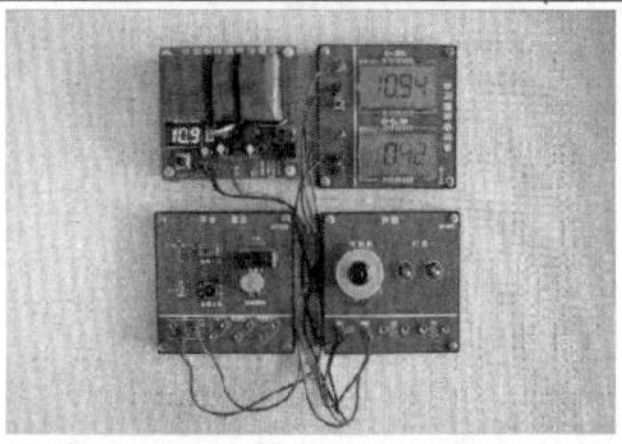	用电动机代替灯泡,用同样方法计算电动机的实际消耗功率为_____,单位_____

任务点3 欧姆定律的应用

学习目标

知识目标:

1. 了解欧姆定律的概念;
2. 掌握欧姆定律的作用。

技能目标:

1. 会灵活应用欧姆定律;
2. 会使用欧姆定律进行计算。

素养目标：

1.养成自主学习习惯；

2.培养认真专研的精神，形成优良学风，营造创新氛围。

知识准备

欧姆定律

一、欧姆定律

1.欧姆定律

1）部分电路的欧姆定律

不含电源的部分电路中，流过电阻的电流与电阻两端的电压成正比。

I 与 U 的方向一致时，表达式：$U = IR$；

I 与 U 的方向相反时，表达式：$U = -IR$。

2）全电路的欧姆定律

含电源的电路中，则欧姆定律表达式：$U = IR + Ir$。

2.电阻的串联、并联

1）图 1-29 所示两个电阻串联时分压公式

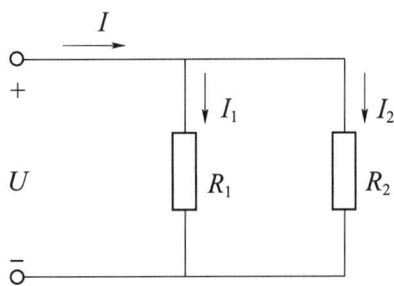

$$U_1 = \frac{R_1}{R_1 + R_2}U \qquad U_2 = \frac{R_2}{R_1 + R_2}U$$

2）图 1-30 所示两个电阻并联时分流公式

$$I_1 = \frac{R_2}{R_1 + R_2}I \qquad I_2 = \frac{R_1}{R_1 + R_2}I$$

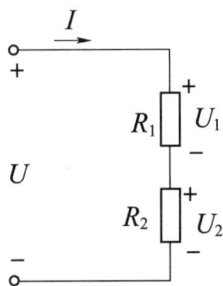

图 1-29 两个电阻串联　　图 1-30 两个电阻并联

二、利用欧姆定律环图解决问题

图 1-31 所示的欧姆定律环图是记忆欧姆定律的一种简易方法。水平线表示"除"，垂直线表示"乘"，遮住你所要确定数值的字母。如果已知一个给定电路的其中两个数值，可以求得另一个未知数值。只需简单地代入公式中的电流、电压和电阻的数值，就可以求得未知

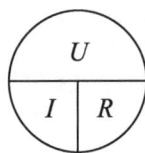

图 1-31 欧姆定律环图

数值。

例如,要确定:

①电阻,遮住 R,所得到的公式为 U/I(电压除以电流＝电阻);

②电压,遮住 U,所得到的公式为 $I \times R$(电流乘以电阻＝电压);

③电流,遮住 I,所得到的公式为 U/R(电压除以电阻＝电流)。

> **提示:** 应用欧姆定律要注意电压、电流的参考方向,如果二者方向一致,$U = IR$;如果二者参考方向不一致,$U = -IR$。
>
> **进一步:** 纯电阻直流电路中的任意元件都适用欧姆定律。
>
> **操作:** 计算图 1-32 中的电阻值,并用万用表验证欧姆定律。注意断电后才能用万用表测电阻。
>
>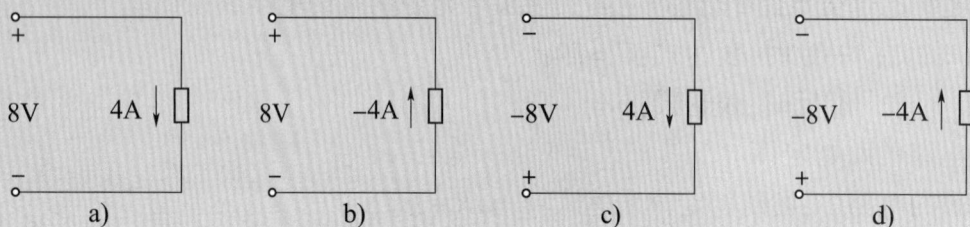
>
> 图 1-32　欧姆定律的应用

三、伏安法检测电阻

伏安法又称伏特测量法、安培测量法,是一种较为普遍的测量电阻的方法,用电流表测出通过未知电阻的电流,用电压表检测未知电阻两端电压,通过利用部分电路欧姆定律①:$R = U/I$ 算出电阻值,这种计算电阻的方法称为伏安法。

伏安法测电阻,依据电流表的连接方式,分为电流表外接和电流表内接两种方法。这两种连接方法,如图 1-33 所示。

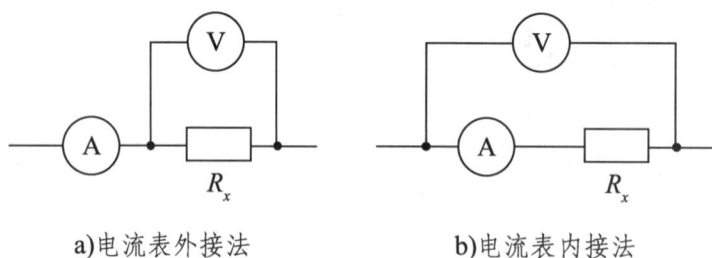

a)电流表外接法　　　　　b)电流表内接法

图 1-33　伏安法检测电阻(电流表外接、电流表内接)

伏安法检测电阻,由于电压表、电流表的内阻往往对测量结果有影响,若是检测方法不当,会带来明显的系统误差。

下面就对电流表外接法和电流表内接法,这两种不同伏安法检测方法做出说明。

---

① 部分电路欧姆定律:是在电源的外电路中,电流通过电阻 R 时,电阻 R 两端电压、电流的关系。

1. 电流表外接法

电流表接在电压表两个表笔的外面,测得的是电压表和电阻并联的电流(图1-33a)。根据欧姆定律:并联时的电流分配与电阻成反比,这种检测接法,对于测量阻值较小的电阻有利。

2. 电流表内接法

电流表接在电压表两个表笔的里面,电压表测量得到的是电流表和电阻共同的电压(图1-33b)。根据欧姆定律,串联时的电压分配与电阻成正比,这种检测接法,对于测量阻值较大的电阻有利。

伏安法测电阻虽然精度不很高,但所用的测量仪器比较简单,而且使用也方便,是最基本的测电阻的方法。测电阻的方法还有替代法①、惠斯通电桥法②等多种。

边学边做

(1)通过以上学习,具备了一定的理论知识,下面将进行实训。首先,准备实训需要使用的积木板、器材,见表1-15。

实训器材　　　　　　　　　　　　表1-15

可调电压锂电池模块	电压表电流表积木板	负载积木板

欧姆电路特性实训板	万用表

---

① 通常将电阻箱替代待测电阻 R_x,待测电阻与滑动变阻器并联。按照不同检测方法电路,使得两次电流表示数相同,此时电阻箱的阻值等于待测电阻 R_x 的阻值。

② 这种电桥是由英国发明家克里斯蒂在1833年发明的,但是惠斯通第一个用它来测量电阻,所以,人们习惯上就把这种电桥称为惠斯通电桥。

（2）实训步骤:欧姆定律特性实训(表1-16)。

欧姆定律特性实训 表1-16

步骤	图示	工作页
1	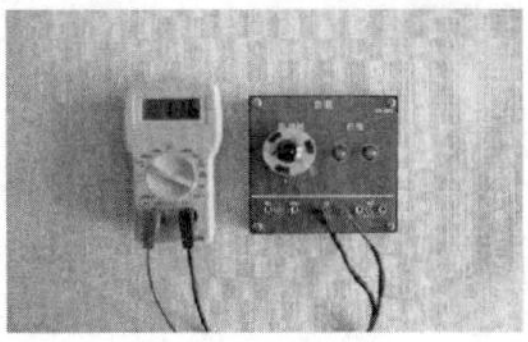	用万用表欧姆挡测量出灯泡的电阻值为_____,单位_____(注意:灯泡的电阻值随温度变化波动大)
2	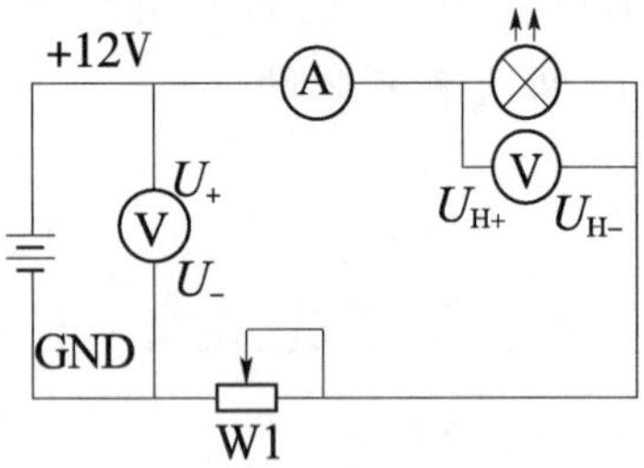	读识电路原理图,说明元器件的作用。 电源:_____ 灯泡:_____ 电位器:_____ 电压表:_____ 电流表:_____
3		用连接导线按照积木板连接示意图连接成完整电路,注意连接前先关闭电源开关。电流表测量的是_____电流,电压表测量的是_____的电压,仔细观察实训现象,并做好相关记录
4	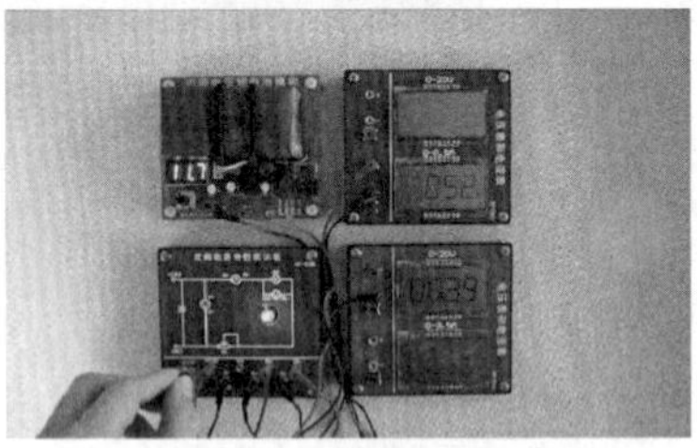	检查无误后打开电源、电压表、电流表开关,从左至右调节欧姆特性积木板上的电位器,观察各电表的变化,选取测量数值,填写下表
5	灯光电阻 $R=$		

	灯光电阻 $R=$		
电压(V)			
电流(A)			

从测量数据验证是否有 $I = U/R$,我们可以得出当灯泡电阻不变时,电路电流跟电压成_____(正比或反比)。

计算过程:

考核与评价

一、考核方式

（1）每小组对应一套电子积木板、一张实训工作台。

（2）检查实训任务：真实、完整、有效。

（3）按各实例的知识讲解及实训情况进行自评、互评。

二、考核说明及评价

考核说明及评价见表1-17。

考核说明及评价　　　　　　　　　　　　　　　　表1-17

评价指标	考核说明	考核记录
基本知识点考核	电流、电压的描述 电阻、电功率的描述 欧姆定律的计算方法 电路基本物理量的测量	

评价内容	检验指标	权重	自评	互评	总评
1. 检查任务完成情况	（1）完成任务过程情况				
	（2）任务完成质量				
	（3）在小组完成任务过程中所起的作用				
2. 专业知识	（1）能够描述电流、电压的符号和单位				
	（2）能够识读电阻的色环值				
	（3）能够计算电路中的电功率				
	（4）掌握欧姆定律的计算方法				
	（5）掌握电路基本物理量的测量				
3. 职业素养	（1）学习态度：积极主动参与学习				
	（2）团队合作：与小组成员一起分工合作、学习				
	（3）现场管理：服从工位安排、执行实训室"6S"管理				
4. 综合评议与建议					

电位、电压和电动势的区别和联系是什么?

学习任务四　电路的连接分类

任务导入

在汽车电路中很多都是采用电路的串联、并联等连接方式来控制的,不同连接方式的电路特点都不一样。本任务主要通过实例讲解,理论与实操相结合,学习电路连接和惠斯通电桥。

任务点1　串联电路的特性及测量

学习目标

知识目标:

1. 掌握串联电路的特点;

2. 掌握串联电路分析的基本方法。

技能目标:

1. 正确测量串联电路的特性参数;

2. 能够依照电路图连接电子积木板。

素养目标:

1. 培养分析问题,解决问题的能力;

2. 积极参与实训室"6S"管理,培养劳动精神。

知识准备

一、串联电路

串联电路示意图

串联电路是用电器首尾依次连接在电路中的形式。如图1-34所示,电路只有一条路径,任何一处断路都会出现电路故障。

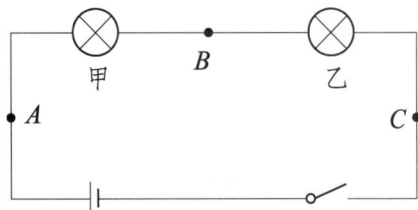

图1-34　串联电路

二、串联电路的规律

1. 串联电路电压规律

串联电路两端的总电压等于各用电器两端电压之和,即:

$$U = U_1 + U_2 + \cdots + U_n$$
$$U_1 : U_2 : U_3 = IR_1 : IR_2 : IR_3 (分压)$$
$$P_1 : P_2 : P_3 = I_2R_1 : I_2R_2 : I_2R_3 = R_1 : R_2 : R_3$$

2. 串联电路电流规律

串联电路中的电流处处相等,即:

$$I = I_1 = I_2 = \cdots = I_n$$

3. 串联电路的特点

(1)电流只有一条通路;

(2)开关控制整个电路的通断;

(3)各用电器之间相互影响。

三、电阻的串联

在电路中有两个或更多个电阻一个一个地顺序相连,并且在这些电阻中流过同一电流,这种连接方法称为电阻的串联,如图1-35所示。

串联的几个电阻可以用一个等效电阻来替代。假设 $R_1 = 100\Omega$,$R_2 = 200\Omega$,$I = 0.1A$,等效电阻的阻值等于各个串联电阻之和,即:

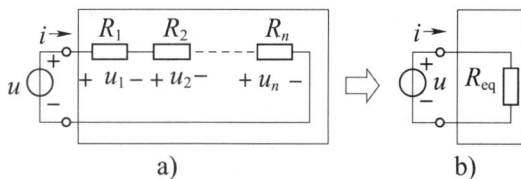

图1-35 电阻的串联及等效电阻

$$R = R_1 + R_2 = 300\Omega$$

根据欧姆定律:

$$U = IR$$

即:

$$U = IR = 0.1A \times 300\Omega = 30V$$

由于这些串联电阻流过同一电流,所以,每个电阻上的电压只取决于电阻本身的阻值,根据串联电路电流规律:串联电路中的电流处处相等,即 $I = I_1 = I_2$,所以:

$$U_1 = I_1 \times R_1 = 0.1A \times 100\Omega = 10V$$
$$U_2 = I_2 \times R_2 = 0.1A \times 200\Omega = 20V$$

通过计算可以发现:$U = U_1 + U_2$,符合串联电路规律。

提 示

串联电阻具有分压作用,如需调节电路中的电流时,一般可在电路中串联一个变阻器来调节。改变电阻的大小,可得到不同的电压。

边学边做

(1)通过以上学习,具备了一定的理论知识,下面将进行实训。首先,准备实训需要使用的积木板、器材,见表1-18。

实训器材   表1-18

可调电压锂电池模块	电压表电流表积木板	串联电路特性板
		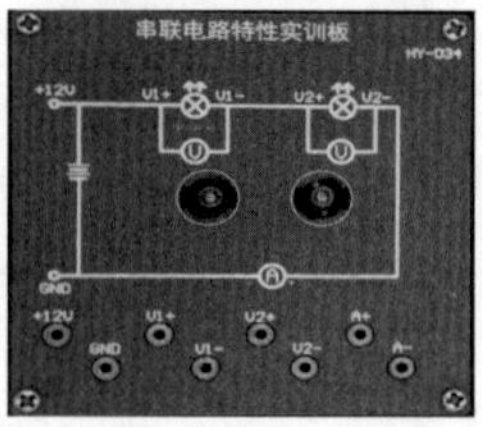

(2)实训步骤:串联电路特性参数测量实训(表1-19)。

串联电路特性参数测量实训   表1-19

步骤	图示	工作页
1	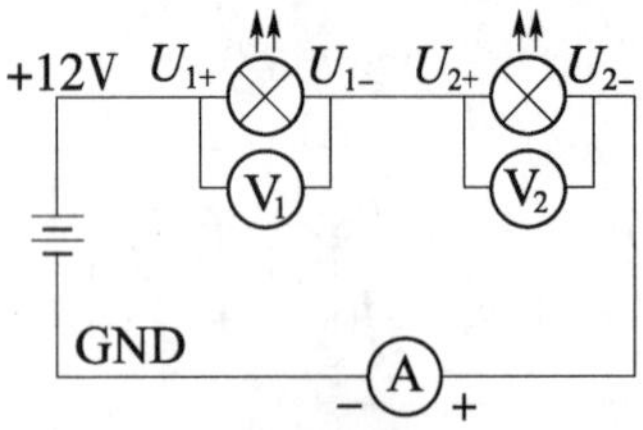	读识电路原理图,说明电路结构特点。灯泡 L_1 和 L_2 _____ 联后接在电源两端,其中电压表 V_1 测量的是_____,电压表 V_2 测量的是_____,电流表 A 测量的是_____
2	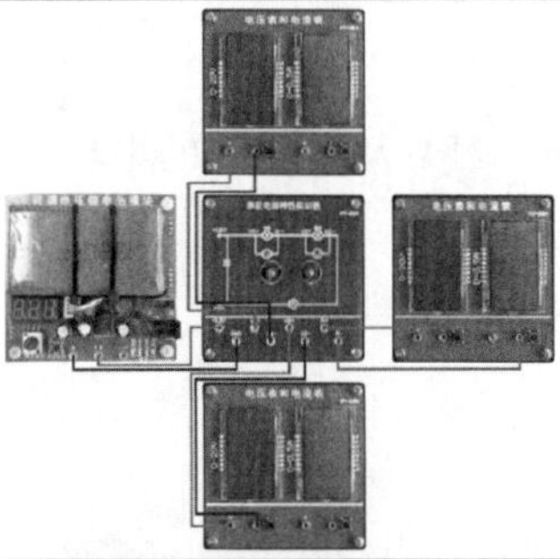	用连接导线按照积木板连接示意图连接成完整电路,注意连接前先关闭电源开关
3	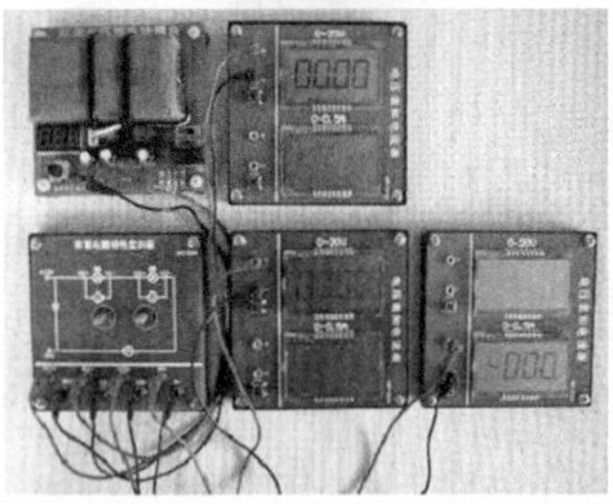	1.检查无误后打开各个电表的电源开关,仔细观察实训现象,并做好相关记录; 2.接通电源,调节电源电压,选取测量参数填写下表
4	见下表	

测量次数	电路总电压(U)	电路电流(I)	灯泡1电压(U_1)	灯泡2电压(U_2)
1				
2				
3				

从上表测量数据计算 U 与 U_1、U_2 的关系:

通过本次实训可以得出串联电路电压、电流分配的特点。

电压的分配特点:

电流的分配特点:

任务点 2 并联电路的特性及测量

学习目标

知识目标：

1. 掌握并联电路分析的特点；

2. 能够绘制并联电路图。

技能目标：

1. 能够依照并联电路图连接电子积木板；

2. 掌握并联电路的计算。

素养目标：

1. 培养认真钻研的精神；

2. 自觉参与实训室卫生管理。

知识准备

一、并联电路

并联电路是指两个或多个元件、电路、线路并联的连接方式。如图 1-36 所示。

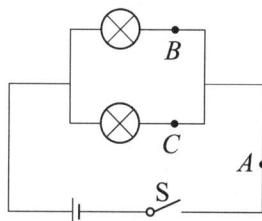

二、并联电路的规律

图 1-36 并联电路

1. 并联电路规律

(1) 并联电路中各支路的电压都相等,并且等于电源电压: $U = U_1 = U_2 = \cdots = U_n$。

(2) 并联电路中的干路电流(或说总电流)等于各支路电流之和: $I = I_1 + I_2 + \cdots + I_n$。

(3) 并联电路中的总电阻的倒数等于各支路电阻的倒数和: $1/R = 1/R_1 + 1/R_2$ 或写为 $R = R_1 u = U_m \sin(\omega t + \psi_u) R_2/R_1 + R_2$。若有 n 个相同电阻并联,则 $R_并 = R/n$。

(4) 并联电路中的各支路电流之比等于各支路电阻的反比: $I_1 : I_2 = R_2 : R_1$。

(5) 并联电路中各支路的功率之比等于各支路电阻的正比: $P_1 : P_2 = R_1 : R_2$。

2. 并联电路的特点

(1) 电路有若干条通路;

(2) 干路开关控制所有的用电器,支路开关控制所在支路的用电器;

(3) 各用电器相互无影响。

三、电阻的并联

在电路中有两个或多个电阻连接在两个公共的节点之间,承受同一个端电压,这些电阻的连接关系称为并联,如图1-37所示。

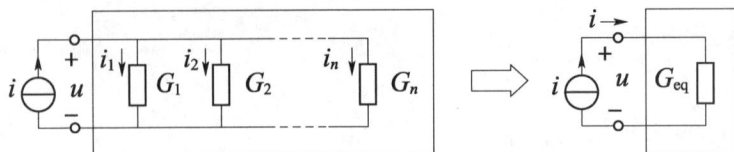

图1-37 电阻的并联及等效电阻

两个并联电阻可用一个等效电阻(如图)来代替,其中

$$i = i_1 + i_2 + \cdots + i_n = (G_1 + G_2 + \cdots + G_n)U$$

$G_{eq} = i/u = G_1 + G_2 + \cdots + G_n$,$G_{eq}$为并联电阻的等效电导,即:

$$\frac{1}{R_{eq}} = \frac{1}{R_1} + \frac{1}{R_2} + \cdots + \frac{1}{R_n}$$

假设 $R_1 = 200\Omega$,$R_2 = 200\Omega$,$U = 40V$,等效电阻的倒数等于各个并联电阻的倒数和,即:

$$1/R = 1/R_1 + 1/R_2 = 1/200\Omega + 1/200\Omega = 1/100\Omega$$

所以:

$$R = 100\Omega$$

根据欧姆定律 $I = U/R$,即:

$$I = U/R = 40V \div 100\Omega = 0.4A$$

根据并联电路电压规律:并联电路中各支路的电压都相等,并且等于电源电压。

即:

$$U = U_1 = U_2$$

所以:

$$I_1 = U_1/R_1 = 40V \div 200\Omega = 0.2A$$
$$I_2 = U_2/R_2 = 40V \div 200\Omega = 0.2A$$

通过计算可以发现:

$$I = I_1 + I_2$$

符合并联电路规律。

提示

①因为并联电阻承受同一端电压,所以,流过某个电阻的电流与电阻成反比。由此可知,并联电路中并联电阻越多,总电阻越小。

②并联电路的总电阻小于最小的电阻;如果电阻值不同,流过每条支路的电流也就不同;每条支路的电流之和等于电路的总电流。

③电路中并联变阻器可以起到分流或调节电流的作用;汽车蓄电池并联时,是把正极与正极相连,负极与负极相连。不论并联的个数是多少,电压均保持不变,但容量增加,是各蓄电池容量之和。

🔧 边学边做

（1）通过以上学习，具备了一定的理论知识，下面将进行实训。首先，准备实训需要使用的积木板、器材，见表1-20。

实训器材 　　　　　　　　　　　　　　　　　　　　　表1-20

可调电压锂电池模块	电压表电流表积木板	并联电路特性板
	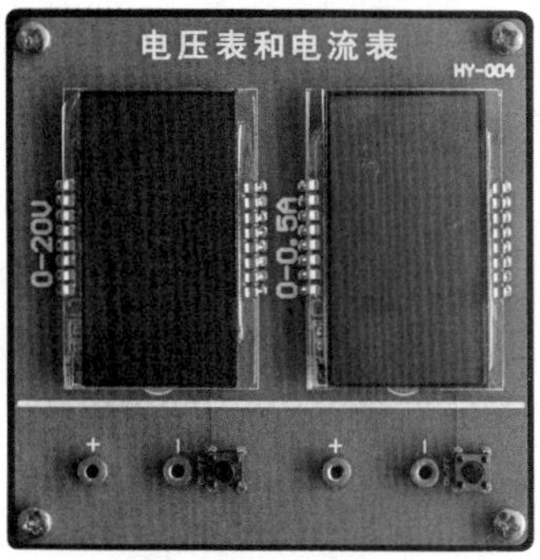	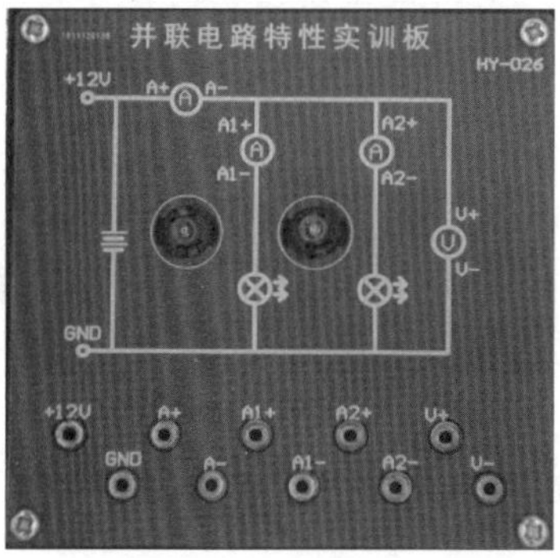

（2）实训步骤：并联电路特性参数测量（表1-21）。

并联电路特性参数测量表 　　　　　　　　　　　　　表1-21

步骤	图示	工作页
1	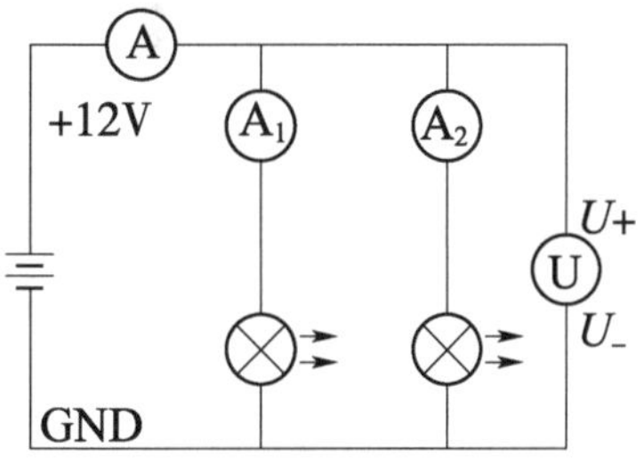	读识电路原理图，说明电路结构特点。 灯泡 L_1 和 L_2 _____联后接在电源两端，其中电压表 V 测量的是_____，电流表 A_1 测量的是_____，电流表 A_2 测量的是_____
2	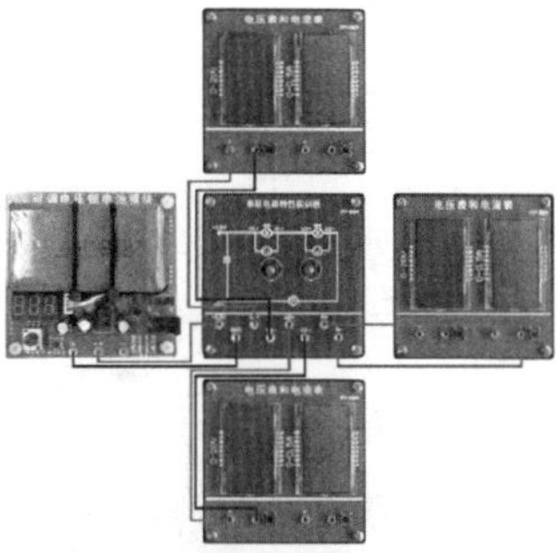	用连接导线按照积木板连接示意图连接成完整电路，注意连接前先关闭电源开关
3	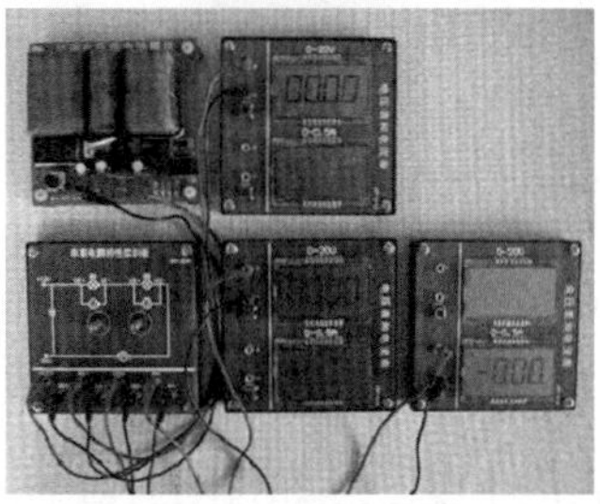	1.检查无误后打开各个电表的电源，仔细观察实训现象，并做好相关记录； 2.接通电源，调节电源电压，选取测量参数填写下表

步骤	图示			工作页

测量次数	电路总电压 (U)	电路总电流 (I)	灯泡1电流 (I_1)	灯泡2电流 (I_2)
1				
2				
3				

4　从上表测量数据计算 I 与 I_1、I_2 的关系:

我们可以得出串联电路电压、电流分配的特点。

电压的分配特点:

_____

电流的分配特点:

_____

任务点3　混联电路及惠斯通电桥特性

学习目标

知识目标:

1. 了解混联电路的特点;

2. 掌握惠斯通电桥的电路特点、原理。

技能目标:

1. 能够绘制惠斯通电桥电路图;

2. 能够依照电路图正确连接电子积木板。

素养目标:

1. 养成团队合作精神和守正创新精神,拓展认识的广度和深度;

2. 养成自主学习习惯;

3. 积极参与实训室"6S"管理。

知识准备

一、混联电路

混联电路是由串联电路和并联电路组合在一起的特殊电路,如图1-38所示。混联电路的主要特征就是串联分压,并联分流。

混联电路的计算,在串联部分中遵守以下规律:

$$I = I_1 = I_2 = I_3 = \cdots$$

$$U = U_1 + U_2 + U_3 + \cdots$$

$$R = R_1 + R_2 + R_3 + \cdots$$

在并联部分中遵守以下规律:

$$I = I_1 + I_2 + I_3 + \cdots$$

$$U = U_1 = U_2 = U_3 \cdots$$

$$1/R = 1/R_1 + 1/R_2 + \cdots$$

在分析混联电路时,应从内分析到外,从小分析到大。

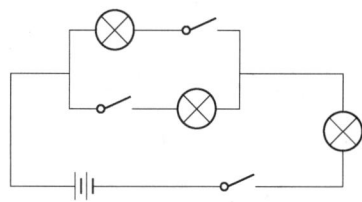

图 1-38 混联电路

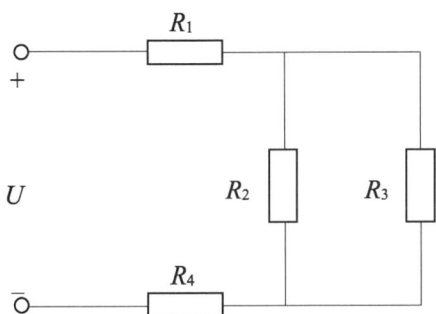

图 1-39 混联电路

下面以这个混联电路说明混联电路的计算方法。

如图 1-39 所示混联电路,已知:$U = 220\text{V}$,$R_1 = R_4 = 10\Omega$,$R_2 = 300\Omega$,$R_3 = 600\Omega$,计算电路的等效电阻 R、电路中的总电流 I、各部分的电压、电流。

首先,求出混联电路的等效电阻,由于 R_2、R_3 为并联关系,这两个并联电阻的等效电阻 $R_{23} = 1/(1/R_2 + 1/R_3) = 1/(1/300 + 1/600) = 200\Omega$。因此,整体电路的总电阻是:

$$R_{总} = R_1 + R_{23} + R_4 = 10 + 200 + 10 = 220\Omega$$

接下来,求出这个混联电路的总电流是:

$$I_{总} = U/R_{总} = 220/220 = 1\text{A}$$

最后,求出各部分的电压、电流。

电阻 R_1 的电压、电流为:

$$U_1 = I_1 \times R_1 = 1\text{A} \times 10\Omega = 10\text{V}$$

电阻 R_1 的电流为:

$$I_1 = 1\text{A}$$

由于电阻 R_1 与 R_2 是并联关系,且总电路的干路电流 $I_1 = 1\text{A}$,因此,分配到 R_2、R_3 的电流与各自电阻成反比,因此,$I_2 : I_3 = R_3 : R_2$。因此,R_2 的电流为:$I_2 = I_{总} \times 600/(300 + 600) = 2/3\text{A}$

R_3 的电流为:$I_3 = I_{总} \times 300/(300 + 600) = 1/3\text{A}$

电阻 R_2 的电压、电流为:$U_2 = I_1 \times R_1 = 2/3\text{A} \times 300\Omega = 200\text{V}$

$$I_2 = 2/3\text{A}$$

电阻 R_3 的电压、电流为:$U_3 = I_1 \times R_1 = 1/3\text{A} \times 600\Omega = 200\text{V}$

$$I_3 = 1/3\text{A}$$

电阻 R_4 的电压、电流为:$U_4 = I_1 \times R_4 = 1\text{A} \times 10\Omega = 10\text{V}$

$$I_3 = 1\text{A}$$

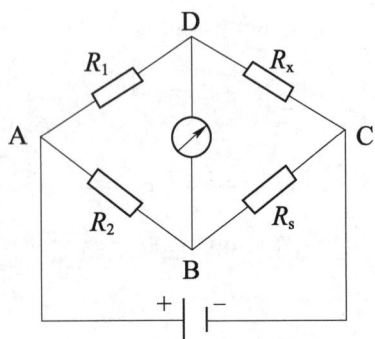

图 1-40　惠斯通电桥原理图

二、惠斯通电桥

惠斯通电桥就是一种直流单臂电桥,适用于测中值电阻,其原理电路如图 1-40 所示。

若调节电阻到合适阻值时,可使检流计 G 中无电流流过,即 B、D 两点的电位相等,这时称为"电桥平衡"。电桥平衡,检流计中无电流通过,相当于无 BD 这一支路,故电源 E 与电阻 R_1、R_x 可看成一分压电路;电源和电阻 R_2、R_s 可看成另一分压电路。若以 C 点为参考,则 B 点的电位 V_B 与 D 点的电位 V_D 分别为:

$$V_B = \frac{E}{R_2 + R_s} R_s$$

$$V_D = \frac{E}{R_1 + R_x} R_x$$

因电桥平衡 $V_B = V_D$,故解上面两式可得:

$$\frac{R_1}{R_2} = \frac{R_x}{R_s}$$

上式叫作电桥的平衡条件,它说明电桥平衡时,四个臂的阻值间成比例关系。

如果 R_x 为待测电阻,则有:

$$R_x = \frac{R_1}{R_2} R_s$$

选取 R_1、R_2 简单的比例(如 1∶1,1∶10,10∶1 等)并固定不变,然后调节 R_s 使电桥达到平衡,这样,可以很精确将 R_x 计算出来。故常将 R_1、R_2 所在桥臂叫作比例臂,与 R_x、R_s 相应的桥臂分别叫作测量臂和比较臂。

三、混联电路-惠斯通电桥在汽车中的运用

汽车传感器电路中常用的是直流单臂电桥即惠斯通电桥,如图 1-41 所示,它就是一个混联电路。

电桥共有四个桥臂,其中一个桥臂 ac 接敏感元件 R_x,其余三个臂 cb、bd、da 分别接标准电阻 R_2、R_3、R_4。直接电源 E 接在电桥的一对对角点 ab 上,另一对对角点 cd 接检测电流的检流计。接通电源后调节电阻 R_2、R_3、R_4,使检流计的电流为零,则表明此时电桥的 cd 两点电位相等,称电桥处于平衡状态。

如果敏感元件 R_x 受外界信号影响电阻值改变,电桥平衡被打破,这时 cd 两点电位不相等,检流计中将有电流 I_g 流过。

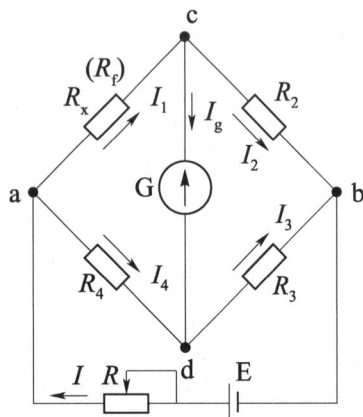

图 1-41　惠斯通电桥

注 意

单臂电桥电路经常应用在电阻类的汽车传感器电路中。

四、新能源汽车蓄电池串联与并联

电动汽车的动力蓄电池包成组的过程中并不是简单将单体蓄电池串、并联,而是根据动力蓄电池箱的结构、尺寸先将单体蓄电池组成电池模组,再将电池模组串、并联组成动力蓄电池包,动力蓄电池系统通常工作电压为 $100 \sim 800V$,而单体蓄电池的电压为 $3.6 \sim 3.7V$(三元锂离子电池),这时需要将多节的单体电池通过串、并联的方式组成动力蓄电池包,以满足电压和容量的要求。电池模组由多节单体蓄电池通过串联或并联组成,并联可提高电池模组的容量,串联可提升电池模组的电压。若 3 节额定电压为 3.7V、额定容量为 $1A \cdot h$ 的三元锂离子蓄电池通过并联成电池模组,模组电压仍为 3.7V,而额定容量变成了 $3A \cdot h$;3 节同样的锂离子蓄电池通过串联组成电池模组,模组电压变为 11.1V,而额定容量仍为 $1A \cdot h$。

为了形象表达电池模组的单体蓄电池连接关系,通常对动力蓄电池模组进行编号,用字母 S 表示串联,用字母 P 表示并联,如图 1-42 所示,某电池模组型号为 2P4S,代表该电池模组由 2 个单体蓄电池并联,再将 4 组并联后的蓄电池串联,该电池模组共包括 8 个单体蓄电池,每个单体蓄电池电压为 3.6V,总输出电压为 14.4V,容量为 $6800mA \cdot h$。

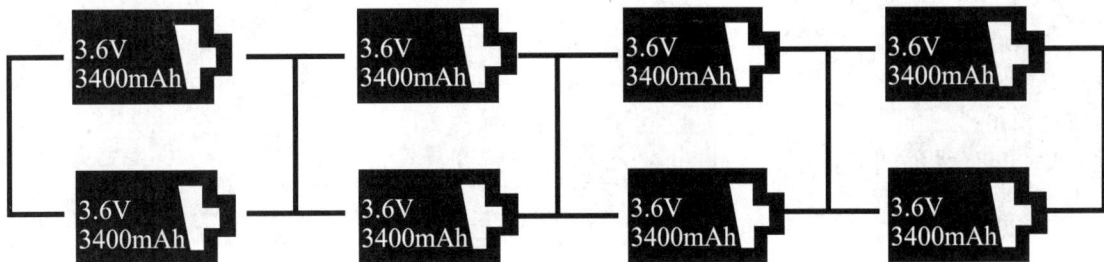

图 1-42 新能源汽车动力蓄电池串、并联

注 意

动力蓄电池串、并联电路也可以用于监测并联在一起的每一节蓄电池的状态,但总功率不会因蓄电池的连接方法不同而改变。

下面,简要介绍电池组的不良状况。一个串联电池组的实例,如图 1-43 所示,第三节电池仅产生 0.6V 的电压,而不是正常的 1.2V。随着工作电压的下降,它比正常电池组更快地达到放电结束的临界点,同时,它的使用时间也急剧缩短,一旦设备因电压过低而切断电源,其余三节仍然完好的电池就不能把所存储的电量送出来了。这时,第三节电池还呈现很大的内阻,如果此时还带有负载,那么,将会导致整个电池链的输出电压大幅度下降。在一组串行电池中,一节性能差的电池,就像是一个堵住水管的塞子,会产生巨大的阻力,阻止电流流过去。因此,一个电池组的性能是取决于电池组里最差的那块电池的性能。

在电池并联电路中,高阻抗或"断路"电池的影响较小,但是,并联电池组会减少负载能力,并缩短运行时间。这就好比一个四缸发动机只有三个汽缸工作。此外,并联电路短路所造成的破坏会更大,这是因为,在短路时,出现故障的电池会迅速地耗尽其他电池里的电量,并引起火灾,如图1-44所示。

图1-43 串联电池组不良状况

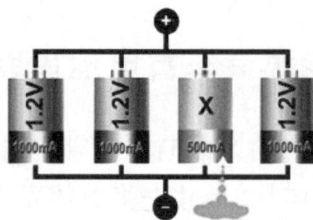

图1-44 并联电池组不良状况

边学边做

(1)通过以上学习,具备了一定的理论知识,下面将进行实训。首先,准备实训需要使用的积木板、器材,见表1-22。

实训器材   表1-22

可调电压锂电池模块	万用表	惠斯通电桥实训板

(2)实训步骤:惠斯通电桥的测量(表1-23)。

惠斯通电桥的测量   表1-23

步骤	图示	工作页
1		识读惠斯通电桥原理图,当电桥平衡时,满足 $R_x/R_1 = R_3/R_2$

步骤	图示	工作页
2	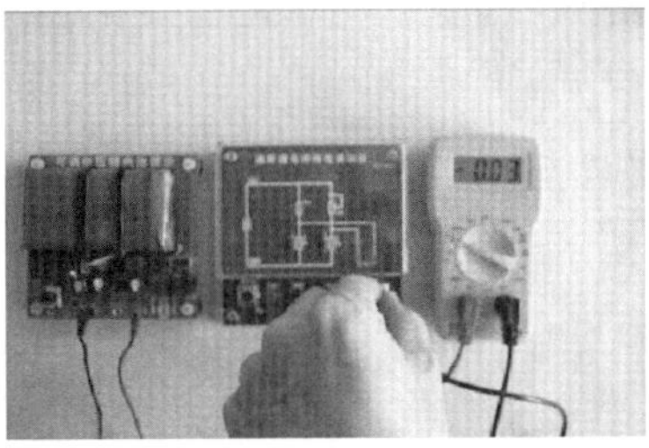	检查无误后接通电源,固定 R_x 电位器,调节电位器 R_3,当满足 $R_x/R_1 = R_3/R_2$ 时,此时电压表的读数_____,调节 R_x 电位器,电压表读数_____,要重新达到平衡需要_____

考核与评价

一、考核方式

(1)每小组对应一套电子积木板、一张实训工作台。

(2)检查实训任务:真实、完整、有效。

(3)按各实例的知识讲解及实训情况进行自评、互评。

二、考核说明及评价

考核说明及评价见表1-24。

考核说明及评价　　　　　　　　　　　　　　表1-24

评价指标	考核说明	考核记录
基本知识点考核	电路连接方式的描述 惠斯通电桥的特性 串联、并联电路的计算 串联、并联电路原理描述 惠斯通电桥的测量	

评价内容	检验指标	权重	自评	互评	总评
1. 检查任务完成情况	(1)完成任务过程情况				
	(2)任务完成质量				
	(3)在小组完成任务过程中所起的作用				
2. 专业知识	(1)能够描述电路连接方式				
	(2)掌握惠斯通电桥的特性				
	(3)能够计算串联、并联电路的电流、电压				
	(4)掌握串联、并联电路的测量				
	(5)掌握惠斯通电桥的测量				

评价内容	检验指标	权重	自评	互评	总评
3.职业素养	(1)学习态度:积极主动参与学习				
	(2)团队合作:与小组成员一起分工合作、学习				
	(3)现场管理:服从工位安排、执行实训室"6S"管理				
4.综合评议与建议					

想一想

(1)相同电阻在电路中串联和并联各有什么不同?

(2)串联电路中,负载越大,电压是否越高?

电路求解大师

学习任务五 电路的焊接

任务导入

电子元器件都是焊接在印刷电路板上的,焊接和拆下元器件一般使用的是电烙铁。本任务通过实例讲解电烙铁的工作原理、使用方法,并练习电路的焊接。

任务点 电烙铁的分类及使用

学习目标

知识目标:

1.了解电烙铁的分类和选用方法;

2.掌握电烙铁的使用步骤。

技能目标:

1.掌握电烙铁焊接技巧;

2.认识到安全操作的重要性;

3.正确使用电烙铁焊接实训板。

素养目标:

培养自主学习、探索未知、追求真理的精神。

知识准备

一、电烙铁的类型及选用

电烙铁的主要用途是熔化焊锡焊接元件及导线,是电子制作和电器维修必备工具。电烙铁按结构不同,可分为内热式电烙铁和外热式电烙铁,按功能不同,可分为无吸锡式用电烙铁和吸锡式电烙铁,根据用途不同又分为大功率电烙铁和小功率电烙铁。

内热式的电烙铁体积较小,发热效率较高,而且更换烙铁头也较方便。其发热芯是装在烙铁头的内部,热损失小。市场上常见的有16W、20W、35W、50W这4种,电子制作和电路板维修选用35W为多,图1-45是内热式电烙铁。

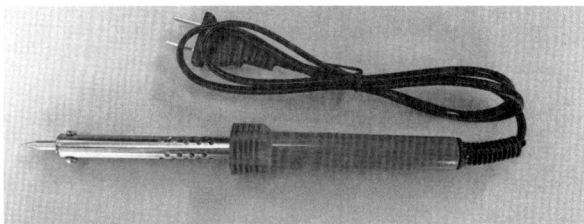

图1-45 内热式电烙铁

外热式电烙铁因发热芯在电烙铁的外面而得名。它既适合于焊接大型的部件,也适用于焊接小型的元器件。由于发热芯在烙铁头的外面,有大部分的热散发到外部空间,所以加热效率低,加热速度较缓慢,一般要预热2~5min才能焊接,其体积较大,焊小型器件时显得不方便,但它有烙铁头使用的时间较长、功率较大的优点。外热式电烙铁有25W、30W、40W、50W、60W、75W、100W、150W、300W等多种规格。大功率的电烙铁通常是外热式的,汽车发电机整流板的焊接一般选用500W外热式电烙铁。图1-46是外热式电烙铁,图1-47是恒温电烙铁台架。

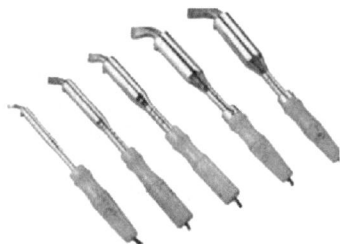

图1-46 外热式电烙铁

图1-47 恒温电烙铁台架

二、电烙铁的正确使用和安全注意事项

(1)焊接前的准备工具包括电烙铁、焊锡丝、松香。

(2)新烙铁使用时一定要注意维护,第一次使用不当会导致烙铁头氧化发黑无法使用,因此,第一次使用时可用小刀刮刮烙铁头,去掉氧化层。全新的电烙铁第一次使用时,加热到开始能熔化焊锡丝时就要把焊锡丝放在烙铁头让焊锡熔化在烙铁头表面,防止烙铁头过热氧化后不上锡,也可以涂少许焊锡膏或松香。这样处理后,烙铁头就很容易上锡了。

(3)电烙铁通电后温度高达250℃,不用时应放在烙铁架上,较长时间不使用应切断电源,防止高温使烙铁头氧化。要防止电烙铁烫坏其他器件,尤其是电源线,若其绝缘层被电烙铁烧坏容易发生安全事故。电烙铁的放置地点应远离酒精等易燃物,以防引起电气火灾。

(4)烙铁头温度较高容易烫伤皮肤,禁止直接接触人体,焊接结束时应断开电烙铁的电源。不要用力敲打电烙铁,以免震断电烙铁内部电热丝或引线而产生故障。

(5)电烙铁使用一段时间后,如果烙铁头留有锡垢,并且用湿布轻擦不下来,或是出现凹坑及氧化块时,应用细纹锉刀修复或是直接更换。

三、正确的焊接步骤

1. 准备施焊

左手拿焊丝,右手握烙铁,进入备焊状态。要求烙铁头保持干净,无焊渣等氧化物,并在表面镀有一层焊锡。

2. 加热焊件

烙铁头靠在两焊件的连接处,加热整个焊件全体,时间为 1~2s。对于在印制板上焊接元器件来说,要注意使烙铁头同时接触两个被焊接物。导线与接线柱、元器件引线与焊盘要同时均匀受热。

3. 送入焊丝

焊件的焊接面被加热到一定温度时,焊锡丝从烙铁对面接触焊件。

4. 移开焊丝

当焊丝熔化一定量后,立即向左上 45°方向移开焊丝。

5. 移开烙铁

焊锡浸润焊盘和焊件的施焊部位以后,向右上 45°方向移开烙铁,结束焊接。从第三步开始到第五步结束,时间也是 1~2s。

图 1-48 所示为焊接顺序图。

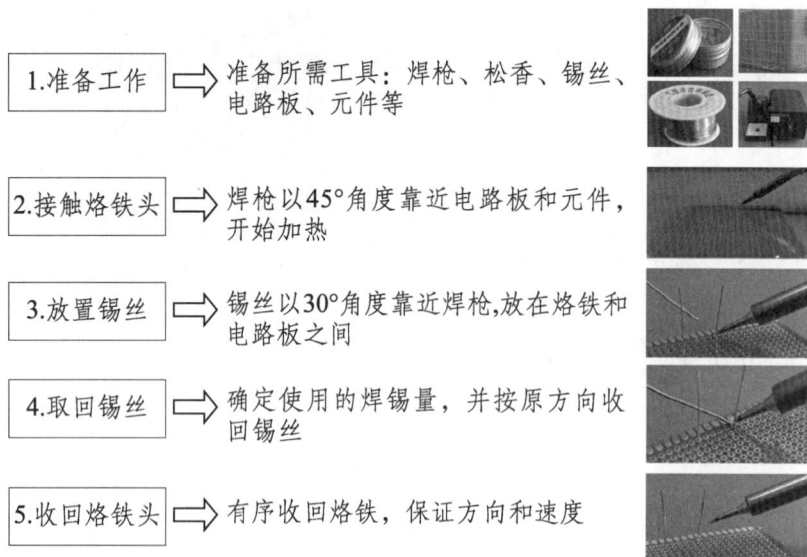

1.准备工作 ⇒	准备所需工具:焊枪、松香、锡丝、电路板、元件等
2.接触烙铁头 ⇒	焊枪以45°角度靠近电路板和元件,开始加热
3.放置锡丝 ⇒	锡丝以30°角度靠近焊枪,放在烙铁和电路板之间
4.取回锡丝 ⇒	确定使用的焊锡量,并按原方向收回锡丝
5.收回烙铁头 ⇒	有序收回烙铁,保证方向和速度

图 1-48 焊接顺序图

四、手工焊接操作的注意事项

(1)保持烙铁头的清洁。焊接时,烙铁头长期处于高温状态,很容易氧化并沾上一层黑色杂质。因此,要注意用湿海绵随时擦拭烙铁头,在长时间未使用时应在烙铁头上加上锡,防止烙铁头氧化,造成无法粘锡。

（2）靠增加接触面积来加快传热加热时,应该让焊件上需要焊锡浸润的各部分均匀受热,而不是仅仅加热焊件的一小部分。

（3）烙铁的撤离要及时,而且撤离时的角度和方向与焊点的形成有关。

（4）在焊锡凝固之前切勿使焊件移动或受到振动,否则,极易造成焊点结构疏松或虚焊。

（5）助焊剂用量要适中,过量使用松香焊剂,焊接以后势必需要擦除多余的焊剂,并且延长了加热时间,降低了工作效率。当加热时间不足时,又容易形成"夹渣"的缺陷。

拓展阅读

焊接的概念、应用及分类

焊接,也称作熔接,是一种以加热、高温或者高压的方式接合金属或其他热塑性材料的制造工艺及技术。焊接广泛应用于机械制造、造船、石油化工、汽车制造、桥梁、锅炉、航空航天、原子能、电子电力、建筑等领域。使用焊接工艺连接的材料包括钢、铸铁、铝、镁、钛、铜等金属及其合金。焊接的基本方法分为三类,即熔焊、压焊和钎焊。

边学边做

（1）通过以上学习,具备了一定的理论知识,下面将进行实训。首先,准备实训需要使用的积木、器材,见表1-25。

实训器材 表1-25

焊枪	松香	指针式万用表	示波器*
二极管	变压器	剥线钳	导线
全波整流桥电路搭接			

注:＊示波器读取波形为选做项目。

（2）实训步骤，见表1-26。

实训步骤   表1-26

步骤	图示	工作页
1	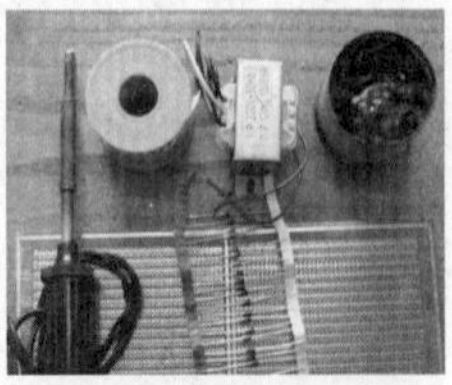 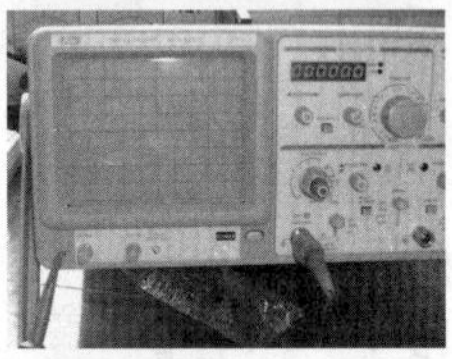	检查电烙铁、松香及焊锡、二极管、交流变压器及示波器是否完好
2	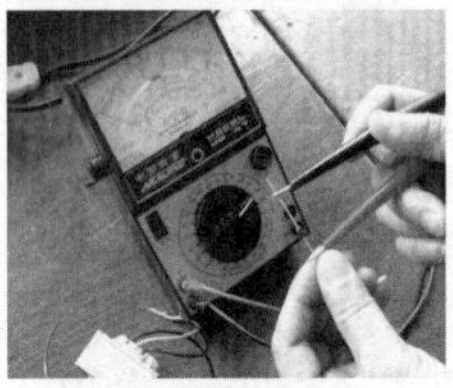	用万用表检查二极管、变压器初级及变压器次级电阻
3	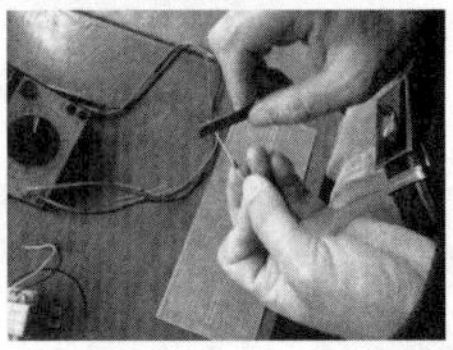	清除元件引脚和电路板的氧化层并上锡；利用剥线钳将二极管管脚引出
4	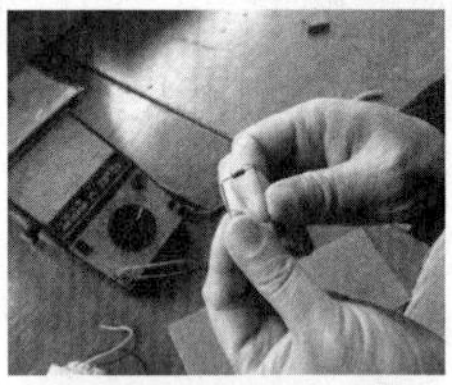 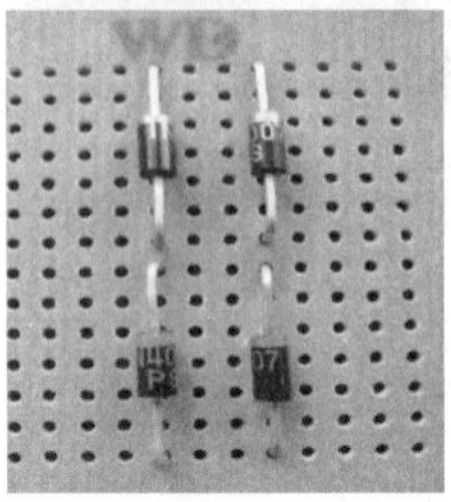	将二极管管脚弯曲成U形；将四个二极管布置在电路板上，请分析其布局原因＿＿＿＿＿＿＿
5		在板材的背后，将二极管的背后用焊锡连接

步骤	图示	工作页
6		进行电路安装和调试;将交流变压器输出端子连接在四个二极管的整流子输入端子
7		在确定操作无误的情况下,用万用表交流挡50V测试变压器输出电压值_____; 再次检查全波整流桥电路搭接,记录其变化情况; 将交流变压器的输入端子输入电流,观察其变化情况_____
8		用直流挡50V测量整流器(四个二极管)输出端的空载电压,其空载电压数为_____,原因是_____
9	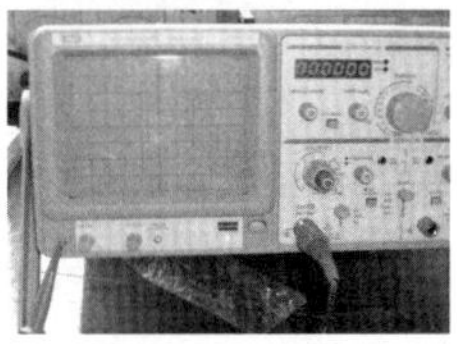	将示波器的检测探头与整流器(四个二极管)输出端的空载电压搭接;对使用的模块进行检查、清洁、归位;对工位及使用设备进行清洁、整理、归位

考核与评价

一、考核方式

(1)每小组对应一套电子积木板、一张实训工作台。
(2)检查实训任务:真实、完整、有效。
(3)按各实例的知识讲解及实训情况进行自评、互评。

二、考核说明及评价

考核说明及评价见表1-27。

考核说明及评价   表1-27

评价指标	考核说明	考核记录
基本知识点考核	电烙铁的使用 电烙铁的分类 焊接技巧	

续上表

评价内容	检验指标	权重	自评	互评	总评
1.检查任务完成情况	(1)完成任务过程情况				
	(2)任务完成质量				
	(3)在小组完成任务过程中所起的作用				
2.专业知识	(1)能够使用电烙铁正确焊接实训板				
	(2)能够描述电烙铁分类				
	(3)会描述电烙铁的安全操作事项				
	(4)掌握焊接时候的技巧				
3.职业素养	(1)学习态度:积极主动参与学习				
	(2)团队合作:与小组成员一起分工合作、学习				
	(3)现场管理:服从工位安排、执行实训室"6S"管理				
4.综合评议与建议					

想一想

(1)焊接时如何能够做到速度又快、质量又好?

(2)焊接多引脚元件时需要注意什么?

用电安全教育

项目二

汽车继电器及电动机控制

项目描述

本项目重点学习继电器、电机等器件的原理及控制电路、电路检测方法,进一步引导学生完成电路检测,辨识电机转动电路。

项目目标

☞ **知识目标**

1. 识读电路元件;

2. 掌握继电器、电动机的相关知识;

3. 掌握继电器、直流电动机的电路接法;

4. 学会识读汽车单元电路图。

☞ **技能目标**

1. 掌握示波器的使用方法;

2. 能够排除简单的汽车继电器、直流电动机电路故障;

3. 能够依照电路图正确连接电子积木板,并测量。

☞ **素养目标**

1. 培养团队合作、敬业奉献、服务人民的精神;

2. 养成自主学习习惯;

3. 培养劳动精神、奋斗精神、奉献精神。

项目任务

学习任务一　继电器控制电路原理

学习任务二　直流电动机控制原理

学习任务一 继电器控制电路原理

任务导入

继电器是最常用的电控制器件,在工业上有广泛的应用,掌握继电器原理和电路的接法是现代汽车电工维修的基本技能。

任务点1 继电器工作原理与检测

学习目标

知识目标：

1. 了解继电器的结构和工作原理；

2. 熟知新能源汽车高压继电器工作原理。

技能目标：

1. 掌握继电器的检测方法；

2. 能够依照电路图连接电子积木板。

素养目标：

1. 培养团队合作、敬业奉献、服务人民的精神；

2. 养成自主学习习惯；

3. 培养劳动精神、奋斗精神、奉献精神。

知识准备

一、磁、磁场的概念

磁是物质运动的基本形式之一。物体能吸引铁、钴等金属或它们的合金的性质叫磁性。具有磁性的物体叫磁体。磁体上磁性最强的部位叫磁极。任何磁体都有两个磁极,而且无论怎样把磁体分割,磁体总保持两个磁极,通常以 S 表示磁体的南极,以 N 表示磁体的北极。磁极间的相互作用力叫磁力,磁极间相互作用的规律是:同性相斥,异性相吸,如图 2-1 所示。原来没有磁性的铁磁物质,放在磁铁旁边会获得磁性,这一现象叫磁化。被磁化的铁磁物质远离磁铁后仍保留一定的磁性,叫剩磁。

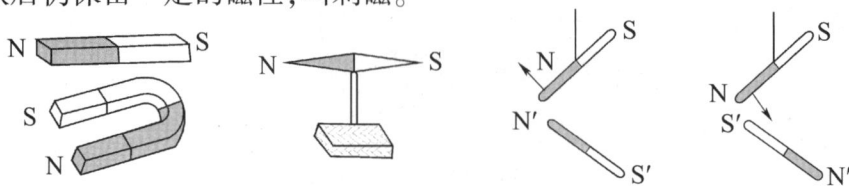

图 2-1 磁极作用示意图

磁体周围存在磁力作用的空间,当另一磁体或通电导体置入该空间时,就要受到磁力的作用,人们通常把这个磁力空间叫磁场。磁场具有力和能的性质,因而它是一种物质。但它又与其他物质不一样,它没有构成物质的分子或原子。所以,磁场是存在于磁体周围空间的一种特殊物质。

二、电流的磁场

1820 年,丹麦物理学家奥斯特从实验中发现:当导线通入电流时,放在导线旁边的磁针会受到力的作用而偏转,如图 2-2 所示。这表明通电导线的周围存在着磁场,电与磁是有密切联系的。法国科学家安培确定了通电导线周围的磁场方向,并用磁感线进行了描述。

1.通电直导线周围的磁场

通电直导线周围的磁场的磁感线是一些以导线上各点为圆心的同心圆,这些同心圆都在与导线垂直的平面上,如图 2-3a)所示。

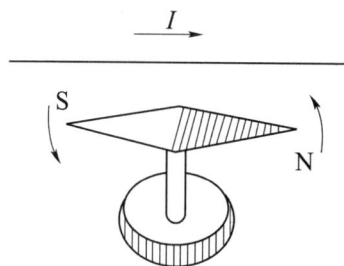

图 2-2　电流的磁效应工作原理

实验表明,改变电流的方向,各点的磁场方向都随之改变。

磁感线的方向与电流方向之间的关系可用安培定则(右手螺旋定则)来判定:如图 2-3b)所示,用右手握住通电直导线,让拇指指向电流的方向,则四指环绕的方向就是磁感线的方向。

2.通电线圈的磁场

把直导线绕成螺线管线圈,并通入电流,结果通电线圈产生类似条形磁铁的磁场,如图 2-4a)所示。由图可见,在线圈外部,磁感线从 N 极出来进入 S 极,线圈内部的磁感线方向由 S 极指向 N 极,并和外部的磁感线形成闭合曲线。

实验证明:通电线圈磁场的强弱,不仅与线圈的电流大小有关,而且还与线圈的匝数有关,即与线圈的电流和匝数的乘积成正比。

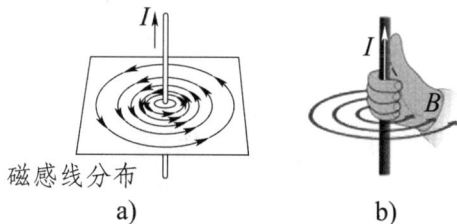

磁感线分布

a)　　　　b)　　　　　　　a)　　　　b)

图 2-3　通电直导线的磁场　　　图 2-4　通电线圈的磁场

通电线圈的磁场的方向,可用右手螺线定则确定:如图 2-4b)所示,右手握住线圈,用弯曲的四指指向电流方向,则拇指所指的方向就是磁场方向。

三、电磁铁

我们知道,电流周围存在磁场,当一带电导线变成线圈时就会产生一个带 N、S 极的磁场,如条形磁铁一样。如果将一铁芯放入线圈中,磁场会变强,可以吸引铁质。继电器和电磁阀就是应用电磁铁原理,线圈通电后能产生极强的磁吸引力,图 2-5 所示。

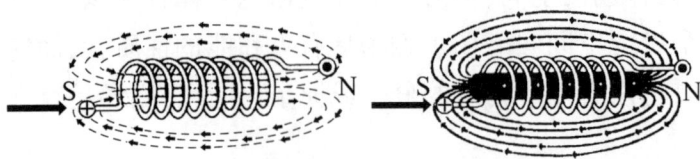

图 2-5　线圈插入铁芯磁力增强

四、继电器的工作原理

继电器是一种电磁控制器件,它具有控制系统(又称输入回路)和被控制系统(又称输出回路)之间的互动关系,通常应用于自动化的控制电路中。它实际上是用小电流去控制大电流运作的一种"自动开关",故在电路中起着自动调节、安全保护、转换电路等作用。

继电器的结构
与工作原理

电磁继电器一般由铁芯、线圈、衔铁、触点簧片等组成,如图2-6所示。

图 2-6　电磁式继电器结构示意图

只要在线圈两端加上一定的电压,线圈中就会流过一定的电流,从而产生电磁效应,衔铁就会在电磁力吸引的作用下克服返回弹簧的拉力吸向铁芯,从而带动衔铁的动触点与静触点(常开触点)吸合。当线圈断电后,电磁的吸力也随之消失,衔铁就会在弹簧的反作用力返回原来的位置,使动触点与原来的静触点(常闭触点)释放。这样吸合、释放,从而达到了在电路中的导通、切断的目的。

拓展阅读

继电器的类型

继电器有很多类型:按输入量可分为电压继电器、电流继电器、时间继电器、速度继电器、压力继电器等;按工作原理可分为电磁式继电器、感应式继电器、电动式继电器、电子式继电器等;按用途可分为控制继电器、保护继电器等;按输入量变化形式可分为有无继电器和量度继电器。

有无继电器根据输入量的有无来动作,无输入量时继电器不动作,有输入量时继电器动作,如中间继电器、通用继电器、时间继电器等。量度继电器根据输入量的变化来动作,工作时其输入量一直存在,只有当输入量达到一定值时继电器才动作,如电流继电器、电压继电器、热继电器、速度继电器、压力继电器、液位继电器等,以热继电器工作原理来进行说明。

图2-7为热继电器结构图及工作原理图,电动机正常运行时,热元件产生的热量虽然能使双金属片弯曲,但不足以使热继电器动作,只有当电动机过载时,加热元件产生大量热量使双金属片弯曲位移增大,才能推动导板移动,通过补偿金属片与簧片将动触点连杆和静触点分开。动触点与静触点是热继电器串接到接触器电气控制线路的常闭触点,一旦两触点分开,接触器线圈就会断电,通过接触器的常开主触点断开电动机电源,从而使电动机获得保护。

整定电流调节按钮：热继电器一般根据电机额定电流调整为1.1~1.2倍

三相主线接入

产品型号电流等级：25A

手动/自动复位选择开关按钮

测试按钮

停止按钮

三相主线接出

常开触点：用于报警指示串联到故障灯，灯亮说明电路处于断开状态

常闭触点：用于串联在控制电路中，过载时断开控制线路

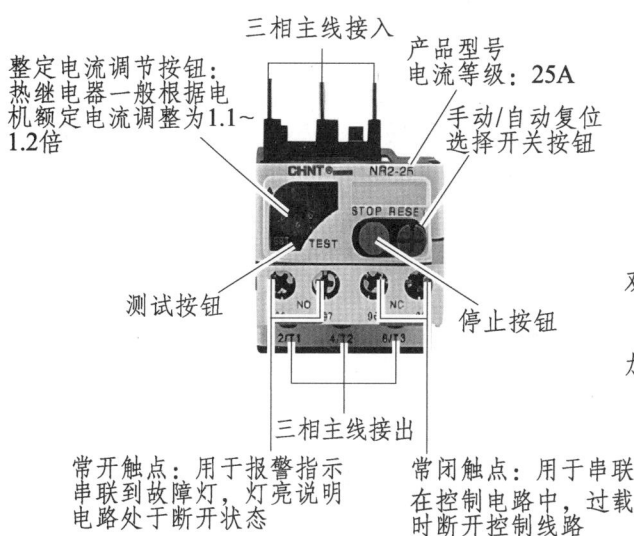

a) 热继电器结构图

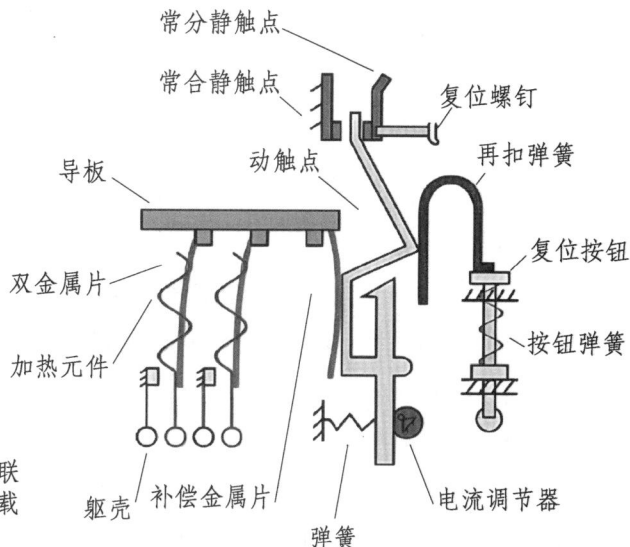

常分静触点

常合静触点

复位螺钉

导板

动触点

再扣弹簧

复位按钮

双金属片

加热元件

按钮弹簧

躯壳

补偿金属片

弹簧

电流调节器

b) 热继电器工作原理图

图 2-7 热继电器结构图及工作原理图

继电器电路的基本组成及原理

五、继电器的结构

对于继电器的"常开、常闭"触点，可以这样来区分：继电器线圈未通电时处于断开状态的静触点称为"常开触点"，处于接通状态的静触点称为"常闭触点"。下面介绍常见的继电器。

1. 四脚常开继电器

四脚继电器本质上是一个线圈（85#、86#）及一个常开触点（30#、87#），如图2-8所示。

当开关闭合后，电流从蓄电池正极经过继电器的85#线圈端子从86#流回蓄电池的负极，线圈两端就会产生磁场。线圈产生磁场后，就会吸引触点的87#和30#端子，使继电器的触点闭合，30端子与87端子电路导通，从而实现小电流控制大电流。此时，85#和86#端子是线圈，属于控制部分；87#和30#端子是触点，属于被控制部分（即输出端）。

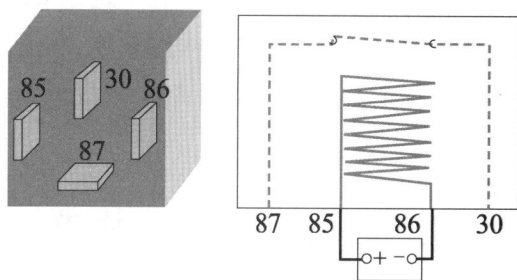

图 2-8 常见汽车继电器外观

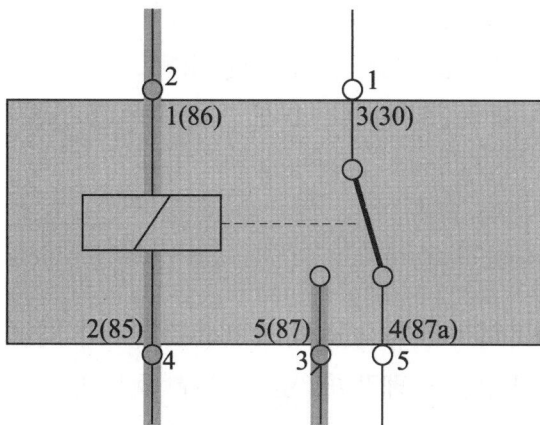

2. 五脚继电器

五脚继电器本质上则是一个线圈（85#、86#）、一常开触点（30#、87#）及另外一常闭触点（30#、87a#），30#为触点公共端，如图2-9所示。

当继电器线圈85#（41）[①]和86#（2）端子通电后，线圈吸引触点从常闭端子87a#（5）端子运动到常开端子87#（3）端子，使得常开87#端子与30#（1）端子接通，所以五脚继电器也叫作枢纽继电器，可以起到一个转换的功能。

图 2-9 五脚继电器电路

① 括号内表示继电器的另外一套管脚号码，下同。

六、继电器的检测方法

对于继电器的检查,不能只通过测量线圈的电阻值来判断其好坏,还要通过多种方法来检测继电器的好坏。下面简要介绍电阻及电压方法检测继电器的方法。

1. 线圈的检测

选择万用表的欧姆挡,然后将两表笔接触继电器线圈的两端,测量线圈电阻值的大小。如果线圈电阻值为100Ω左右,说明线圈正常;如果线圈电阻值为∞,说明线圈断路;如果线圈电阻值接近于0,说明线圈短路。

2. 常闭触点开关的检测

首先,选择万用表的欧姆挡,测量继电器常闭触点两端电阻值的大小。如果电阻值接近于0Ω,则说明正常;如果电阻值为∞,说明触点开关出现断开。

然后用12V电压给线圈通电,测量继电器常闭触点两端的电阻值大小。如果电阻值为∞,则说明正常;如果电阻值接近于0Ω,说明触点开关出现烧蚀、粘连,常闭触点并没有在通电状态下断开。

3. 常开触点开关的检测

首先,选择万用表的欧姆挡,测量继电器常开触点两端的电阻值大小。如果电阻值为∞,则说明正常;如果电阻值接近于0Ω,说明触点开关出现烧蚀。

然后用12V电压给线圈通电,测量继电器常开触点两端的电阻值大小。如果电阻值接近于0Ω,说明正常;如果电阻值仍旧为∞,说明触点开关不能回位贴合,可能是吸合线圈短路或者其他故障。

七、继电器在汽车的应用

继电器在汽车电路中的应用非常广泛,如起动系统电路、刮水器电路、后窗加热电路等,其外观如图2-10所示。

车辆起动时需要大的起动电流,如果使用点火开关直接控制大电流,起动触点会出现触点跳火、烧蚀等现象,影响点火开关使用寿命甚至会造成汽车线路烧蚀、起火等严重后果。因此,汽车电路使用继电器以小电流控制大电流,则可以有效避免上述问题出现。

车用继电器一般布置在发动机舱内,如图2-11所示,但是也有其他功能继电器布置在驾驶室内等不同位置,因车型而异。

八、新能源汽车高压继电器

高压继电器又称为高压接触器,如图2-12所示,其外观与普通低压继电器有所不同,但工作原理与低压继电器没有本质区别,通常由动力蓄电池管理系统(BMS)控制低压电路,进而控制高压接触端回路。高压继电器烧蚀无法接合会造成系统无法正常充放电,继电器粘连不能断开会导致高压无法下电,存在重大安全隐患。因此动力蓄电池管理系统须具备继电器状态监测功能,通过控制各类高压继电器按一定的规则进行闭合和开关。

图 2-10 常见汽车继电器外观

图 2-11 汽车继电器盒

如图 2-13 所示,动力蓄电池的上电控制通常由三个继电器完成,一是控制动力蓄电池正极的主正继电器,二是控制动力蓄电池负极通断的主负继电器,三是起限流作用的预充继电器。继电器状态检测,主要通过继电器前后的电压变化来识别继电器的通断状态。执行上电操作时,主负继电器首先闭合,监测点 3 电压变为动力蓄电池电压,若为 0V,说明主负继电器触点断开。接着预充继电器

图 2-12 高压继电器

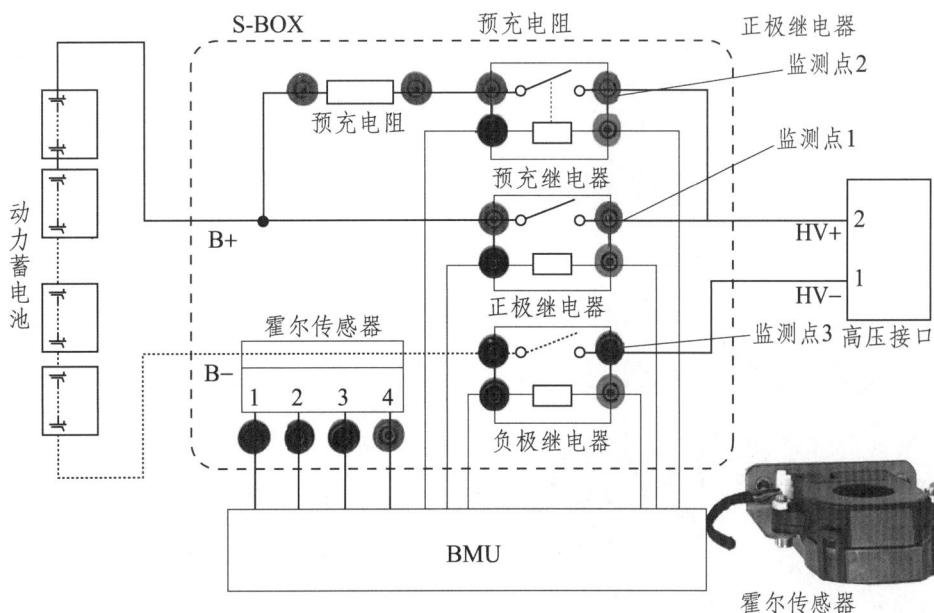

闭合,监测点 2 电压变为动力蓄电池电压,若为 0V,说明预充继电器触点断开。之后主正继电器闭合,预充继电器断开。监测点 1 仍为动力蓄电池电压,若为 0V,说明主正继电器触点开路。高压上电状态时,监测点 1、2、3 电压均为动力蓄电池电压。通过上述检测流程,BMS 系统可以判断高压继电器是否存在断开状态。执行下电操作,主正继电器首先打开,监测点 1 电压应降为 0V,若保持动力蓄电池电压,则主正继电器粘连。主正继电器断开后,主负继电器断开,检测点 3 电压也降为 0,若仍为动力蓄电池电压,则说明主负继电器粘连。

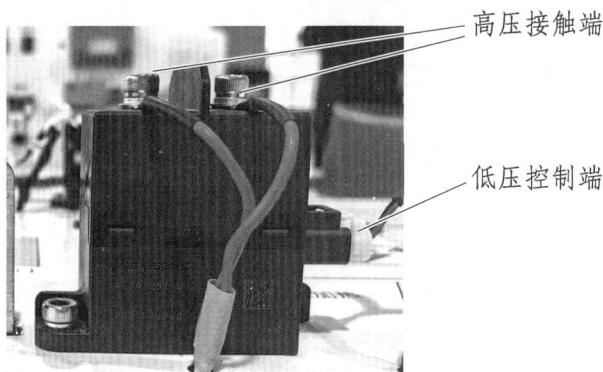

图 2-13 动力蓄电池上电控制继电器

边学边做

(1)通过以上学习,具备了一定的理论知识,下面将进行实训。首先,准备实训需要使用的积木板、器材,见表2-1。

实训器材 表2-1

可调电压锂电池模块	万用表	惠斯通电桥实训板
	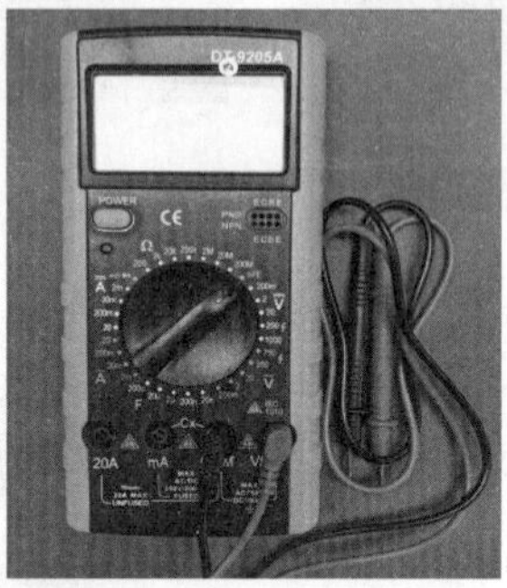	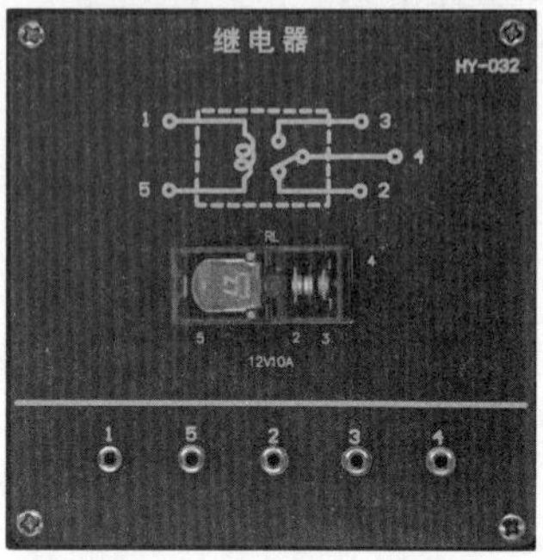

(2)实训步骤:继电器的性能检测(表2-2)。

继电器的性能检测 表2-2

步骤	图示	工作页
1	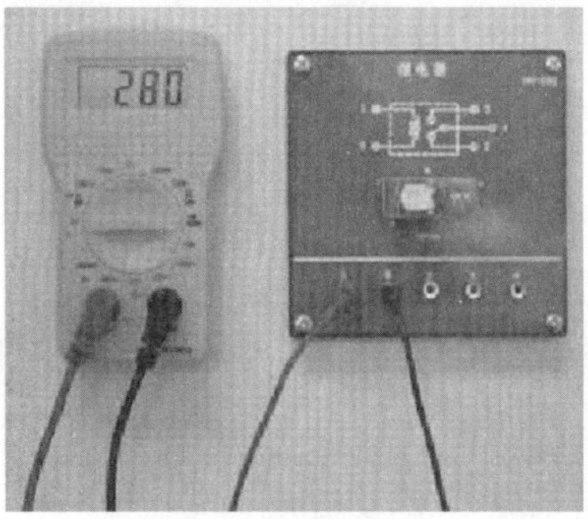	用万用表欧姆挡测量继电器线圈阻值,电阻值为_____,对调表笔,电阻值为_____。若电阻值为无穷大,说明线圈端_____,继电器能否正常使用?
2	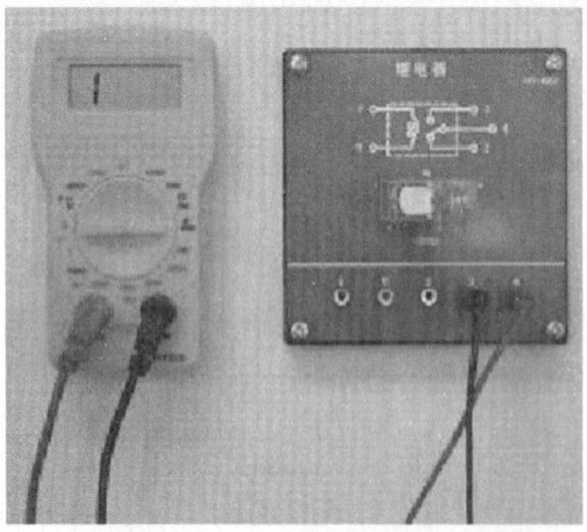	用万用表欧姆挡测量动触点与常开触点的阻值为_____,若继电器工作时动触点与常开触点的阻值为_____,原因是_____
3	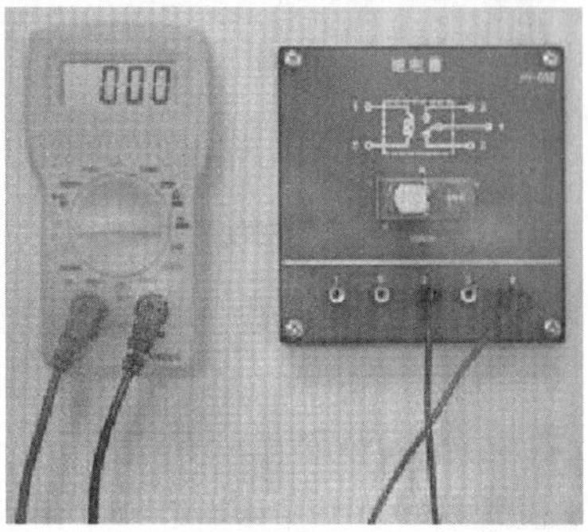	用万用表电阻挡测量动触点与常闭触点的阻值为_____,若继电器工作时动触点与常闭触点的阻值为_____,原因是_____

续上表

步骤	图示	工作页
4	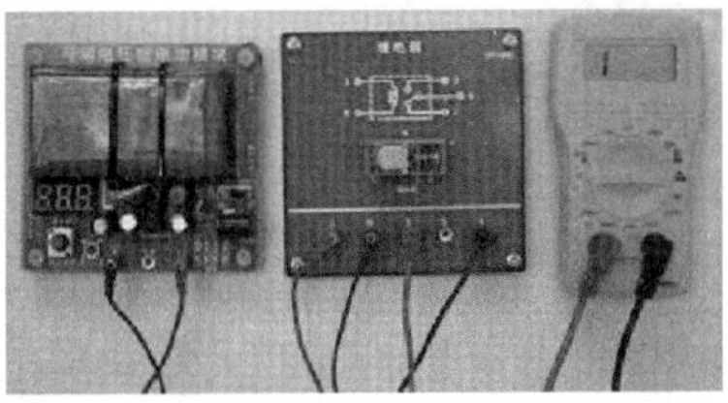	1. 继电器线圈通电后常闭触点与动触点_____； 2. 继电器线圈通电后常开触点与动触点_____

任务点 2　汽车继电器应用电路

学习目标

知识目标：

1. 理解继电器的电路原理；
2. 掌握继电器的电路连接方法。

技能目标：

1. 能够排除简单的继电器电路故障；
2. 能够正确连接继电器电路。

素养目标：

1. 养成团队合作精神和探索创新精神；
2. 养成自主学习习惯；
3. 自觉参与实训室卫生管理。

知识准备

继电器是一种根据某种输入信号的变化，而接通或断开控制电路，实现自动控制和保护电力拖动系统的电器。在汽车上经常利用开关控制继电器的吸合与断开，再利用继电器的触点控制电器部件的通断。

在汽车上常用的继电器有起动继电器、喇叭继电器等。

一、起动继电器

在采用电磁啮合式起动机的起动电路中，起动开关常与点火开关制成一体，由于通过起动机电磁开关（吸引线圈和保持线圈）的电流很大（大功率起动机可达 30~40A），而使点火开关早期损坏。为此，在有些汽车上，点火开关和起动机电磁开关之间装有起动继电器，如图 2-14 所示。

带起动继电器的控制原理

点火起动开关 S 闭合时，电流经 B→S→继电器线圈→接地，形成闭合回路，继电器动作，使活动触点与固定触点吸合。

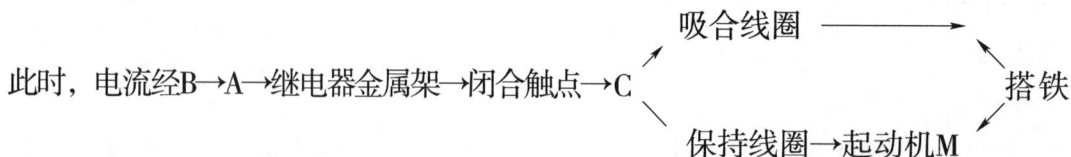

图 2-14 起动机控制装置电路图

此时，电流经B→A→继电器金属架→闭合触点→C

$$吸合线圈 \rightarrow 搭铁$$
$$保持线圈 \rightarrow 起动机M$$

由于电磁开关两线圈通电，产生磁力，推动活动接触盘右移，主触点 B、M 接通，使主电路接通，起动机带动发动机起动。

二、喇叭继电器

图 2-15 所示为继电器在喇叭电路中的应用。蓄电池电压加至继电器线圈的一端，另一端接喇叭按钮。喇叭按钮是常开式开关，其一端搭铁。因此，只要按下喇叭按钮便接通电路。电路接通，继电器线圈得电，线圈建立磁场，磁场将触点吸合，蓄电池电压便加至喇叭（喇叭的另一端是接地的）。控制电路只需 0.25A 电流流过，而喇叭发声需要 20～30A 以上的电流。对于此种用法，喇叭继电

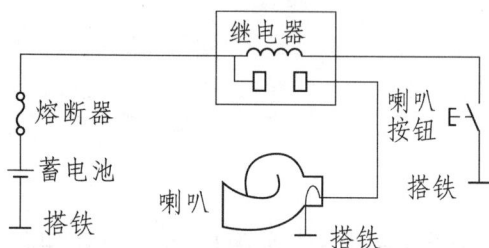

图 2-15 汽车喇叭继电器电路图

器变成了促使喇叭发声的大电流的控制器，而控制电路只需要通过很小的电流，可以用很细的导线。

操作规范：当汽车喇叭继电器损坏后，不能直接将喇叭按钮直接接在喇叭电路中，那样将烧毁喇叭按钮。

边学边做

（1）通过以上学习，具备了一定的理论知识，下面将进行实训。首先，准备实训需要使用的积木板、器材，见表2-3。

实训器材 表2-3

可调电压锂电池模块	开关与熔断丝板	负载积木板
	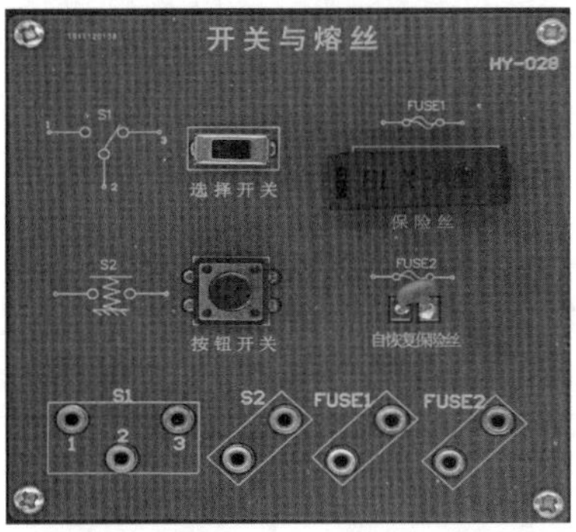	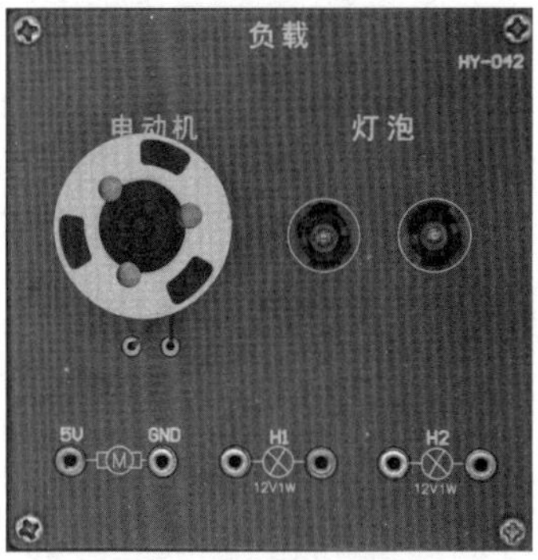
继电器元件板	继电器特性板	万用表
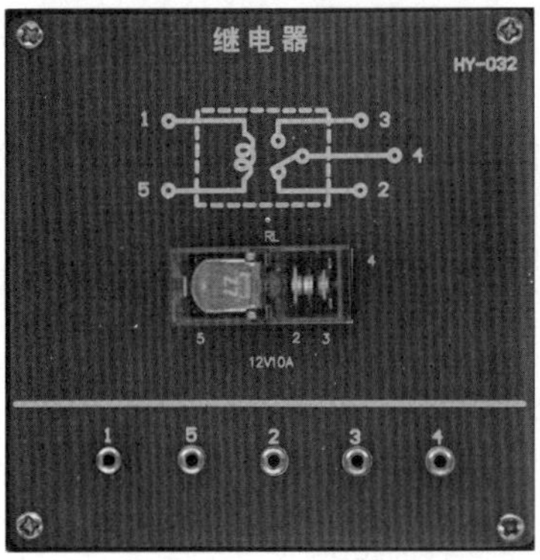	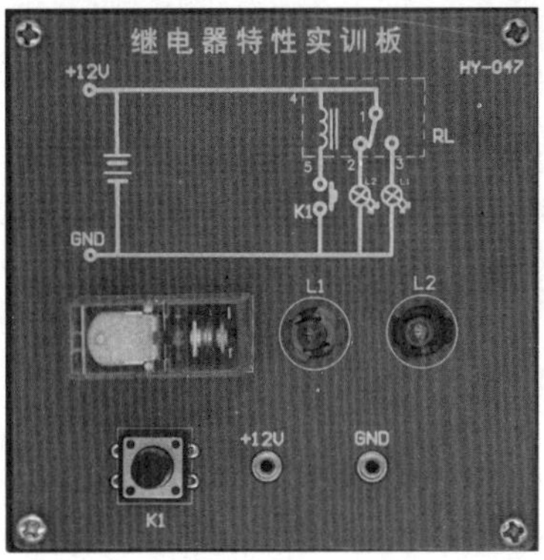	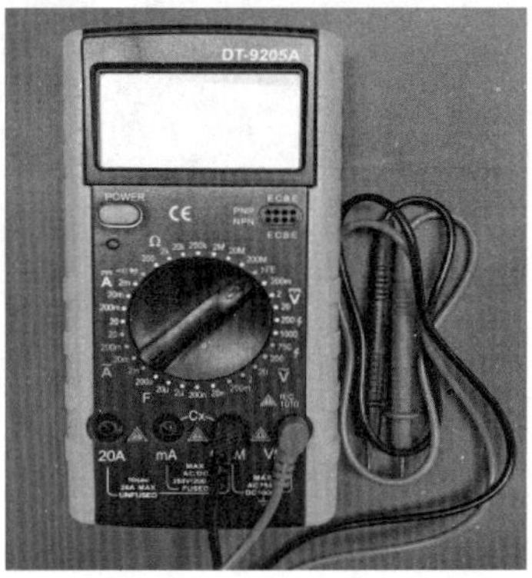

(2)实训步骤:继电器特性实训(表2-4)。

继电器特性实训 表2-4

步骤	图示	工作页
1	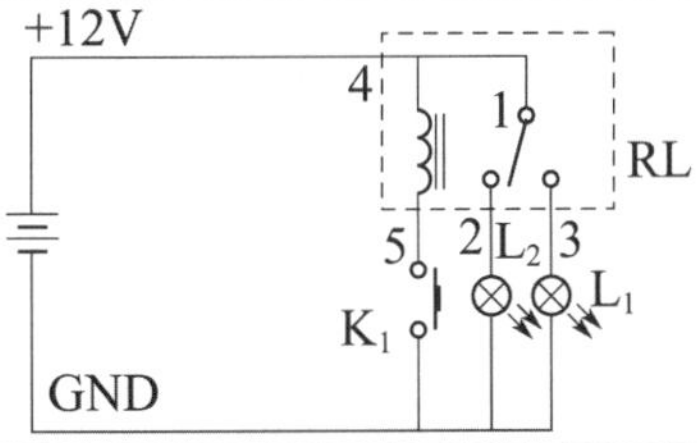	读识原理图,继电器的线圈端是_____脚位,用_____控制;常开触点的脚位是_____,控制的是_____;常闭触点的脚位是_____,控制的是_____
2	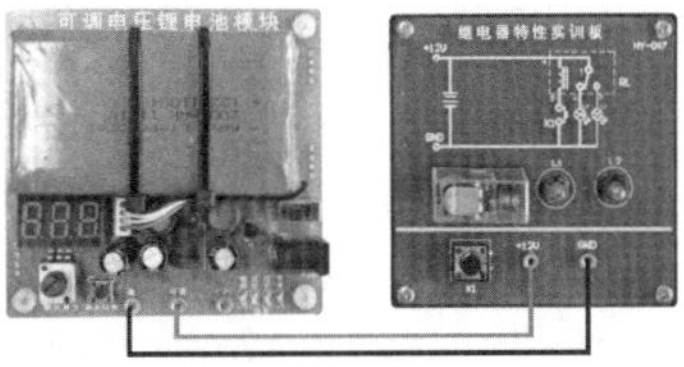	用连接导线按照积木板连接示意图连接成完整电路,注意连接前先关闭电源开关
3	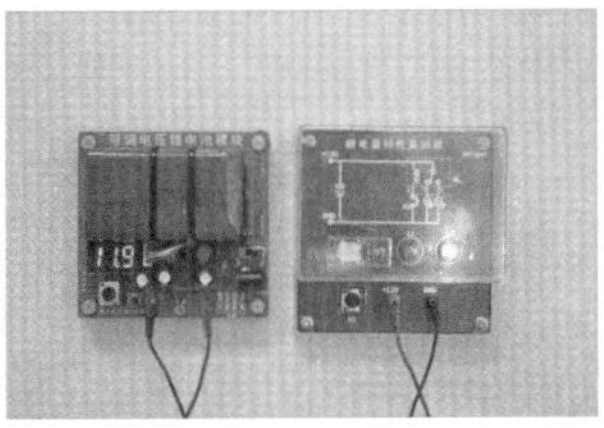	1.检查无误后接通电源,未按下按键时,继电器线圈不通电,不产生电磁力,常开触点_____,灯泡 L_1 _____;L_2 _____(填"亮"或"灭"); 2.按下按键时,继电器线圈通电产生电磁力吸合常开触点,断开常闭触点,此时灯泡 L_1 _____,L_2 _____(填"亮"或"灭")

(3)实训步骤:继电器应用电路(表2-5)。

继电器应用电路 表2-5

步骤	图示	工作页
1	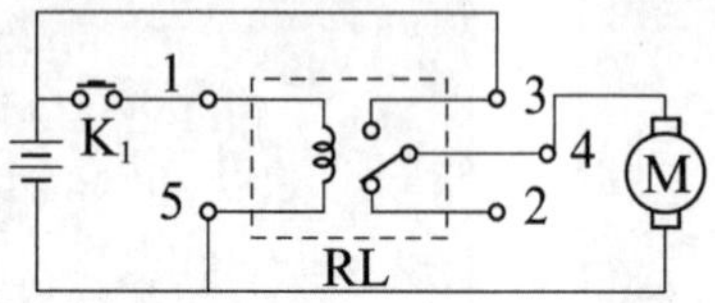	读识电路原理图,说明元器件的作用。 电源:＿＿＿＿＿＿＿＿＿＿＿＿ 继电器:＿＿＿＿＿＿＿＿＿＿＿ 开关:＿＿＿＿＿＿＿＿＿＿＿＿ 电动机:＿＿＿＿＿＿＿＿＿＿＿
2	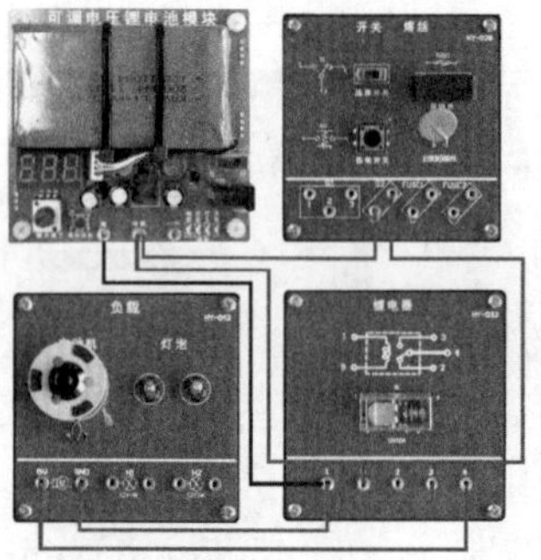	用连接导线按照积木板连接示意图连接成完整电路,注意连接前先关闭电源开关
3	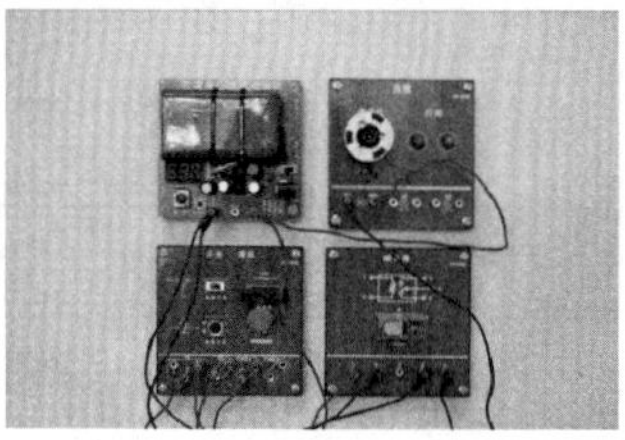	1.检查无误后接通电源,开关未闭合,未接通线圈回路,此时电动机＿＿＿＿;原因是＿＿＿＿; 2.闭合开关,接通线圈回路,此时,电动机＿＿＿＿,同时可以测量线圈通电电流和控制灯泡电流分别为＿＿＿＿、＿＿＿＿。通过这个实训我们知道继电器线圈回路和触点控制回路是分开的,且继电器可以小电流回路控制大电流回路

📖 考核与评价

一、考核方式

(1)每小组对应一套电子积木板、一张实训工作台。

(2)检查实训任务:真实、完整、有效。

(3)按各实例的知识讲解及实训情况进行自评、互评。

二、考核说明及评价

考核说明及评价见表2-6。

考核说明及评价 表2-6

评价指标	考核说明	考核记录			
基本知识点考核	继电器工作原理 继电器的检测 继电器应用电路				
评价内容	检验指标	权重	自评	互评	总评
1. 检查任务完成情况	(1)完成任务过程情况				
	(2)任务完成质量				
	(3)在小组完成任务过程中所起的作用				
2. 专业知识	(1)能够描述继电器的工作原理				
	(2)能够用万用表检测继电器的性能				
	(3)能够连接继电器电路				
	(4)能够检测继电器电路故障并排除				
3. 职业素养	(1)学习态度:积极主动参与学习				
	(2)团队合作:与小组成员一起分工合作、学习				
	(3)现场管理:服从工位安排、执行实训室"6S"管理				
4. 综合评议与建议					

想一想

(1)汽车电路为什么要广泛用到继电器?

(2)继电器电路常见的故障现象有哪些?

学习任务二 直流电动机控制原理

任务导入

直流电动机是汽车上常用的部件,如电动门窗、电动后视镜、空调风机等都是采用直流电动机正转和反转进行控制,一般直流电动机的正反转通过调换极性控制。极性调换开关常采用双位双联性质的开关。

任务点　直流电动机控制电路

学习目标

知识目标:

1. 认识直流电动机的结构,了解其工作原理;

2. 能够分析直流电动机控制电路。

技能目标:

1. 能够描述直流电动机的工作原理;

2. 正确完成直流电动机正反转控制电路的连接。

素养目标:

1. 养成团队合作精神和探索创新精神;

2. 增强问题意识,提高学习能力和课程实践能力;

3. 自觉参与实训室卫生管理。

知识准备

一、通电导体在磁场中受力

磁场对通电导线(或电流)的作用力称为安培力。这个安培力的方向可以依靠"左手定则"判断,方法如下:伸开左手,使拇指与其余四个手指垂直,并且都与手掌在同一个平面内;让磁感线从掌心进入,并使四指指向电流方向,这时拇指所指的方向就是通电导线在磁场中所受安培力的方向,如图2-16所示。

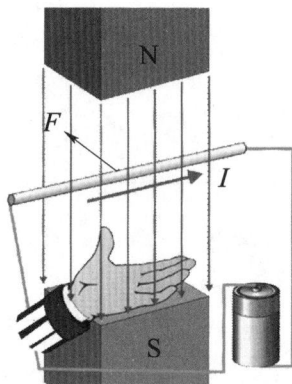

图2-16　通电导体在磁场中受力

二、直流电动机的工作原理

1. 直流电动机的基本工作原理

导体受力的方向用左手定则确定。这一对电磁力形成了作用于电枢一个力矩,这个力矩在旋转电机里称为电磁转矩,转矩的方向是逆时针方向,企图使电枢逆时针方向转动。如果此电磁转矩能够克服电枢上的阻转矩(例如由摩擦引起的阻转矩以及其他负载转矩),电枢就能按逆时针方向旋转起来。

直流电动机结构原理

直流电动机是将电能转换为机械能的设备,是以通电导体在磁场中受电场力作用的原理而制成的。其工作原理如图2-17所示。

如图2-17a)所示,当电流由正电刷和换向片A流入,从换向片B和负电刷流出时,电枢绕组线圈中的电流方向为a→b→c→d,ab边在磁场受力朝左、dc边磁场受力朝右,此时转矩方向为逆时针方向。

如图2-17b)所示,当线圈转过180°后,电流由正电刷和换向片B流入,从换向片A和负电刷流出,线圈中的电流方向为d→c→b→a,ab边在磁场受力朝右、dc边磁场受力朝左,转矩方向仍为逆时针方向。电枢轴便可在一个固定转向的电磁转矩作用下而不断旋转。

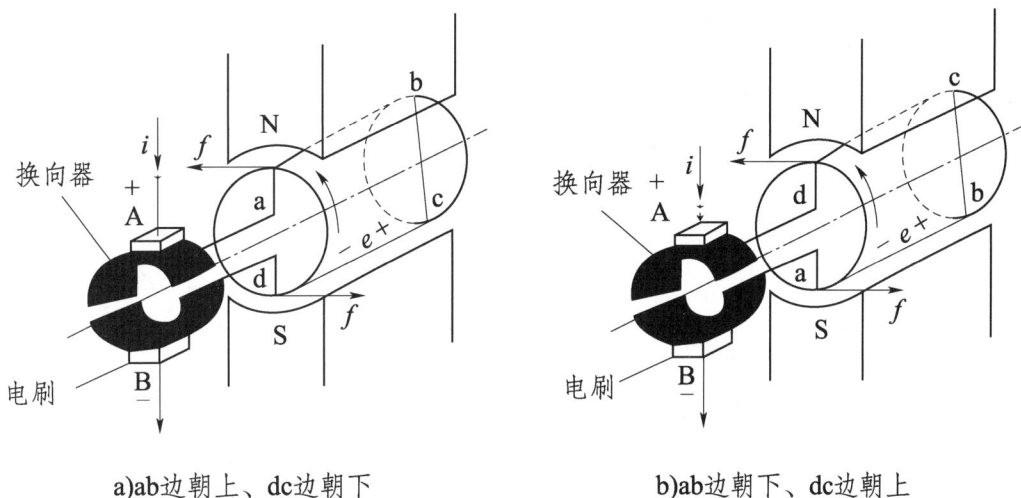

a)ab边朝上、dc边朝下　　　　　　　　b)ab边朝下、dc边朝上

图2-17　直流电动机的工作原理

因此,电枢一经转动,由于换向器配合电刷对电流的换向作用,直流电流交替地由导体ab和cd流入,使线圈边只要处于N极下,其中通过电流的方向总是由电刷A流入的方向,而在S极下时,总是从电刷B流出的方向,这就保证了每个极下线圈边中的电流始终是一个方向,从而形成一种方向不变的转矩,使电动机能连续地旋转。这就是直流电动机的工作原理。

2. 直流电动机的转矩公式

一个线圈产生的电磁转矩是有限的,且电枢轴转动不稳定。所以,电动机的电枢绕组是由很多线圈组成的,换向片的数量也随线圈数量的增加而增多。

电动机的电磁转矩T取决于磁通ϕ,电枢电流I_a的乘积,可用下式表示:

$$T = C_m \phi I_a$$

式中:C_m——电动机结构常数。

三、电动车窗电动机电路分析

电动车窗是指以电为动力使门窗玻璃自动升降的门窗。它是由驾驶员或乘员操纵开关接通门窗升降电动机的电路,电动机产生动力通过一系列的机械传动,使门窗玻璃按要求进行升降。其优点是操作简便,有利于行车安全。

现在轿车基本上都采用了电动车窗。电动车窗升降系统的电动机,广泛采用的是永磁电动机。永磁电动机是通过改变电枢电流的方向来改变电动机的旋转方向使车窗玻璃上升或下降,电动机本身不搭铁,而是通过控制开关搭铁。图2-18所示为美国福特公司采用的永磁式电动机的电动升降门窗电路图。

现以左后门窗为例说明其工作原理。

当主控开关中的左后门窗开关拨到Up时,电流方向为:蓄电池正极→点火开关→电路断电器→主控开关中左后门窗Up触点→左后门窗分控开关Up触点→电动机→左后门窗分控开关Down触点→主控开关中左后门窗Down触点→搭铁。电动机旋转,带动左后门窗玻璃上升。

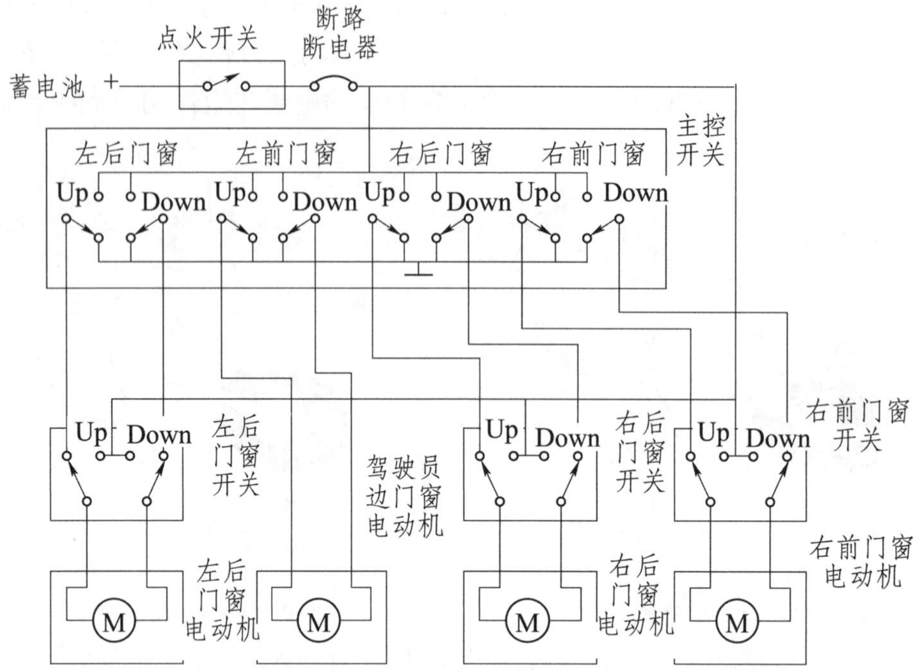

图2-18 福特公司永磁式电动机的电动升降门窗电路

当主控开关中的左后门窗开关拨到 Down 时,电流方向为:蓄电池正极→点火开关→电路断电器→主控开关中左后门窗 Down 触点→左后门窗分控开关 Down 触点→电动机→左后门窗分控开关 Up 触点→主控开关中左后门窗 Up 触点→搭铁。电动机旋转,带动左后门窗玻璃下降。

上述过程中,流过电动机电枢的电流方向相反,所以,电动机旋转方向相反,带动玻璃上升或下降。

与此类似的双向永磁电动机也被利用到电动后视镜、电动座椅、电动天窗等系统的触动电路中,在开关控制下,带动部件实现两个方向的运动。

边学边做

(1)通过以上学习,具备了一定的理论知识,下面将进行实训。首先,准备实训需要使用的积木板、器材,见表2-7。

实训器材   表2-7

可调锂电池模块	开关与熔断丝板	负载积木板
	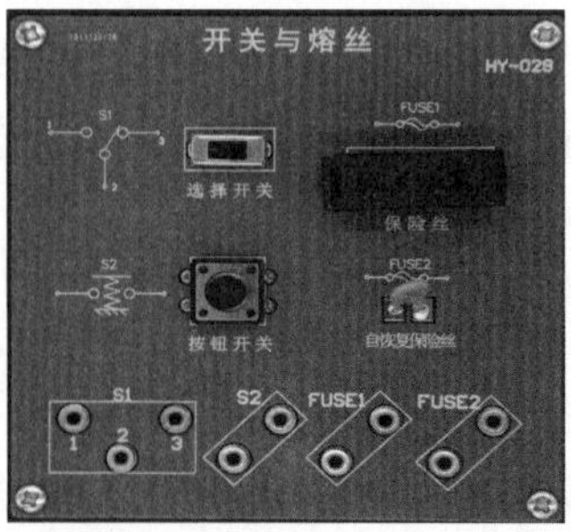	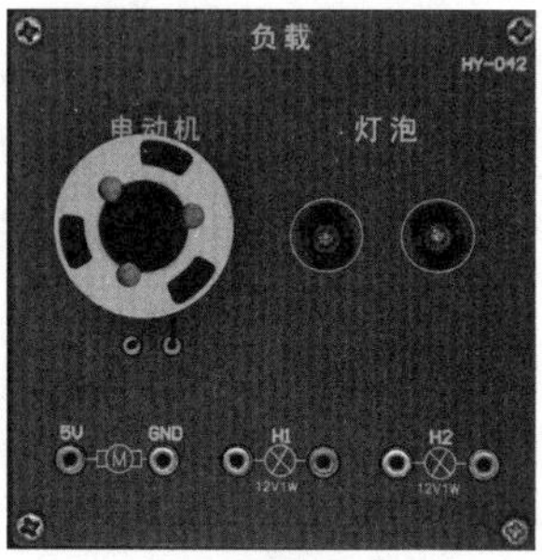

（2）实训步骤：直流电动机正反转控制（表2-8）。

直流电动机正反转控制 表2-8

步骤	图示	工作页
1	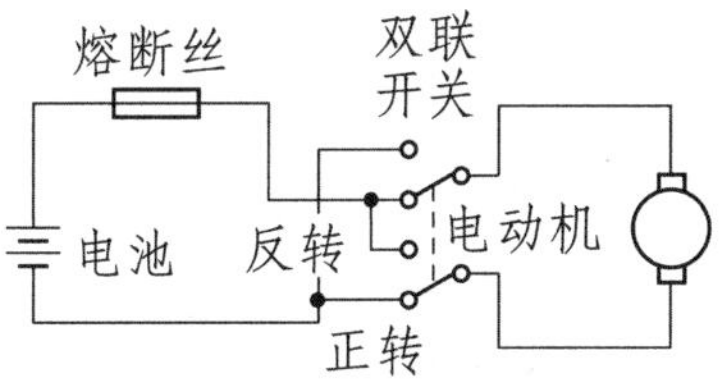	读识原理图，说明电路控制原理。 实训电路通过两个选择开关模拟双联开关，通过开关的组合改变电动机电流的流向，从而实现正反转控制
2	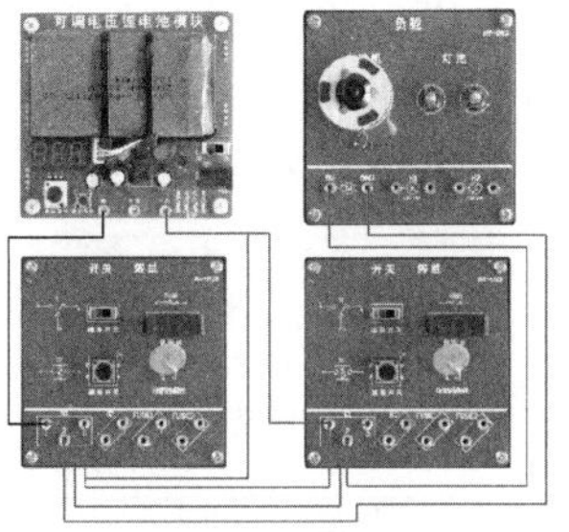	用连接导线按照积木板连接示意图连接成完整电路，注意连接前先关闭电源开关
3	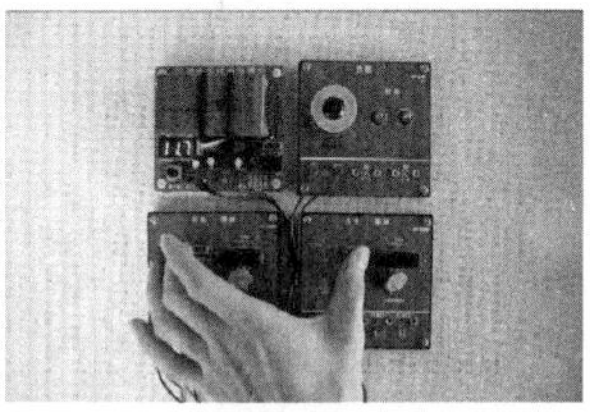	检查无误后接通电源，用手同时拨动两个开关的方向，观察电动机的转向
4		当两个开关都在左端时，电动机_____，请分析电流流向： _____ _____
5		当两个开关都在右端时，电动机_____，请分析电流流向： _____ _____ 若是开关一左一右，电动机_____，原因是_____

考核与评价

一、考核方式

（1）每小组对应一套电子积木板、一张实训工作台。

（2）检查实训任务：真实、完整、有效。

（3）按各实例的知识讲解及实训情况进行自评、互评。

二、考核说明及评价(表2-9)

考核说明及评价见表2-9。

考核说明及评价   表2-9

评价指标	考核说明	考核记录
基本知识点考核	直流电动机工作原理 直流电动机控制电路 电动车窗电路分析 电动机正反转控制电路	

评价内容	检验指标	权重	自评	互评	总评
1. 检查任务完成情况	(1)完成任务过程情况				
	(2)任务完成质量				
	(3)在小组完成任务过程中所起的作用				
2. 专业知识	(1)能够描述直流电动机的结构				
	(2)能够描述直流电动机的工作原理				
	(3)能够分析汽车电动车窗电路				
	(4)能够检测直流电动机电路				
	(5)能够依照电路图连接电子积木板				
3. 职业素养	(1)学习态度:积极主动参与学习				
	(2)团队合作:与小组成员一起分工合作、学习				
	(3)现场管理:服从工位安排、执行实训室"6S"管理				
4. 综合评议与建议					

想一想

(1)直流电动机有哪些特点?

(2)收集分析汽车上有关直流电动机电路。

项目三

汽车交直流变换控制电路

项目描述

一般汽车用主电源都是由发电机提供的,但汽车发电机产生的是交流电,需要对其进行交直流变换。本项目主要是学习正弦交流电特征、交直流的变换。

项目目标

☞ **知识目标**

1. 了解整流电路波形变换过程与原理;
2. 理解滤波电路应用及原理特性。

☞ **技能目标**

1. 能够正确标注示波器测量电路波形;
2. 掌握稳压二极管原理、三端稳压电路的应用;
3. 能够按照电路图正确连接电路。

☞ **素养目标**

1. 培养认真细致的分析能力和严谨负责的职业素养;
2. 培养空间想象能力;
3. 养成良好的劳动精神。

项目任务

学习任务一 汽车数字示波器的使用
学习任务二 汽车交流发电机电路及波形认知
学习任务三 晶体二极管及其整流电路
学习任务四 滤波及其稳压电路

学习任务一 汽车数字示波器的使用

📎 任务导入

在交流电路检测中,经常用示波器检测,通过示波器可以直观地观察被测电路的波形,包括形状、幅度、频率(周期)、相位,还可以对两个波形进行比较,从而迅速、准确地找到故障原因。示波器是维修汽车电路中不可缺少的检测工具。本任务主要通过实例讲解,理论与实操相结合,对示波器的结构、原理、测量进行学习。

任务点 示波器的说明及测量

📎 学习目标

知识目标:

1.了解示波器的组成与分类;

2.认识新能源汽车互锁波形的概念。

技能目标:

1.掌握示波器测量电压与波形的方法;

2.学会计算波形的幅值、周期及频率。

素养目标:

1.养成团队合作精神和探索创新精神;

2.形成初步学习能力和课程实践能力;

3.自觉参与实训室卫生管理。

📎 知识准备

一、示波器简介

示波器是一种用途十分广泛的电子测量仪器,它能把肉眼看不见的电信号变换成看得见的图像,便于人们研究各种电现象的变化过程,通俗地说,示波器可以让汽车修理人员看见汽车电路中发生的事故。示波器利用狭窄的、由高速电子组成的电子束,打在涂有荧光物质的屏面上,就可产生细小的光点(这是传统的模拟示波器的工作原理)。在被测信号的作用下,电子束就好像一支笔的笔尖,可以在屏面上描绘出被测信号的瞬时值的变化曲线。利用示波器能观察各种不同信号幅度随时间变化的波形曲线。

示波器是用来测量交流电或脉冲电流波的形状的仪器,由电子管放大器、扫描振荡器、阴极射线管等组成。除观测电流的波形外,还可以测定频率、电压、脉宽、阵列等,通过对电子信号的波形的分析,可以检查电路中的传感器、执行器以及电路和控制电脑各部分的故障,也可以进行修理后的故障分析。图3-1、图3-2所示为示波器。

图3-1　汽车专用示波器

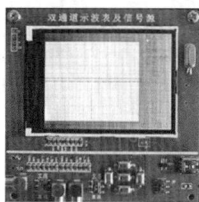

图3-2　电子积木双通道示波器

二、示波器的分类

根据对信号的处理方式的不同,示波器可分为模拟示波器、数字示波器两大类。

1. 模拟示波器

模拟示波器采用模拟方式对时间信号进行处理和显示。模拟示波器可分为通用示波器、多束示波器、取样示波器、记忆示波器和专用示波器等。

1)通用示波器

通用示波器采用单束示波管,又可分为单踪、双踪、多踪示波器。图3-3所示为双踪示波器。

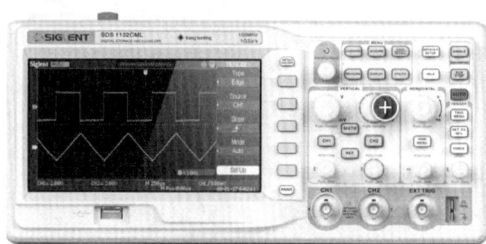

2)多束示波器

多束示波器采用多束示波管,荧光屏上显示的每个波形都由单独的电子束扫描产生。图3-4所示为多束示波器。

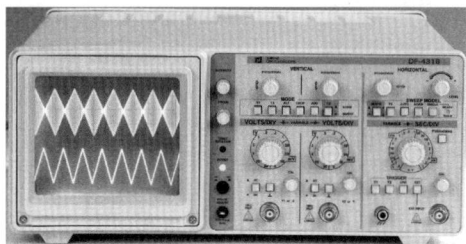

图3-3　双踪示波器

图3-4　多束示波器

3)取样示波器

采用信号非实时取样技术,实现用取样点构成连贯显示被测信号波形信息的示波器,可以用较低频率的示波器测量高频信号,适用于观察、研究高频信号或快速重复脉冲信号。图3-5所示为取样示波器。

4)记忆示波器

采用存储示波管或数字存储技术,将单次电信号瞬变过程、非周期现象和超低频信号长时间保留在示波管的荧光屏上或存储在电路中,以供重复测试。

5)专用示波器

专用示波器是能够满足特殊用途的示波器,又称特种示波器,如图3-6所示。

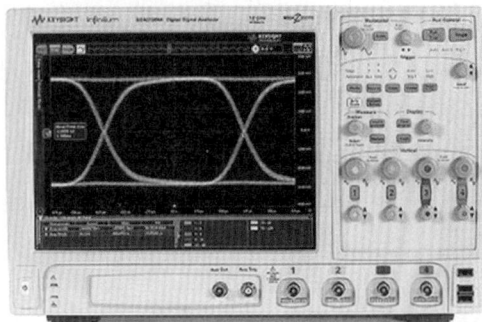

图3-5　取样示波器　　　　　　　　　图3-6　专用示波器-晶体管图视仪

2.数字示波器

数字示波器又可分为实时取样、随机取样和顺序取样三类。

数字示波器内部带有微处理器,外部装有数字显示器,有的产品在示波管荧光屏上既可显示波形,又可显示字符。被测信号经模/数变换器(A/D 变换器)送入数据存储器,通过键盘操作,可对捕获的波形参数的数据,进行加、减、乘、除、求平均值、求平方根值、求均方根值等的运算,并显示出答案数字,且具有记忆、存贮被观察信号功能,又称为数字存贮示波器,能够持久的保留信号,可以扩展波形的处理方式。

三、电子积木数字示波器面板功能的使用

实训采用的电子积木配套一个双通道小型示波表,能用于观察较低电压(200Vpp)和较低频率(200kHz)的信号,双通道相互独立。内置 1200mAh 锂电池,充饱电情况下,可使用5h。图 3-7 所示为电子积木双通道示波表。

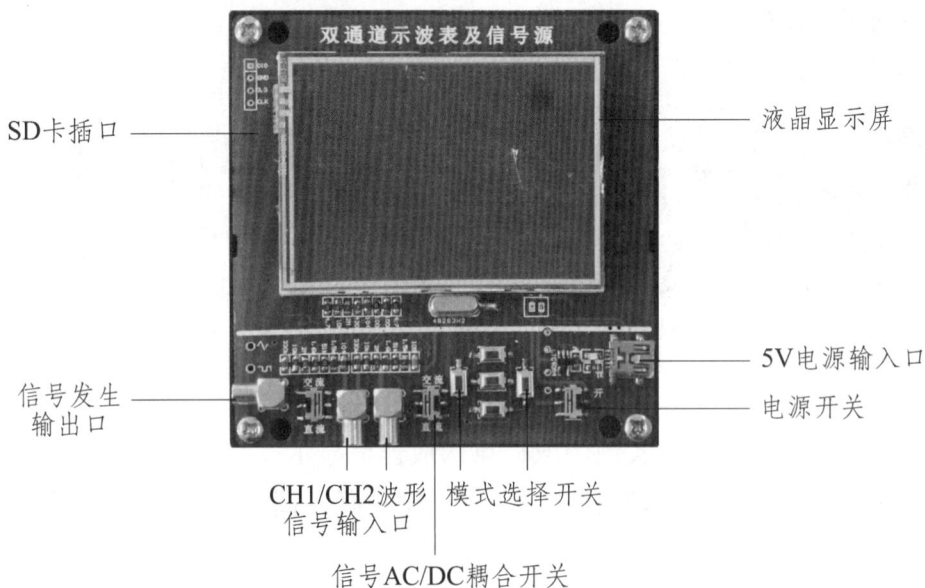

图 3-7　电子积木双通道示波表

存储深度:4K 点×2,X 轴显示 12 格,共 240 点。

电源开关:在右下角,向上拨为接通电源。

Mini USB 插孔:用于给示波表充电,连接一条随机线到电脑 USB 口或者 5V 电源适配

器,即可对示波表充电。在充电状态,充电指示灯亮;充饱时,充电指示灯熄灭,完全充电只需 4h。

信号输入座:双通道的信号输入,需要连接屏蔽线到被测信号。

交/直流切换选择开关:每路输入座旁边有一个小开关,用于切换交流/直流耦合方式。小开关拨上为交流耦合方式,被测信号会首先通过小电容隔去其直流成分。

信号输出座:用于连接屏蔽线,对外输出 1 ~ 100kHz 的矩形波信号,占空比可调范围为 0 ~ 100% 。

演示信号输出:提供一路三角波及一路矩形波,在示波表左下方的两个小焊盘。上边为三角波,下边为方波,可用于测试示波表是否正常工作。图 3-8 所示为示波表液晶显示界面。

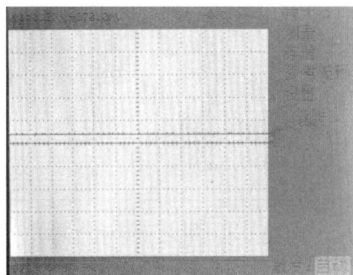

图 3-8　示波表液晶显示界面

中央按键:长按进入设置,再次长按退出设置,在设置状态,被设置项目反白显示。

右按键:用于选择设置项。

上下按键:用于对设置项进行加/减。

示波表界面:波形窗口红色曲线是通道 1 的波形;蓝色曲线是通道 2 的波形。

Y_1 指示通道 1 的垂直灵敏度及偏移。

Y_2 指示通道 2 的垂直灵敏度及位移。

X 指示扫描速度及水平位移。

→CH_1:指示触发电平。

触发:自动指示触发模式,有 3 个选择自动/正常/单次。

放大 x_1:被测波形局部放大,缩小。

xxxHz:输出信号的频率选择。

xxx%:输出信号的占空比选择。

四、新能源汽车互锁波形

新能源汽车互锁概念,其出发点是为了监测高压线、重要低压接插件是否连接到位。可以简单理解为:在一个完整的高压接插件密封体系,这个体系所有的高压接插件元件应当全部稳定、可靠地连接。若有一个插接不良、元件损坏,整个系统处于崩坏,为了安全起见,必须锁定某些重要功能,例如整车上电。

高压互锁(High Voltage Interlock Loop,简写 HVIL)工作原理是:使用检波信号来确认整个高压电气系统的完整性,整车所有的高压部件和线束接插件都必须安装到位,无短路或断路的情况。当控制器检测到 HVIL 回路断开或是完整性受到破坏时,需要启动必要的安全措施。

比亚迪 2019 款 e5 车的高压互锁检测采用 PWM 信号传输,该 PWM 占空比波形如图 3-9 所示。

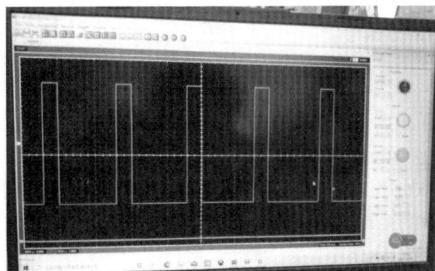

图 3-9　比亚迪 2019 款 e5 车的
互锁波形检测

该检测波形电压峰值10V、占空比接近20%、波形周期约1ms。

边学边做

（1）通过以上学习，具备了一定的理论知识，下面将进行实训。首先，准备实训需要使用的积木板、器材，见表3-1。

汽车专用示波器基本操作

实训器材　　　　　　　　　　　表3-1

积木连线实训板	示波表	连接导线
		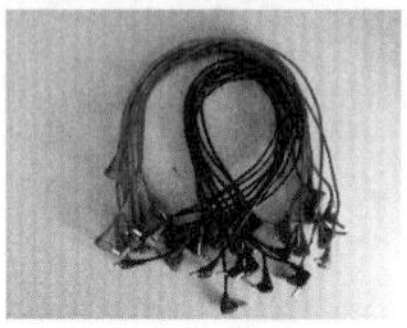

（2）实训步骤：计算波形的幅值、周期及频率（表3-2）。

计算波形的幅值、周期及频率　　　　　表3-2

步骤	图示	工作页
1		示波表测量三角波：用探头连接好示波表通道1，红色连接头为输入，黑色连接头为搭铁。打开示波表电源，屏幕应出现两条直线，红色为通道1波形线，蓝色为通道2波形线，左下端有两路波形测试输出，一路方波和一路三角波，先用红色连接头连接三角波输出测试点，选择交流耦合，观察波形
2	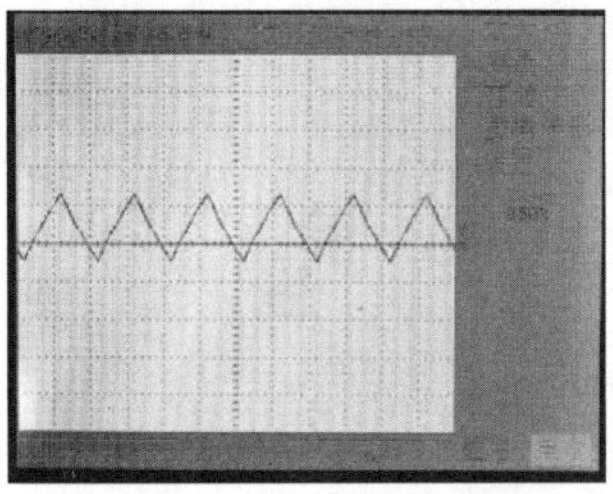	三角波波形应出现如图所示，若不清晰，进入调节选项分别调节电压幅度、垂直位移和扫描时间（时基），波形占空比和频率同样可以在示波表参数设置里面调节，定格波形选择触发方式为单次。读出定格三角波的周期、频率及电压幅度。 幅值：_____ 周期：_____ 频率：_____
3	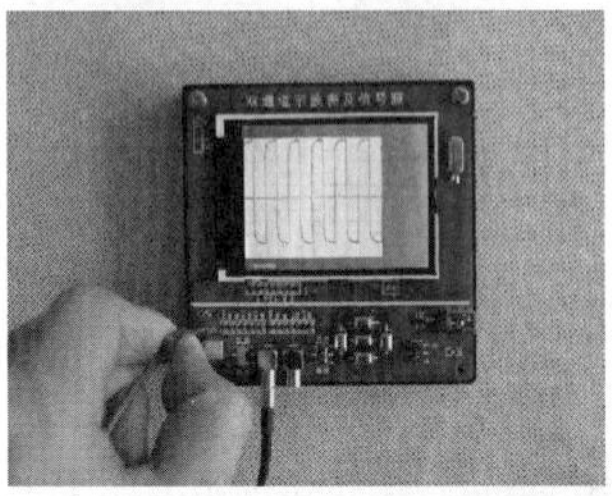	按照测试三角波的方法测量方波
4	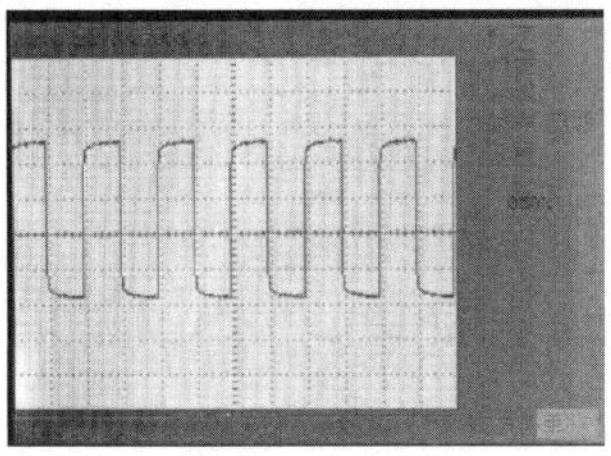	按照测试三角波的方法设置示波表参数。读出定格方波的周期、频率及电压幅度。 幅值：_____ 周期：_____ 频率：_____

考核与评价

一、考核方式

(1)每小组对应一套电子积木板、一张实训工作台。

(2)检查实训任务:真实、完整、有效。

(3)按各实例的知识讲解及实训情况进行自评、互评。

二、考核说明及评价

考核说明及评价见表3-3。

考核说明及评价   表3-3

评价指标	考核说明	考核记录
基本知识点考核	示波器的组成 示波器的分类 示波器的使用原理 计算波形幅值、周期、频率	

评价内容	检验指标	权重	自评	互评	总评
1. 检查任务完成情况	(1)完成任务过程情况				
	(2)任务完成质量				
	(3)在小组完成任务过程中所起的作用				
2. 专业知识	(1)能够描述示波器的组成、分类				
	(2)能够理解示波器的注意事项				
	(3)理解示波器功能面板的应用				
	(4)掌握波形的周期、频率、幅值计算				
	(5)掌握示波器的使用				
3. 职业素养	(1)学习态度:积极主动参与学习				
	(2)团队合作:与小组成员一起分工合作、学习				
	(3)现场管理:服从工位安排、执行实训室"6S"管理				
4. 综合评议与建议					

想一想

(1) 为什么示波器能检测万用表不能检测的参数?

(2) 直流信号能用示波器测量其信号吗?

学习任务二　汽车交流发电机电路及波形认知

任务导入

交流电随时间变化的形式是多种多样的,不同变化形式的交流电,其应用范围和产生的效果也不同,其中正弦波交流电应用最为广泛。而汽车使用的是三相交流发电机,在汽车电控、点火系统中等都需要检测交流信号。本任务主要通过实例讲解,理论与实操相结合,学习波形特性、测量、应用。

任务点　正弦交流电波形特点及其测量

学习目标

知识目标:

1. 了解正弦交流电的特点;

2. 掌握交流发电机结构。

技能目标:

1. 能够拆解交流发电机;

2. 能够阐述三相交流发电机的整流原理;

3. 能够按照要求连接电路并进行波形检测。

素养目标:

1. 养成团队合作精神和探索创新精神;

2. 增强问题意识,提高学习能力和课程实践能力;

3. 树立环保、节能、安全的意识。

知识准备

一、正弦交流电

所谓正弦交流电,是指大小和方向都随时间变化的电流、电压和电动势。通

正弦交流电的
周期、频率
和角频率

常我们使用的交流电主要是按正弦规律变化的交流电,称为正弦交流电,如图 3-10 所示。

二、正弦交流电的三要素

一个正弦量可以由频率(或周期)、幅值(或有效值)和初相位三个特征或要素来描述。

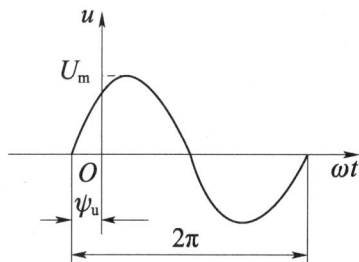

图 3-10　正弦交流电波形图

1. 频率与周期及角频率

正弦量变化一次所需的时间称为周期(T)。每秒内变化的次数称为频率(f)。它的单位是赫兹(Hz)。

频率是周期的倒数,即:

$$f = \frac{1}{T}$$

我国和大多数国家都采用 50Hz 作为电压标频率,有些国家(如美国、日本等)采用 60Hz。这种频率在工业上应用广泛,习惯上也称为工频。通常的交流电动机和照明设备都采用这种频率。

正弦量变化的快慢除用周期和频率表示外,还可用角频率来表示,因为一周期内经历 2πrad,所以角频率为:

$$\omega = \frac{2\pi}{T} = 2\pi f$$

它的单位是弧度/秒(rad/s)。

2. 幅值与有效值

正弦量在任一瞬间的值称为瞬时值,用小写字母来表示,如 i、u 及 e 分别表示电流、电压及电动势的瞬时值。瞬时值中最大的值,称为幅值或最大值,用带下标 m 的大写字母来表示,如 I_m、U_m 及 E_m 分别表示电流、电压及电动势的幅值。它的解析表达式为:

$$i = I_m \sin(\omega t)$$

正弦电流、电压和电动势的大小往往是用有效值来计量的。

有效值是通过电流的热效应来规定的,无论交流还是直流,只要它们在相等的时间内通过同一电阻并且两者产生的热效应相等,那么这个周期性变化的电流 i 的有效值在数值上等于这个电流。

电流为正弦量时,有效值为:

$$I = \frac{I_n}{\sqrt{2}} = 0.707 I_m$$

正弦电压的有效值为:

$$U = \frac{U_m}{\sqrt{2}} = 0.707 U_m$$

正弦交流电的瞬时值、最大值和有效值

有效值都用大写字母表示,和表示直流的字母一样。一般所讲的正弦电压或电流的大小,例如交流电压380V或220V,都是指它的有效值。一般交流电流表和电压表的刻度也是根据有效值来确定的。

三、初相位及相位

正弦量是随时间而周期性变化的,正弦量所取的计时起点不同,正弦量的初始值就不同,到达幅值或某一特定值所需的时间也就不同。其波形如图 3-11 所示。

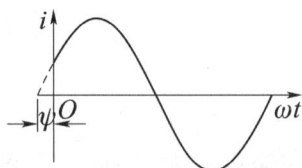

正弦交流电的相位、初相位和相位差

图 3-11 初相位不等于零的正弦波形

正弦量可用下式表示为:

$$i(t) = I_m \sin(\omega t + \theta_2)$$

上式中的角度 $\omega t + \theta_i$ 称为正弦量的相位角或相位,它反映出正弦量变化的进程。当相位角随时间连续变化时,正弦量的瞬时值随之连续变化,当 $t = 0$ 时的相位角称为初相位角或初相位。

提示:在一个正弦交流电路中,电压 u 和电流 i 的频率是相同的,但初相位不一定相同。

进一步:两个同频率正弦量的相位角之差或初相位角之差,称为相位角差或相位差。当两个同频率正弦量的计时起点改变时,它们的相位和初相位不同,所以它们的变化步调是不一致的,即不是同时到达正的幅值或零值。一般称为相位超前或者滞后。

四、三相交流电的特点

三相交流电是由三个频率相同、电势振幅相等、相位差互差120°的交流电路组成的电力系统。目前,我国生产、配送的都是三相交流电。

传统汽车发电机产生的也是三相交流电,如图 3-12 所示,为 e_A、e_B、e_C 三相交流电,相位差相互差120°。

图 3-13 所示为三相交流电波形图和相量图。

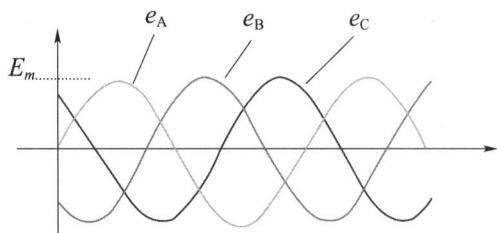

图 3-12 汽车发电机产生的三相交流电

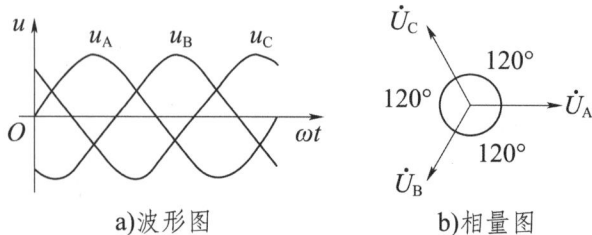

a)波形图　　b)相量图

图 3-13 三相交流电波形图和相量图

五、三相交流发电机的整流原理

交流发电机是利用二极管的单向导电性把交流电转变为直流电的。普通交流发电机是用六只二极管组成的三相桥式整流电路,把定子绕组中感应出来的交流电转变为直流电。

如图 3-14a)所示,三相整流电路主要由六个整流二极管组成,并分为三组:VD_1 和 VD_2、VD_3 和 VD_4、VD_5 和 VD_6。

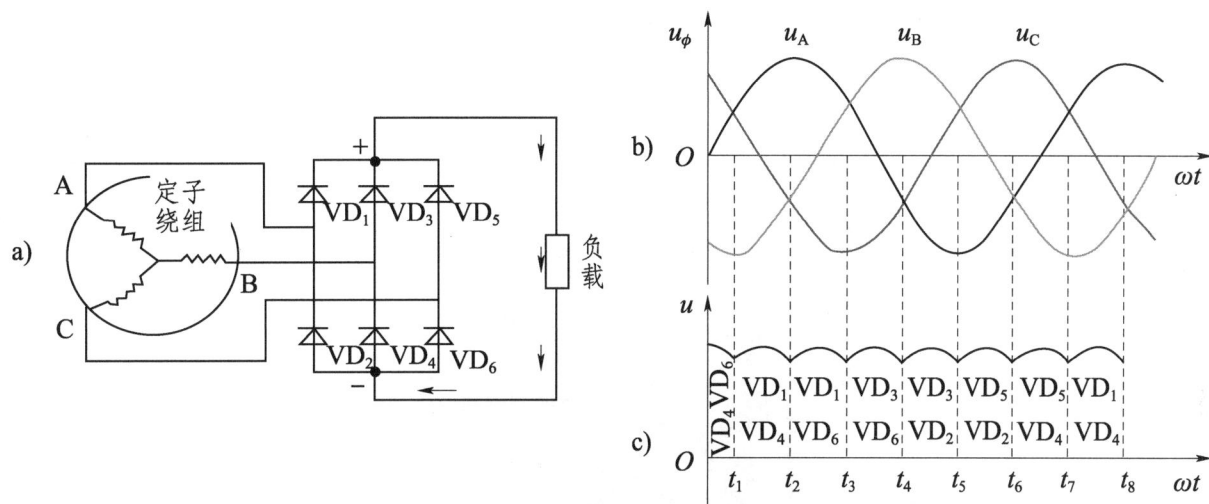

图 3-14　汽车交流发电机整流原理

不管任何时刻,每一组有且只有一个二极管导通,整流电路的工作过程如下:

①O 到 t_1 时刻:u_C 电压最高,u_B 电压最低,按照电流从电位最高的相线 C 出发原则,经 VD_5、再通过负载,经过 VD_4 流入此刻点位最低相线 B。此刻经过负载上电压,如图 3-14b)最左侧的电压纹波。

②t_1 到 t_2 时刻:u_A 电压最高,u_B 电压最低,按照电流从电位最高的相线 A 出发原则,经 VD_1、再通过负载,经过 VD_4 流入此刻点位最低相线 B。此刻经过负载的电压,如图 3-14c)最左侧的开始第二个电压纹波。

依次类推,可以得到在全时间段的纹波波形,由于波形变化比较小,已经满足汽车低压电源的使用要求。

六、发电机在汽车的应用

发电机是汽车上的主要电源,它与蓄电池并联,由汽车发动机驱动,交流发电机的功用是当发动机所需电压高于蓄电池电压时,能及时向蓄电池充电并向全车(除起动机之外)的所有用电设备直接供电。

汽车交流发电机在整车的地位,如图 3-15 所示。

现代汽车装备的发电机几乎都是交流发电机,由于三相同步交流发电机采用硅二极管进行整流,所以通常又称之为硅整流发电机。

汽车发电机一般将前述的二极管总成整合为整流器,发电机整流器在发电机中位置,如图 3-16 所示。

图 3-15　汽车交流发电机在整车的地位

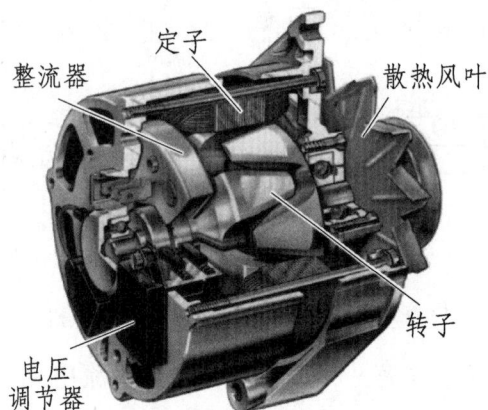

图 3-16　整流器在发电机中位置

边学边做

(1)通过以上学习,具备了一定的理论知识,下面将进行实训。首先,准备实训需要使用的积木板、器材,见表3-4。

实训器材　　　　　　　　　　　　　　　　　　　　　表 3-4

可调电压锂电池模块	示波表	三相交流发电机

（2）实训步骤：正弦交流电波形检测（表3-5）。

正弦交流电波形检测   表3-5

步骤	图示	工作页
1		用连接导线按照积木连接示意图连接成完整电路，注意连接前先关闭电源开关
2	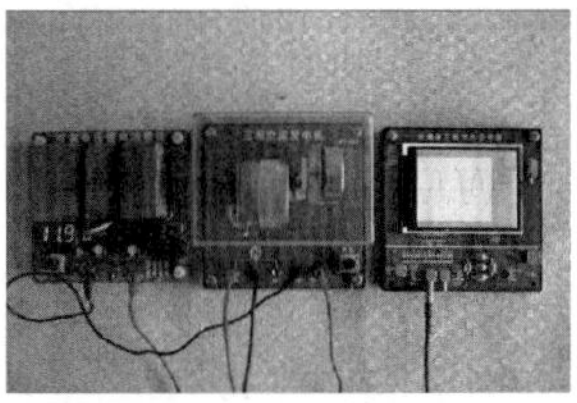	1.检查无误后接通电源，打开示波表电源，选择耦合方式为交流耦合，进入示波表参数选择模式调整适当参数； 　　2.调节三相交流发电机电机转速调节电位器，观察波形
3	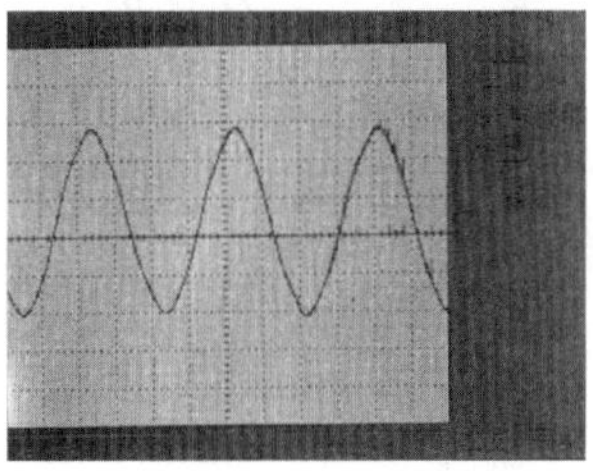	发电机输出的是_____，固定一个转速，调节示波表参量，此时波形的幅值为_____，周期为_____，频率为_____；电动机转速与幅值和频率有何关系？ _____
4	描绘正弦交流电波形并标注相关参数。 描绘波形幅值：_____ _____ 周期：_____ _____ 频率：_____ _____	

考核与评价

一、考核方式

(1)每小组对应一套电子积木板、一张实训工作台。

(2)检查实训任务:真实、完整、有效。

(3)按各实例的知识讲解及实训情况进行自评、互评。

二、考核说明及评价

考核说明及评价见表3-6。

考核说明及评价   表3-6

评价指标	考核说明	考核记录
基本知识点考核	交流电的定义 正弦交流电的三要素 周期、频率、幅值的理解 示波器测量的操作及使用	

评价内容	检验指标	权重	自评	互评	总评
1.检查任务完成情况	(1)完成任务过程情况				
	(2)任务完成质量				
	(3)在小组完成任务过程中所起的作用				
2.专业知识	(1)能够描述交流电的定义				
	(2)理解正弦交流电的三要素				
	(3)掌握周期、频率、幅值				
	(4)会描述示波器的操作过程				
3.职业素养	(1)学习态度:积极主动参与学习				
	(2)团队合作:与小组成员一起分工合作、学习				
	(3)现场管理:服从工位安排、执行实训室"6S"管理				
4.综合评议与建议					

想一想

(1)什么是波形发生器?有什么作用?

(2)在汽车上使用的交流发电机是根据什么原理?

学习任务三　晶体二极管及其整流电路

任务导入

　　二极管是最基础的半导体元件之一,它具有单向导电性。汽车上充电系统等电子电路中,半导体二极管的作用是很重要的,尤其是在整流电路中的应用。本任务主要通过实例讲解,理论与实操相结合,学习二极管特性及应用。

任务点 1　普通二极管的特性及测量

学习目标

知识目标:

1. 认识二极管;

2. 理解二极管的特性曲线;

3. 了解二极管在汽车电路中的作用。

技能目标:

1. 学会二极管的极性判断;

2. 能够绘制二极管的特性曲线。

素养目标:

1. 养成团队合作精神和探索创新精神;

2. 增强问题意识,提高学习能力和课程实践能力;

3. 树立环保、节能、安全的意识。

知识准备

一、二极管的结构、特性

　　一块 P 型半导体和一块 N 型半导体有机地结合在一起,形成一个 PN 结,用两块金属导体将这块半导体分别引出,用绝缘物质封装起来便构成一个二极管(图 3-17)。

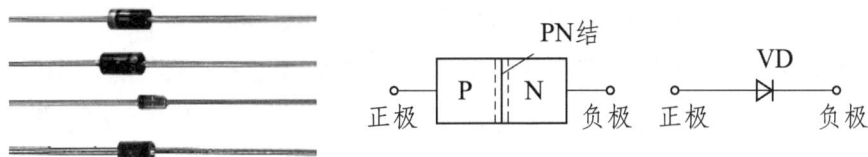

图 3-17　二极管的实物、结构及其符号

1.二极管的结构

二极管导通时,电流方向是由正极通过管子流向负极;二极管的导通与截止,相当于开关的接通与断开。

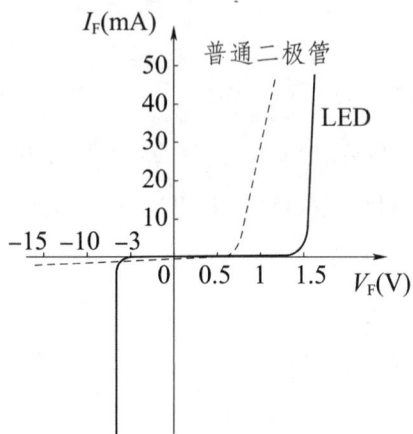

图 3-18 二极管伏安特性

2.二极管的伏安特性

流过二极管的电流随着加在二极管上电压的变化而变化的性质称为二极管的伏安特性。

图 3-18 所示为二极管伏安特性曲线。

1)正向特性

从图上可看出,当在二极管上加上的正向电压小于某一数值 U_{th} 时,正向电流很小,几乎为零,二极管呈现出较大的电阻,这段区域称为"死区",U_{th} 叫作死区电压或门槛电压。硅管 $U_{th}=0.5V$,锗管 $U_{th}=0.1V$。当正向电压超过 U_{th} 后,正向电流按指数曲线规律增长,二极管处于导通状态。硅管的导通压降为 0.7V,锗管的导通压降为 0.3V。

2)反向特性

当二极管被加上反向电压时,流过二极管的电流很小,称为反向饱和电流 I_S,硅管 I_S 为小于 0.1μA,锗管 I_S 为几十微安。

3)反向击穿特性

当反向电压增加到某个数值 U_R 时,流过二极管的反向电流将急剧增大,这种现象叫反向击穿。U_R 叫反向击穿电压。使用二极管时,应避免反向电压超过击穿电压,以防止二极管损坏。

3.二极管的主要参数

1)最大电流 I_F

最大电流是指二极管长期运行时,允许通过的最大正向平均电流。实际使用时的工作电流应小于 I_F,如果超过此值,将引起 PN 结过热而烧坏。

2)最高反向电压 U_{RM}

最高反向电压是指二极管工作时两端所允许加的最大反向电压。通常 U_{RM} 约为反向击穿电压 U_R 的一半,以保证二极管安全工作,防止击穿。

二、二极管的检测

一般情况下,二极管都有一定的标注,塑料封装二极管有标记环的一侧是负极;国产二极管带色点的一端为正极。

无标记的二极管,如果要检测,可以用万用表电阻挡来判断二极管的正、负极和好坏。根据二极管正向电阻小、反向电阻大的特点,将万用表拨到 Rx1k 挡(不能用 Rx1 和 Rx10k 挡。Rx1 挡电流太大,可能烧坏二极管;Rx10k 电压太高,可能击穿二极管)。用表笔分别与二极管的两极相接,测出两个电阻值。在所测得阻值较小的一次,与黑表笔相接的一端为二极管正极。同理,在所测得电阻值较大的一次,与黑表笔相接的是二极管负极,如图 3-19 所示。

二极管极性测试

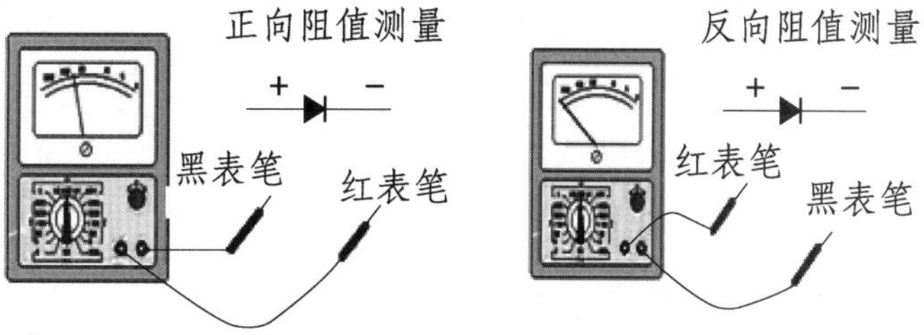

正向阻值测量   反向阻值测量

黑表笔   红表笔   红表笔   黑表笔

图 3-19   二极管的测试

操作:按照上述方法,用指针式万用表判断二极管的正、负极。

注意:上述内容叙述的是使用指针式万用表的检测方法,如果用数字万用表,表笔情况正好相反,即在所测得阻值较小的一次,与黑表笔相接的一端为二极管负极。同理,在所测得电阻值较大的一次,与黑表笔相接的是二极管正极。

如果测得的正、反向电阻值均很小,说明二极管内部短路;若正、反向电阻值均很大,说明二极管内部开路,这两种情况下,二极管就不能使用了。

以上是普通二极管的检测方法,汽车交流发电机上的整流二极管就可以按照上述方法进行检测。

操作:用万用表检测汽车交流发电机整流板上的正极管、负极管。

应用

用电烙铁将汽车交流发电机整流板上的二极管拆下,检测后再焊接上。

三、二极管在电路中的作用

1. 整流

利用二极管单向导电性,可以把方向交替变化的交流电变换成单一方向的脉冲直流电。

2. 开关

二极管在正向电压作用下电阻很小,处于导通状态,相当于一只接通的开关;在反向电压作用下,电阻很大,处于截止状态,如同一只断开的开关。利用二极管的开关特性,可以组成各种逻辑电路。

3. 续流

在开关电源的电感中和继电器等感性负载中起续流作用。

4. 稳压

稳压二极管实质上是一个面结型硅二极管,稳压二极管工作在反向击穿状态。在二极管的制造工艺上,使它有低压击穿特性。稳压二极管的反向击穿电压恒定,在稳压电路中串入限流电阻,使稳压管击穿后电流不超过允许值,因此击穿状态可以长期持续并不会损坏。

5. 触发

触发二极管又称双向触发二极管(DIAC)属三层结构,具有对称性的二端半导体器件。

常用来触发双向可控硅,在电路中作过压保护等用途。

6.检波

把已调制好的高频信号中的低频信号取出。

7.调制

使高频信号的幅度、频率等随低频信号的变化而变化。

四、二极管在汽车中应用

二极管的响应快、使用寿命长,因此,二极管在汽车得到广泛的应用。例如:发光二极管在汽车车内照明、仪表照明、前照灯、转向灯、制动灯、尾灯等的使用。光电二极管也广泛地应用在空调系统日照传感器。典型应用实例,如丰田雷克萨斯LS400全自动空调系统日照传感器①。

日照传感器实质上就是一个光电二极管,它安装在汽车前风窗玻璃下面,这是阳光照射最强的地方。它的作用是把日光照射量变化转换为电流值变化信号,并将其送到空调系统ECU,用于调整空调的吹风量与温度。

日照传感器的结构及工作原理如图3-20a)所示,主要由壳体、滤波器与内部光电二极管组成。由于光电二极管对日光照射变化反应敏感,它可检测出汽车前风窗玻璃位置的日光照射量变化,光的变化引起光电二极管电流变化②,这就可以把光信号转换成电信号,成为光电传感器件。把日照变化转换成电流大小变化,根据电流的大小就可以知道准确的日照量。

发光二极管在汽车上也应用广泛,典型应用实例如桑塔纳、奥迪等汽车上的充电指示灯,如图3-20b)所示。

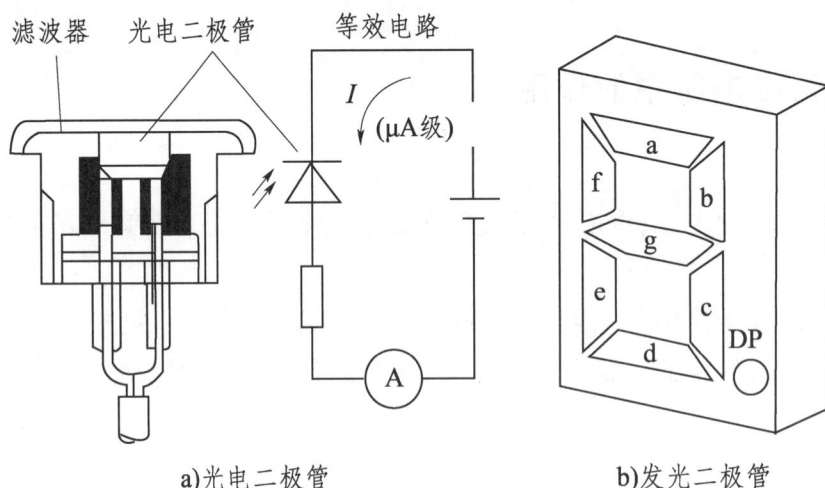

a)光电二极管　　　　b)发光二极管

图3-20　常见的车用二极管

在新能源汽车交流充电口中,在车载端的CP与PE之间电路中有二极管D1,可以利用万用表的电阻挡,测量CP与PE之间的管压降,读取的数据为2.265V,如图3-21所示。

---

① 日本电装公司生产的。

② 光电二极管是在反向电压作用下工作的,没有光照时,反向电流极其微弱,叫暗电流;有光照时,反向电流迅速增大到几十微安,称为光电流。光的强度越大,反向电流也越大。

图 3-21　交流充电口的 CP 与 PE 之间的
二极管管压降测量

二极管
及其检测方法

🛠 边学边做

（1）通过以上学习，具备了一定的理论知识，下面将进行实训。首先，准备实训需要使用的积木板、器材，见表 3-7。

实训器材　　　　　　　　　　　　　　　　　　　　　　　　　表 3-7

可调电压锂电池模块	电压表电流表积木板	二极管特性实训板

二极管整流器板		万用表

（2）实训步骤：二极管的检测（表 3-8）。

二极管的检测　　　　　　　　　　　　　　　　　　　　　　　表 3-8

步骤	图示	工作页
1		使用万用表二极管挡，此时红表笔接的是万用表内部电源的正极，黑表笔接的是负极；使用红表笔测量二极管正极，黑表笔测量二极管负极，二极管此时_____偏置，万用表显示_____，说明_____；若万用表蜂鸣器响，说明_____

步骤	图示	工作页
2	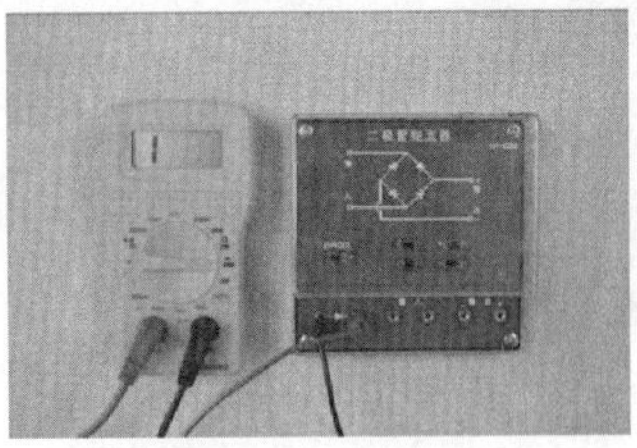	使用万用表二极管挡,红表笔测量二极管正极,黑表笔测量二极管负极,二极管此时_____偏置,此时万用表显示_____,说明_____。若万用表蜂鸣器响,说明_____

(3)实训步骤:二极管特性参数测量(表3-9)。

二极管特性参数测量 表3-9

步骤	图示	工作页
1	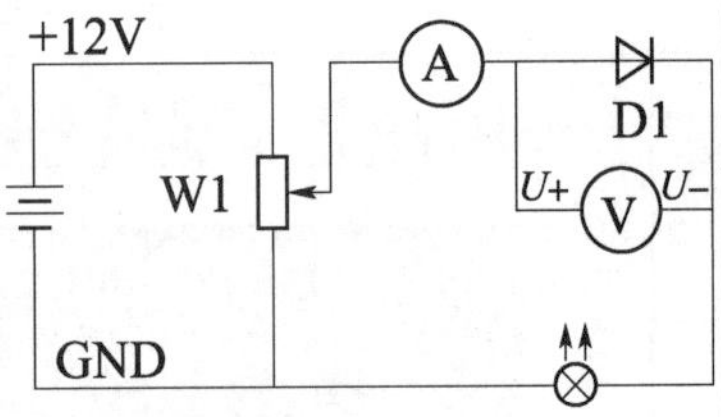	读识电路原理图,说明元器件的作用。 电源:_____ 二极管:_____ 电位器:_____ 灯泡:_____ 电流表:_____ 电压表:_____
2		用连接导线按照积木连接示意图连接成完整电路,注意连接前先关闭电源开关
3	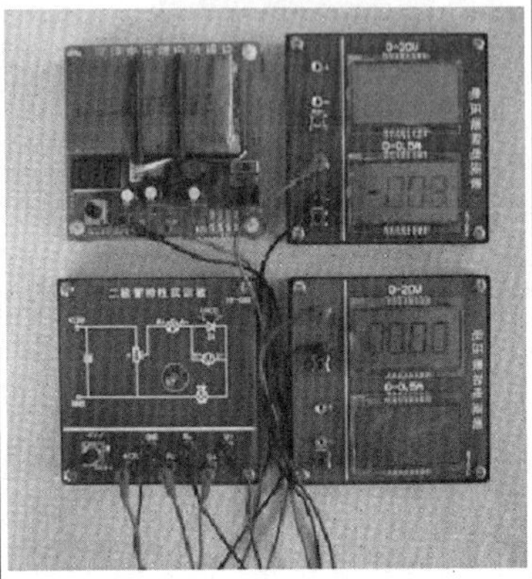	1.连接好实际的积木电路,检查无误后打开电源、电流表、电压表开关,仔细观察实训现象,并做好相关记录; 2.从左至右缓慢旋转电位器,当二极管两端的电压低于_____时,灯泡_____,电路电流_____,原因是_____;当二极管两端电压达到_____时,灯泡开始_____,电路电流_____,原因是_____; 3.继续向右旋转电位器,此时二极管两端电压高于_____时,灯泡_____,电路电流_____,原因是_____; 4.对调电源极性,从左至右旋转电位器,二极管_____偏置,灯泡_____,电路电流_____,原因是_____,若继续增大电源电压会出现_____,原因是_____

任务点 2　发光二极管的特性及测量

学习目标

知识目标：

1.掌握发光二极管的特性；

2.了解发光二极管的应用。

技能目标：

1.学会发光二极管的特性测量；

2.正确连接 LED 导通电路。

素养目标：

1.养成团队合作精神和探索创新精神；

2.形成初步学习能力和课程实践能力；

3.自觉参与实训室卫生管理。

知识准备

一、LED 的介绍

LED(Light Emitting Diode)发光二极管是一种固态的半导体器件,它可以直接把电能转化为光能。LED 的心脏是一个半导体的晶体,晶体的一端附着在一个支架上,是负极,另一端连接电源的正极,整个晶片被环氧树脂封装起来。半导体晶片由两部分组成,一部分是 P 型半导体,在它里面空穴主导地位,另一端是 N 型半导体,在这边主要是电子。但这两种半导体连接起来的时候,它们之间就形成一个"PN 结"。当电流通过导线作用于这个晶片的时候,电子就会被推向 P 区,在 P 区里电子跟空穴复合,然后就会以光子的形式发出能量,这就是 LED 发光的原理(图 3-22、图 3-23)。而光的波长决定光的颜色,是由形成 PN 结材料决定的。

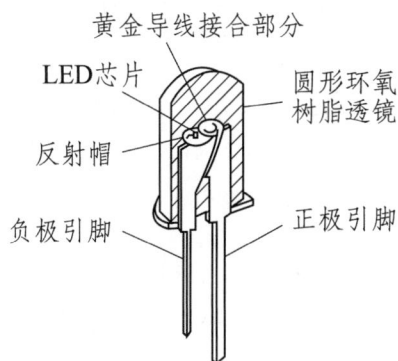

图 3-22　LED 灯珠

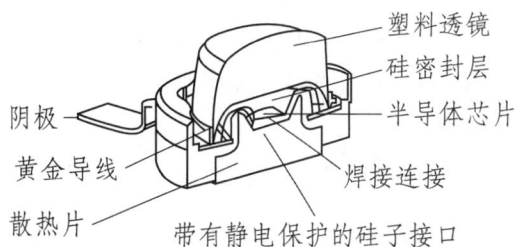

图 3-23　贴片 LED

二、LED驱动方法

如图3-24所示,根据电路图,在"+12V"接口上接入直流12V电源,电源电流经过发光二极管正极引脚,发光二极管负极引脚串联330Ω电阻(限流),然后电流回到电源负极(图中"白-绿"接口接入电源负极)现成回路,使发光二极管导通发光。

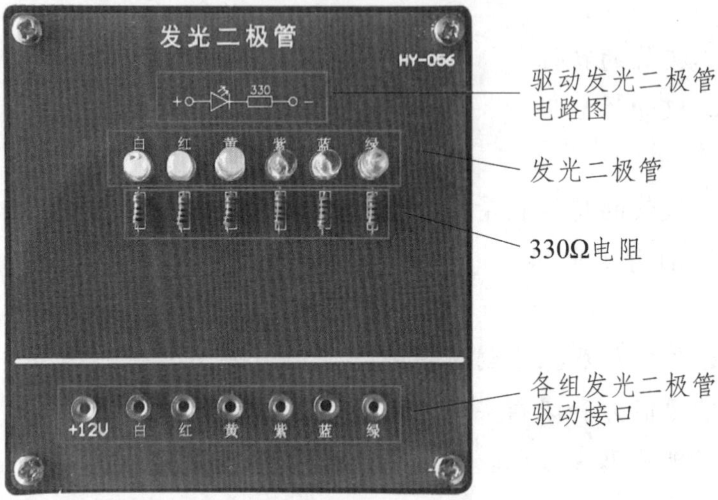

图3-24　发光二极管电子积木板

LED的内在特征决定了它具有以下优点。

(1)体积小:LED基本上是一块很小的晶片被封装在环氧树脂里面,所以,它非常小,非常轻。

(2)耗电量低:LED耗电相当低,直流驱动,超低功耗(单管0.03~0.06W),电光功率转换接近30%。一般来说,LED的工作电压是2~3.6V,工作电流是0.02~0.03A;这就是说,它消耗的电能不超过0.1W,相同照明效果比传统光源节能近80%。

(3)使用寿命长:有人称LED光源为长寿灯,它为固体冷光源,环氧树脂封装,灯体内也没有松动的部分,不存在灯丝发光易烧、热沉积、光衰等缺点,在恰当的电流和电压下,使用寿命可达6万~10万h,比传统光源寿命长10倍以上。

(4)高亮度、低热量:LED使用冷发光技术,发热量比普通照明灯具低很多。

(5)环保:LED是由无毒的材料做成,不像荧光灯含水银会造成污染,同时,LED也可以回收再利用。光谱中没有紫外线和红外线,既没有热量,也没有辐射,炫光小,冷光源,可以安全触摸,属于典型的绿色照明光源。

(6)坚固耐用:LED被完全封装在环氧树脂里面,比灯泡和荧光灯管都坚固,灯体内也没有松动的部分,所以LED不易损坏。

三、光敏二极管

光敏二极管和光敏三极管是光电转换半导体器件,与光敏电阻器相比,具有灵敏度高、高频性能好、可靠性好、体积小、使用方便等优点。

光敏三极管和普通三极管的结构相类似,不同之处是光敏三极管必须有一个对光敏感的 PN 结作为感光面,一般用集电结作为受光结。因此,光敏三极管实质上是一种相当于在基极和集电极之间接有光敏二极管的普通三极管。

光敏二极管又称光电二极管,它是一种光电转换器件,其基本原理是光照到 PN 结上时,吸收光能并转变为电能。它具有两种工作状态:①当光敏二极管加上反向电压时,管子中的反向电流随着光照强度的改变而改变,光照强度越大,反向电流越大,大多数光敏二极管工作在这种状态;②光敏二极管上不加电压,利用 PN 结在受光照时产生正向电压的原理,把它用作微型光电池。这种工作状态,一般用作光电检测器。

光电二极管结构如图 3-25 所示,主要由壳体、滤波器与内部光电二极管组成。其在汽车上应用较广。

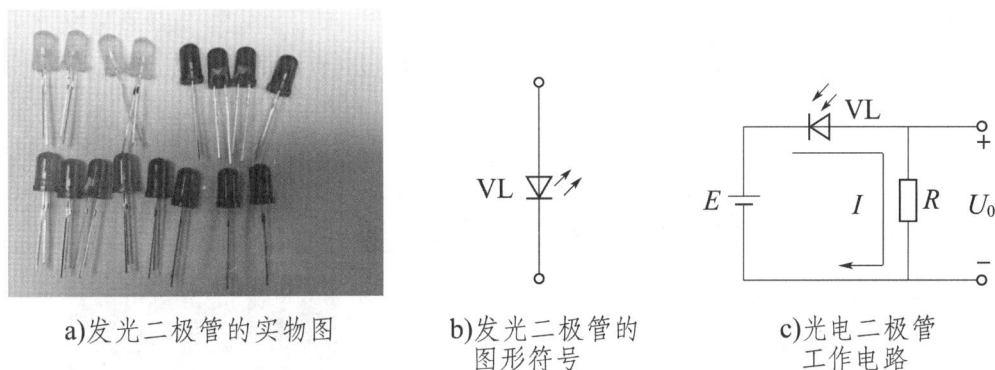

a)发光二极管的实物图　　　b)发光二极管的图形符号　　　c)光电二极管工作电路

图 3-25　发光二极管实物及图形

四、LED 在汽车上的应用

汽车用灯包含汽车内部的仪表板、音响指示灯、开关的背光源、阅读灯和外部的制动灯、尾灯、侧灯以及前照灯。汽车用白炽灯不耐振动撞击、易损坏、寿命短,需要经常更换。1987年,我国开始在汽车上安装高位制动灯。由于 LED 响应速度快,可以及早提醒驾驶员制动,减少汽车追尾事故。在发达国家,使用 LED 制造的中央后置高位制动灯已成为汽车的标准件,美国 HP 公司在 1996 年推出的 LED 汽车尾灯模组可以随意组合成各种汽车尾灯。此外,在汽车仪表板及其他各种照明部分的光源,都可用超高亮度发光灯来担当,所以,均在逐步采用 LED 显示。图 3-26 所示为汽车上的 LED 灯。

图 3-26　汽车上的 LED 灯

拓展阅读

汽车车灯

汽车车灯已经历了百余年的发展,包括燃料灯、白炽灯、卤素灯、栅气灯、LED灯、激光灯。LED灯有着优良性能和时尚外形,具备亮度高、寿命长、能耗低、色彩丰富等优势。按照车灯的位置进行分类,汽车照明装置可以分为车外照明装置和车内照明装置,车外照明装置具备车外道路及周围环境照明功能及信号指示功能,包括前照灯、前雾灯、倒车灯、转向灯、制动灯、示廓灯、驻车灯等;车内照明装置主要用于车内照明和装饰,包括顶灯、阅读灯、行李箱灯、门灯、仪表灯。

边学边做

(1)通过以上学习,具备了一定的理论知识,下面将进行实训。首先,准备实训需要使用的积木板、器材,见表3-10。

实训器材　　　　　　　　　　　　　　　　　　　　　表3-10

可调电压锂蓄电池模块	电压表和电流表积木板
	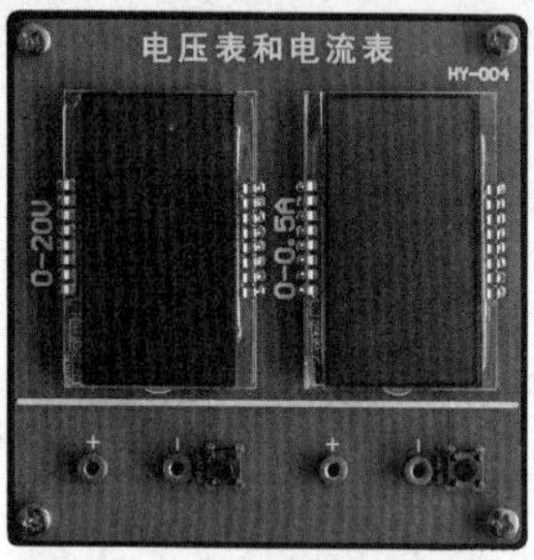
二极管特性实训板	万用表
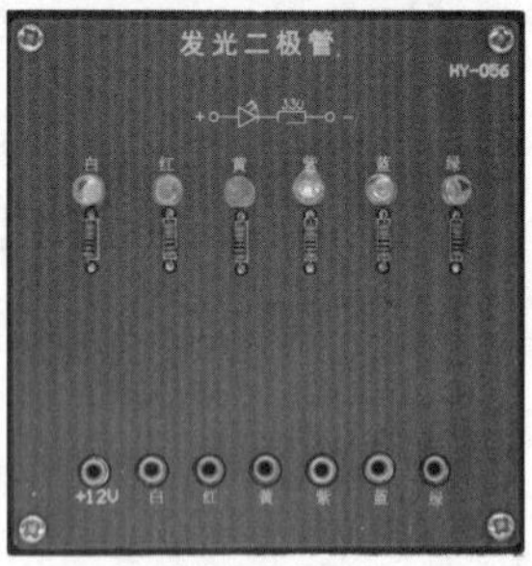	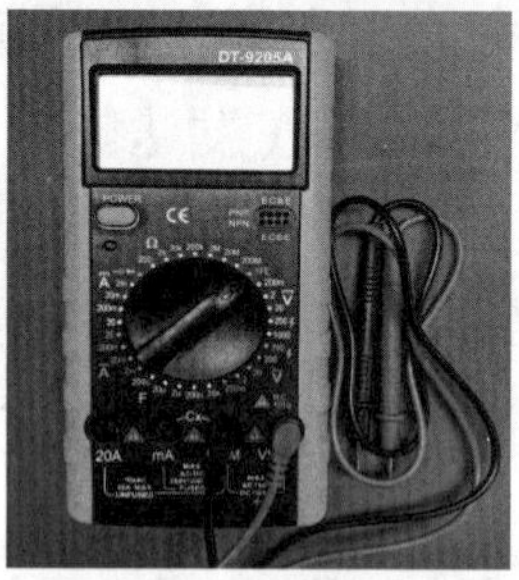

(2)实训步骤:LED特性测量(表3-11)。

LED特性测量　　　　　　　　　　　　　　　　　　　表3-11

步骤	图示	工作页
1	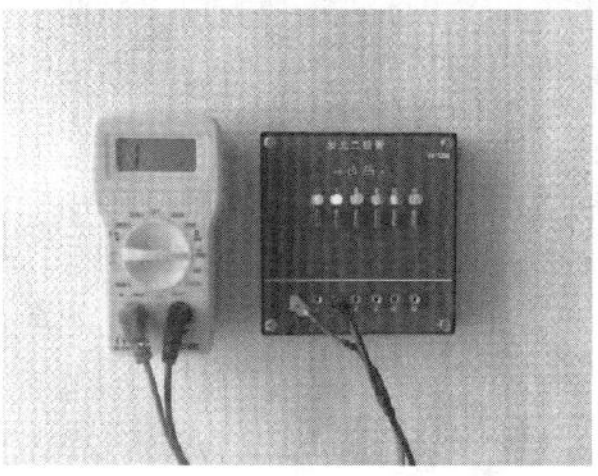	LED导通测量:用万用表二极管挡测量各LED,可以观察LED发亮现象,这是因为LED的导通电压比普通二极管要高,万用表无法显示导通电压

续上表

步骤	图示	工作页
2		按照连接示意图连接实际积木板电路,测量各个 LED 的导通电压、电流,注意连接前先关闭电源开关。其中串联电阻的作用是 _____
3		调节电源电压,测量不同颜色 LED 正向压降和电流,列表说明,你可以发现 LED 有何特性? _____ _____ _____

任务点 3　整流电路的原理及测试

学习目标

知识目标:

1. 了解整流电路波形变换过程;

2. 理解半波、单相、三相整流电路原理。

技能目标:

1. 掌握整流电路的应用及测试;

2. 能够按照电路图正确连接电路。

素养目标:

1. 养成团队合作精神和探索创新精神;

2. 形成初步学习能力和课程实践能力;

3. 自觉参与实训室卫生管理。

知识准备

一、二极管半波整流电路

1. 电路

如图 3-27 所示,电路图中各元件作用如下。

整流电路类型

V:整流二极管,把交流电变成脉动直流电;

T:电源变压器,把 U_1 变成整流电路所需的电压值 U_2。

2. 工作原理

设 U_2 为正弦波,波形如图3-28所示。

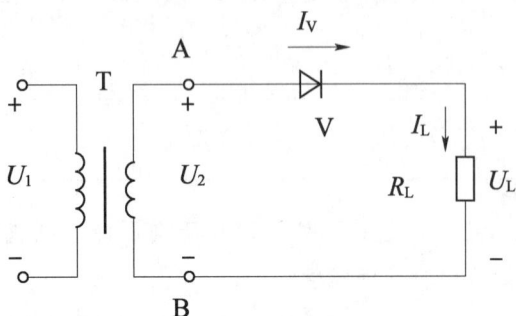

图3-27 二极管半波整流电路

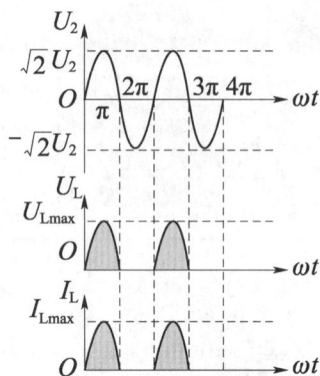

图3-28 二极管半波整流波形

(1)U_2 正半周时,A点电位高于B点电位,二极管V正偏导通,则 $U_L \approx U_2$;

(2)U_2 负半周时,A点电位低于B点电位,二极管V反偏截止,则 $U_L \approx 0$。

由波形可见,U_2 一周期内,负载只用单方向的半个波形,这种大小波动、方向不变的电压或电流称为脉动直流电。上述过程说明,利用二极管单向导电性可把交流电 U_2 变成脉动直流电 U_L。由于电路仅利用 U_2 的半个波形,故称为半波整流电路。

3. 负载和整流二极管上的电压和电流

(1)负载电压 U_L:$U_L = 0.45U_2$。

(2)负载电流 I_L:$I_L = \dfrac{U_L}{R_L} = \dfrac{0.45U_2}{R_L}$。

(3)二极管正向电流 I_V 和负载电流 I_L。

(4)二极管反向峰值电压 U_{RM}:$U_{RM} = \sqrt{2}U_2 \approx 1.41U_2$。

二、单相桥式整流电路

1. 电路

单相桥式整流电路如图3-29和图3-30所示。

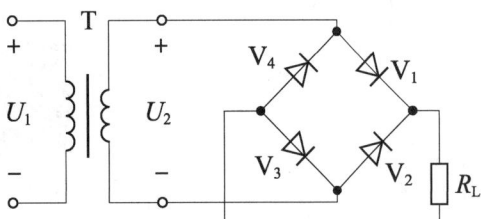

图3-29 单相桥式整流电路

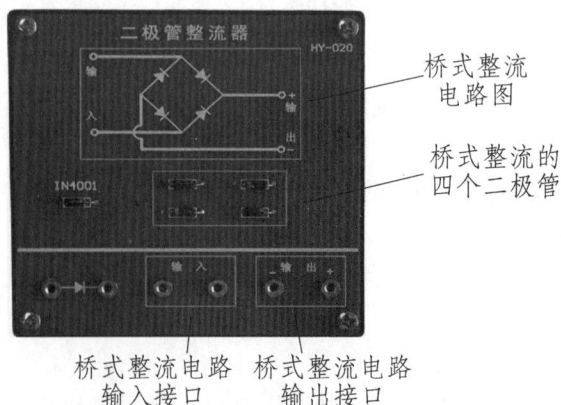

图3-30 二极管整流器积木板

2. 工作原理

(1) U_2 正半周时,如图 3-31a) 所示,A 点电位高于 B 点电位,则 V_1、V_3 导通 (V_2、V_4 截止),I_1 自上而下流过负载 R_L;

(2) U_2 负半周时,如图 3-31b) 所示,A 点电位低于 B 点电位,则 V_2、V_4 导通 (V_1、V_3 截止),I_2 自上而下流过负载 R_L,叠加形成了 I_L。于是,负载得到全波脉动直流电压 U_L。

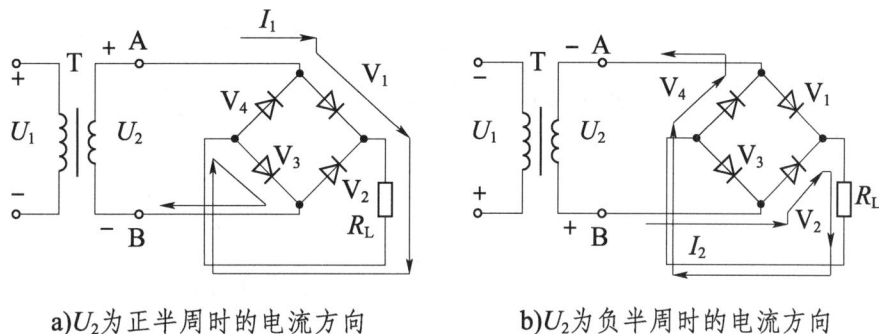

a) U_2 为正半周时的电流方向   b) U_2 为负半周时的电流方向

图 3-31 单相桥式整流电路工作原理

由波形图 3-32 可见,U_2 一周期内,两组整流二极管轮流导通产生的单方向电流 I_1 和 I_2。

3. 电路参数

(1) 负载电压 U_L:$U_L = 0.9U_2$。

(2) 负载电流 I_L:$I_L = \dfrac{U_L}{R_L} = \dfrac{0.9U_2}{R_L}$。

(3) 二极管的平均电流 I_V:$I_V = \dfrac{1}{2}I_L$。

(4) 二极管承受反向峰值电压 U_{RM}:$U_{RM} = \sqrt{2}U_2$。

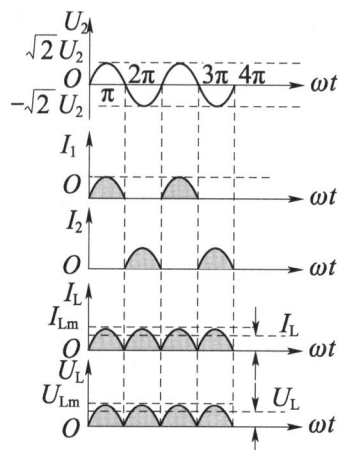

图 3-32 单向桥式整流波形

三、三相桥式整流及应用

将交流电变成直流电的过程叫作整流。在汽车交流发电机中,就是利用二极管组成的整流板将发电机发出的三相交流电整流为直流电。为了适应汽车发电机的需要,专门制作了用于汽车的整流二极管,它们分为正极管和负极管,如图 3-33 所示。

正极管的外壳为负极,引出极为正极,在管壳底上一般标有红色标记。在负极接地的硅整流发电机中,三个正极管的外壳压装在散热板的三个座孔内,共同组成发电机的正极,由一个与发电机后端盖绝缘的整流板固定螺栓通至机壳外,作为发电机的火线接线柱"B"("+""A"或"电枢"接线柱)。

负极管的外壳为正极,引出极为负极,在管壳底上一般标有黑色标记。三个负极管的外壳压装在后端盖的三个孔内,和发电机外壳一起成为发电机的负极。

三个正极管和三个负极管构成的整流电路称为三相桥式整流电路,将发电机的交流电变为 12V 的直流电。整流电路如图 3-34 所示。

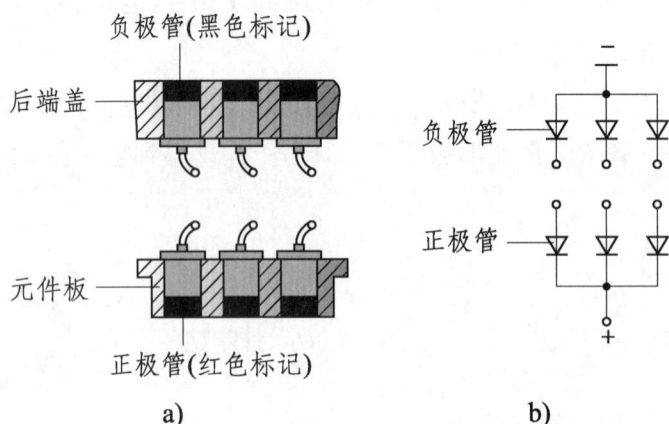

图 3-33　汽车交流发电机整流二极管的安装示意图

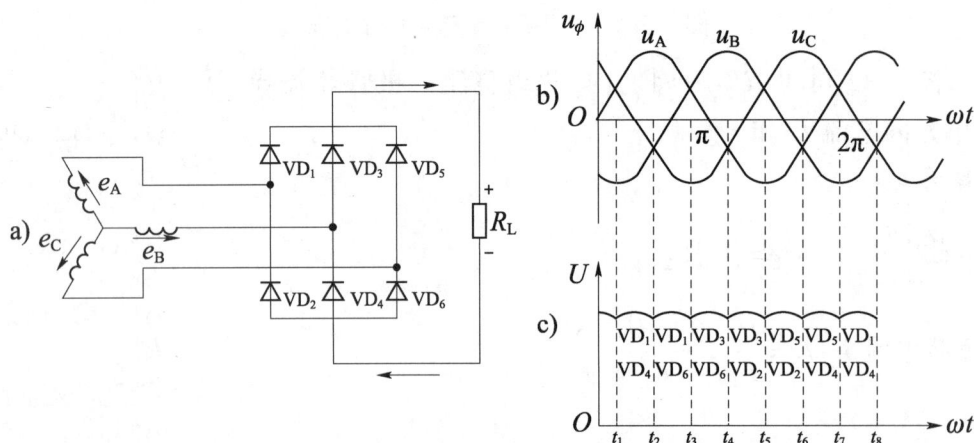

图 3-34　汽车交流发电机的整流电路和电压波形

a)整流电路图;b)三相交流电波形;c)整流后负载上的电压波形

重点

三相桥式整流工作原理。

在电路中,三个正极管的正极引出线分别与三相绕组的首端相连。在某一瞬间,只有与电位最高的一相绕组相连的正极管导通。同样,三个负极管的引出线也分别同三相绕组的首端相连。在某一瞬间,只有与电位最低的一相绕组相连的负极管导通。

其整流过程如下:

在 $t = 0$ 时,$u_A = 0$,u_B 为负值,u_C 为正值。则二极管 VD_5、VD_4 处于正向电压作用下而导通。电流从 C 相流出,经 VD_5、负载、VD_4 回到 B 相构成回路。由于二极管内阻很小,所以此时 B、C 之间的线电压几乎都加在负载上。

在 $t_1 - t_2$ 时间内,A 相电压最高,而 B 相电压最低,VD_1、VD_4 处于正向电压而导通,A、B 之间的线电压加在负载上。

整流器原理

在 t_2-t_3 时间内,A 相电压仍最高,而 C 相电压变为最低,VD$_1$、VD$_6$ 导通。A、C 之间的线电压加在负载上。

在 t_3-t_4 时间内,VD$_3$、VD$_6$ 导通。

依次下去,周而复始,在负载上得到一个比较平稳的直流脉动电压。

有些汽车交流发电机为了提高发电功率、提高电压调节精度等功能,采用的整流方式有 8 管电路、9 管电路和 11 管电路等。

> **重要提示:**汽车交流发电机故障经常是整流二极管的损坏而引起的。
> **讨论:**如果汽车交流发电机的整流板中有二极管损坏会出现什么现象?
> **提示:**除交流发电机三相桥式整流电路外,在汽车电路中还有其他形式的整流电路。

边学边做

(1)通过以上学习,具备了一定的理论知识,下面将进行实训。首先,准备实训需要使用的积木板、器材,见表 3-12。

实训器材 表 3-12

可调电压锂电池模块	电压表和电流表积木板	二极管整流器板
三相交流发电机特性实训板	三相交流整流实训板	万用表

(2)实训步骤:半波整流电路的测试(表 3-13)。

半波整流电路的测试   表 3-13

步骤	图示	工作页
1	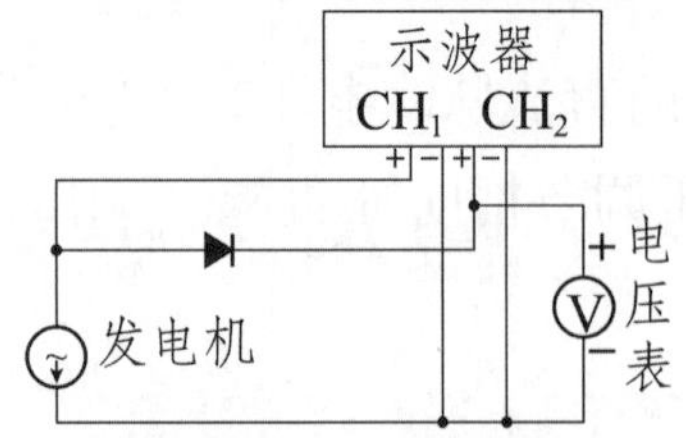 示波器 CH₁ CH₂ 发电机 电压表	读识电路原理图,说明每个积木板的作用。 发电机:_____ 二极管:_____ 示波表:_____
2	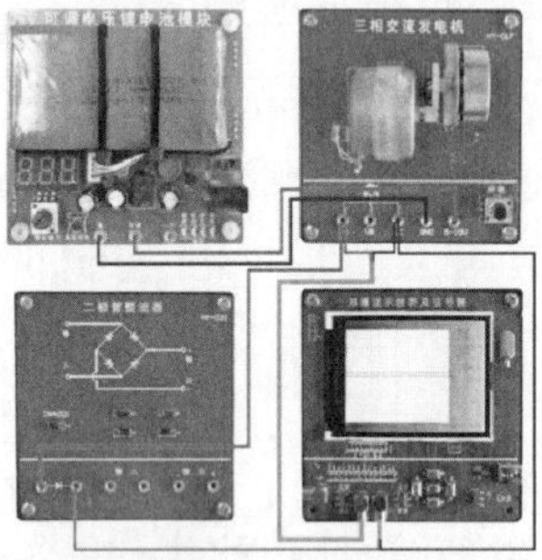	用连接导线按照积木板连接示意图连接成完整电路,注意连接前先关闭电源开关
3	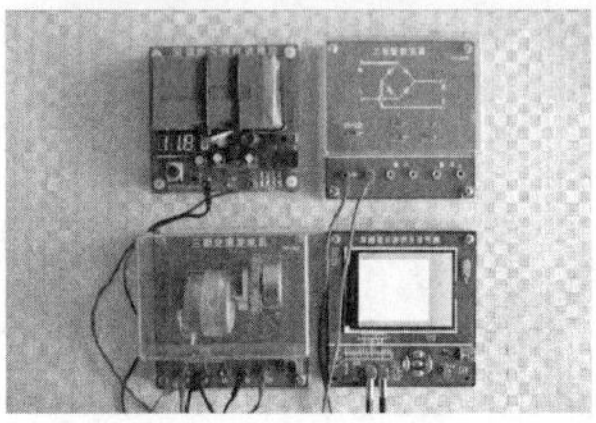	连接好实际的积木板电路,检查无误后打开电源、示波表开关,示波表通道 1 连接的是_____,示波表通道 2 连接的是_____;仔细观察波形,并做好相关记录
4	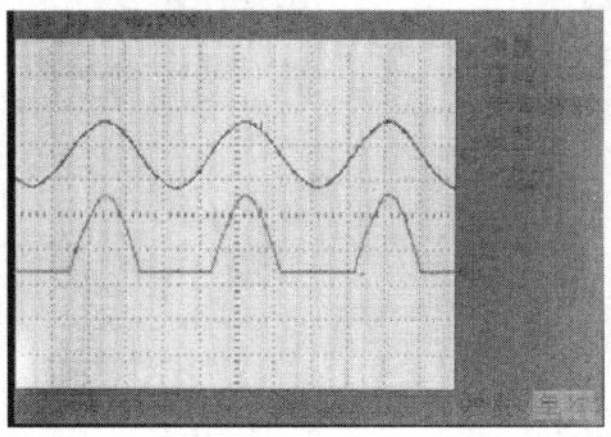	调节转速,观察波形变化。固定发电机转速,此时示波表通道 1 显示的波形是_____,幅值为_____,周期为_____,频率为_____;通道 2 显示的波形是_____,幅值为_____,周期为_____,频率为_____,负半周为什么会被砍掉?_____。描绘波形并作简要比较
5		

描绘波形

（3）实训步骤：单相全波整流电路测试（表3-14）。

单相全波整流电路测试

表3-14

步骤	图示	工作页
1	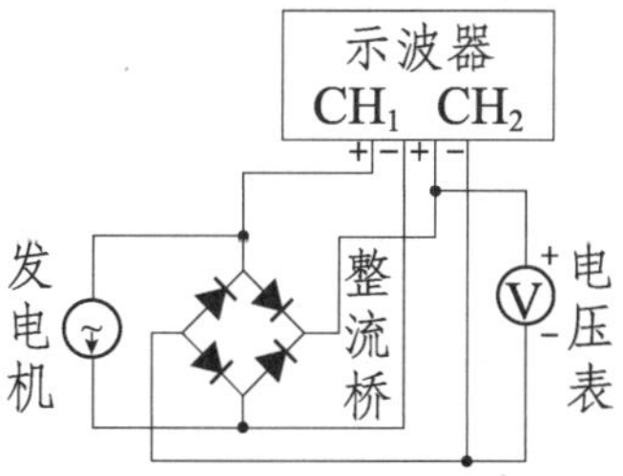	读识电路原理图，说明每个积木模块的作用。 发电机：_____ 二极管整流桥：_____ 示波表：_____
2		用连接导线按照积木板连接示意图连接成完整电路，注意连接前先关闭电源开关
3	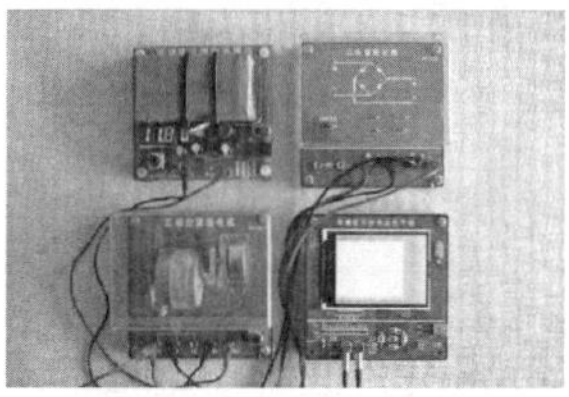	检查无误后接通电源和打开示波表开关，示波表通道1连接的是_____
4	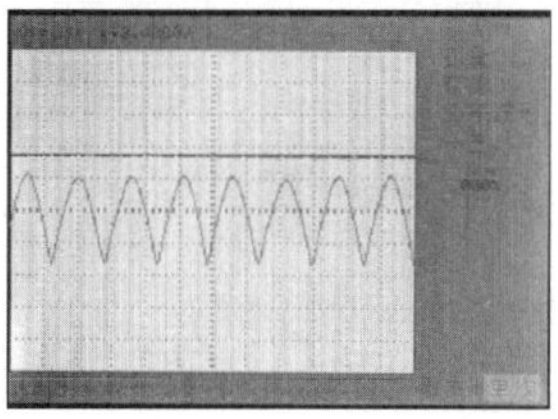	固定发电机转速，此时示波表通道1显示的波形是_____，幅值为_____，周期为_____，频率为_____；负半周为什么会变成正半周_____。请描绘波形并作简要比较
5	 描绘波形	

（4）实训步骤：三相交流桥式整流电路测试（表3-15）。

三相交流桥式整流电路测试 表 3-15

步骤	图示	工作页
1	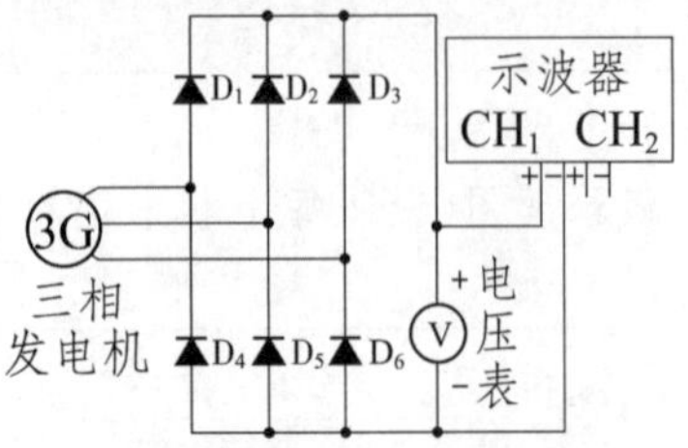	读识电路原理图,说明每个积木模块的作用。 发电机:_____ 三相整流桥:_____ 示波表:_____
2	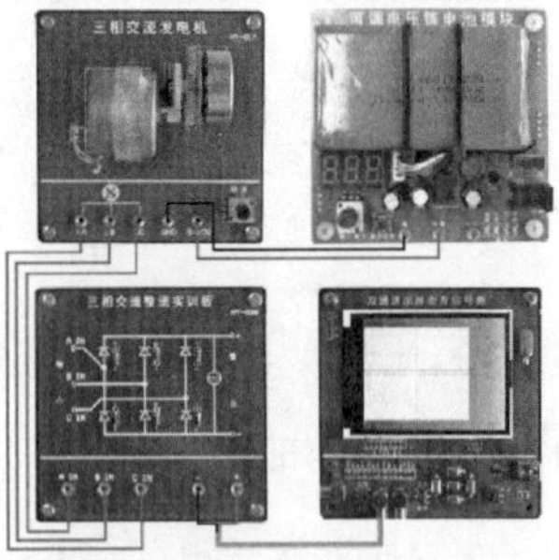	用连接导线按照积木板连接示意图连接成完整电路,注意连接前先关闭电源开关
3	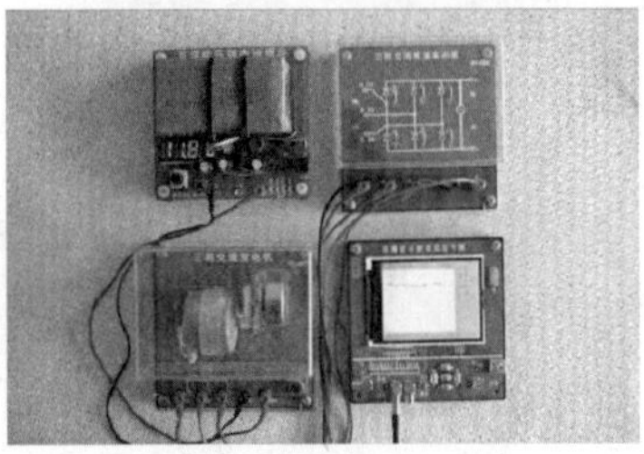	检查无误后接通电源和打开示波表开关,示波表通道 1 连接的是_____
4	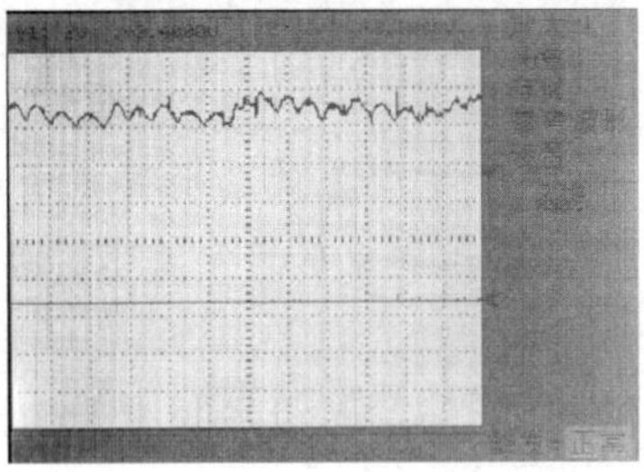	固定发电机转速,此时示波表通道 1 显示的波形的特点_____,幅值为_____,请画出波形并作简要分析
5	 描绘波形	

考核与评价

一、考核方式

（1）每小组对应一套电子积木板、一张实训工作台。
（2）检查实训任务：真实、完整、有效。
（3）按各实例的知识讲解及实训情况进行自评、互评。

二、考核说明及评价

考核说明及评价见表3-16。

考核说明及评价　　　　　　　　　　表3-16

评价指标	考核说明	考核记录
基本知识点考核	二极管的结构 发光二极管的应用 半波整流的原理及作用 单相、三相整流的认知 整流电路的测试	

评价内容	检验指标	权重	自评	互评	总评
1. 检查任务完成情况	（1）完成任务过程情况				
	（2）任务完成质量				
	（3）在小组完成任务过程中所起的作用				
2. 专业知识	（1）理解二极管的结构				
	（2）能够描述二极管的作用				
	（3）掌握整流电路的原理				
	（4）了解整流电路的作用				
	（5）掌握整流电路的连接、使用				
3. 职业素养	（1）学习态度：积极主动参与学习				
	（2）团队合作：与小组成员一起分工合作、学习				
	（3）现场管理：服从工位安排、执行实训室"6S"管理				
4. 综合评议与建议					

学习任务四　滤波及其稳压电路

任务导入

汽车电控系统中需要稳定的12V或5V直流电压供电。由于汽车发电机输出是13.8V左右的三相正弦交流电,虽然经过整流,输出的仍是具有脉动的直流电,因此,需稳压变成稳定直流电,才能供给汽车电控系统。本任务主要通过实例讲解,理论与实操相结合,对电容、电感的特性和稳压、滤波电路作用原理进行学习。

任务点1　电容的特性及作用

学习目标

知识目标:

1. 了解电容的结构;

2. 掌握电容充放电特性应用。

技能目标:

1. 掌握电容的分类及检测;

2. 正确进行电容器的测量。

素养目标:

1. 培养团队合作、敬业奉献、服务人民的精神;

2. 初步形成学习能力和课程实践能力;

3. 树立环保、节能、安全的意识。

知识准备

一、电容的结构

电容是两个金属电极中间夹一层绝缘材料(介质)构成的元件,它是一种储存电能的元件。电容(或称电容量)是表征电容器容纳电荷本领的物理量。我们把电容器的两极板间的电势差增加1V所需的电量,叫作电容器的电容,定义式为 $C = Q/U$。从物理学上讲,电容器是一种静态电荷存储介质(就像一只水桶一样,可以把水装进去,也可以把水放出来)。

二、电容的分类与符号

1. 电容的符号

电容器电路符号如图3-35所示,用字母C表示。在国际制单位制里,电容的单位是法

拉,简称法,符号是 F,常用的电容单位有毫法(mF)、微法(μF)、纳法(nF)和皮法(pF)等,换算关系是:

$$1F = 1000mF = 1000000\mu F \qquad 1\mu F = 1000nF = 1000000pF$$

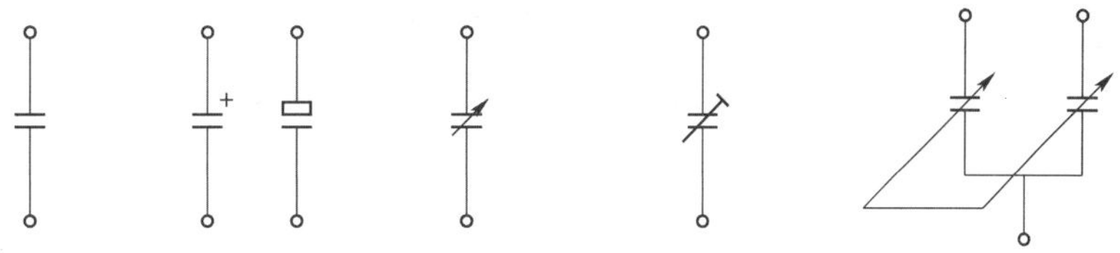

| 一般符号 | 电介电容 | 可变电容 | 半可变电容 | 双联可变电容 |

图 3-35 常见电容符号

2. 电容的分类

电容种类有多种,根据容量是否可变可分为固定电容、可变电容;根据材料不同可分为电解电容、瓷片电容、云母电容、涤纶电容、钽电容等,其中钽电容特别稳定。电容还可分为无极性电容与有极性电容。电解电容是有极性的,其正负极通常有明显的标志,更换该类型元件时,应注意极性,如极性错误会导致元件损坏,图 3-36 所示是常见的电容。

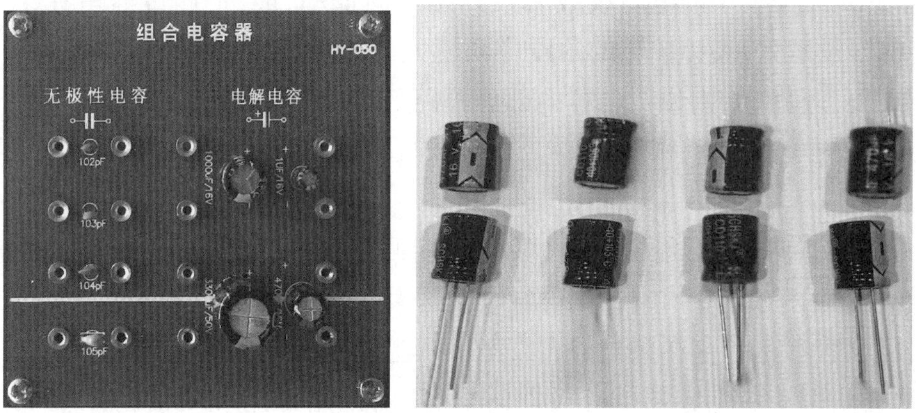

a)   b)

图 3-36 常见电容元件

三、电容器的充放电特性

电容器的充放电特性如图 3-37 所示。当开关在 a 位置时,外部电源接入电容器,电荷由电源转移到电容器,电容器极板间建立起电压,积蓄起电能,这个过程称为电容器的充电,充好电的电容器两端有一定的电压;当开关在 b 位置时,电容器储存的电荷向电路释放的过程,称为电容器的放电。

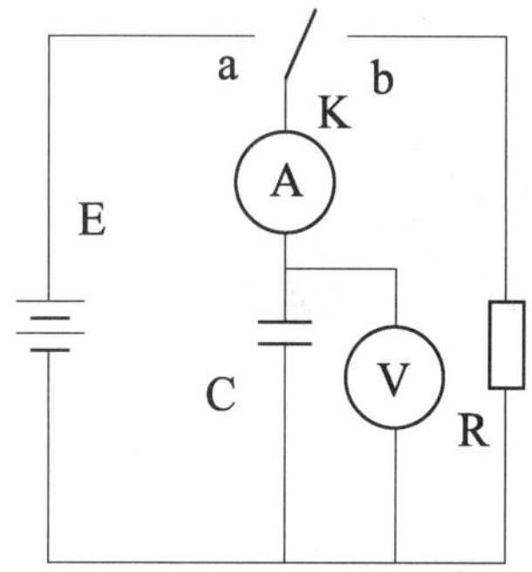

图 3-37 电容器充放电
电路原理图

四、电容在电路中的作用

在电子电路中,电容器用来通过交流而阻隔直流,那么交流电为什么能够通过电容器呢? 我们先来看看交流电的特点,交流电不仅方向往复交变,它的大小也在按规律变化。电容器接在交流电源上,电容器连续地充电、放电,电路中就会流过与交流电变化规律一致(相位不同)的充电电流和放电电流。小容量的电容,通常在高频电路中使用,如收音机、发射机和振荡器中。大容量的电容往往是作滤波和存储电荷用,而且还有一个特点,一般 $1\mu F$ 以上的电容均为电解电容,而 $1\mu F$ 以下的电容多为瓷片电容,当然也有其他的,比如独石电容、涤纶电容、小容量的云母电容等。电解电容有个铝壳,里面充满了电解质,并引出两个电极,作为正(+)、负(−)极,与其他电容器不同,它们在电路中的极性不能接错,而其他电容则没有极性。

五、电容的检测

测量电容器的电容量要用电容表,有的万用表也带有电容挡。在通常情况下,电容用作滤波或隔直,电路中对电容量的精确度要求不高,故不需测量实际电容量。但是,使用中应掌握电容的一般检测方法。

电容器及其检测方法

1. 测试漏电阻(适用于 $0.1\mu F$ 以上容量的电容)

将万用表的电阻挡调到 R×1k 或 R×10k 挡,用表笔接触电容器的两端,表针先向 0Ω 方向摆动,当达到一个很小的电阻读数后便开始反向摆动,最后,慢慢停留在某一个大阻值读数上。静电容量越大,表针偏转的角度应当越大,指针返回的也应当越慢。

(1)如果指针不摆动,则说明电容内部已开路。

(2)如果指针摆向 0Ω 或靠近 0Ω 的数值,并且不向无穷大的方向回摆,则表明电容内部已击穿。

(3)如果指针指向 0Ω 后能慢慢返回,但不能回摆到接近无穷大的读数,则表明电容存在较大的漏电,且回摆指示的电阻越小,漏电就越大。

由于电解电容本身就存在漏电,所以表针不能完全指向无穷大,而是接近无穷大的读数,这是正常的。而电解电容都是有极性的电容,所以用万用表测量耐压值低的电解电容时,应当将黑表笔连接到电容的正极,红表笔连接到电容的负极,以防止电容被反向击穿(黑

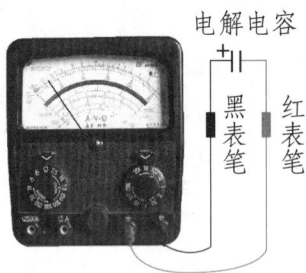

图 3-38 电解电容的测试

表笔连接内部电池的正极,红表笔连接内部电池的正极),如图 3-38 所示。再次测量之前,应先将电容短路放电,否则将看不到电容的充放电现象,从而导致测量结果不正确。正常的电容应当有充放电现象,最终表针指向电阻值大多在数百千欧以上。如果没有充放电现象,或终值电阻很小,或表针的偏转角度很小,则都表明电容已不能正常工作。用此法检查电解电容时,表针的偏转角度随着电容容量的不同有差异,电容的容量越大,表针偏转的角度也越大;容量越小,表针偏转的角度也越小。

对于容量在 $0.01\mu F$ 以下的电容器,用万用表只能判断是否发生短路。因为容量太小,所以表针还没有来得及反应,充放电过程就已经结束了。由于表针不摆动,无法判断电容是否断路,所以在维修时,如果怀疑某电容有问题,最好的办法还是用一个新电容进行替换,若故障现象消失,则可确定原电容有问题。

2. 电解电容器的极性检测

电解电容器的正、负极性不允许接错。当极性接反时,可能因电解液的反向极化引起电

解电容器的爆裂。当极性标记无法辨认时,可根据正向连接时漏电阻大、反向连接时漏电阻相对小的特点判断极性。交换表笔前后两次测量漏电阻,阻值大的一次,黑表笔接触的是正极,因为黑表笔与万用表内电池正极相接(采用数字万用表时,红表笔接电池正极)。但用这种办法有时并不能明显地区分正、反向电阻,所以,使用电解电容时,要注意保护极性标记。

六、电容在汽车中的典型运用

电容器作为基本电子元件在新能源汽车电路中应用很广,下面以某新能源汽车的电机控制器内电容说明。

当新能源汽车上电行驶过程中,HV+、HV-高压正、负极的能量传递到右侧的 IGBT 元件。当整车下电过程中,其内部也具备被动泄放、主动泄放电路进行残留电能的泄放,从而迅速降低高电压,保证后续工作安全。

为此,在 HV+、HV-之间,并联了 X 电容、Y 电容等,这些电容主要在新能源汽车上、下电过程中,稳定 HV+、HV-之间电压波动,降低对各个高压元件的"电压冲击"。该电容在电路中连接如图 3-39 所示。

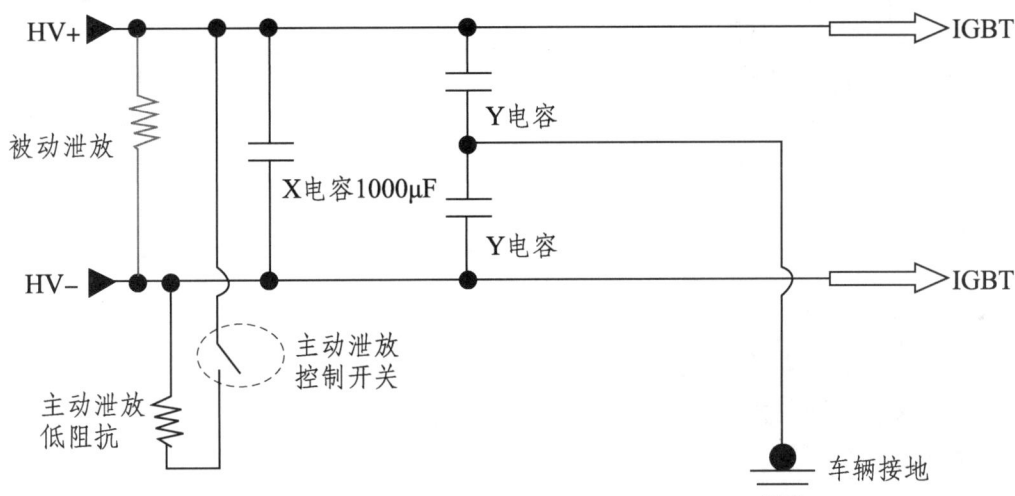

图 3-39 电容在电路中连接

边学边做

(1)通过以上学习,具备了一定的理论知识,下面将进行实训。首先,准备实训需要使用的积木板、器材,见表 3-17。

实训器材　　　　　　　　　　　　　　　　　表 3-17

可调电压锂电池模块	电压表和电流表积木板	组合电容板

续上表

大容量电解电容板	电容充放电特性实训板	万用表
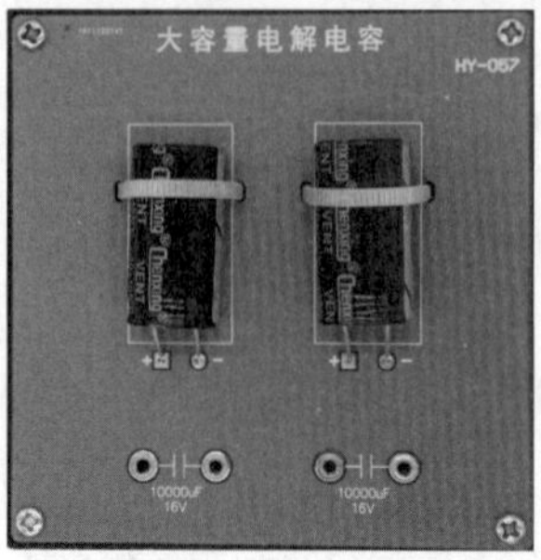	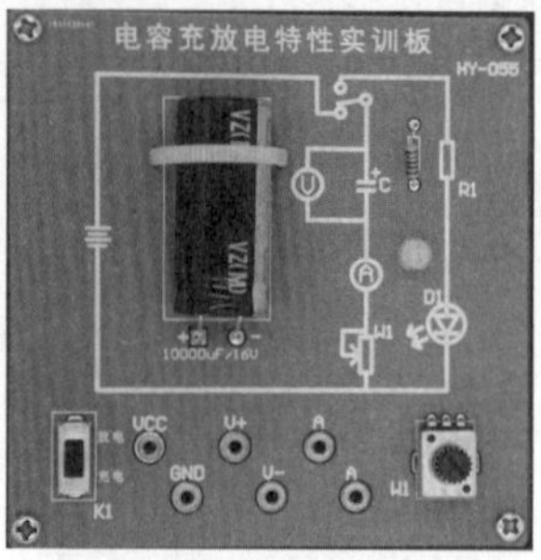	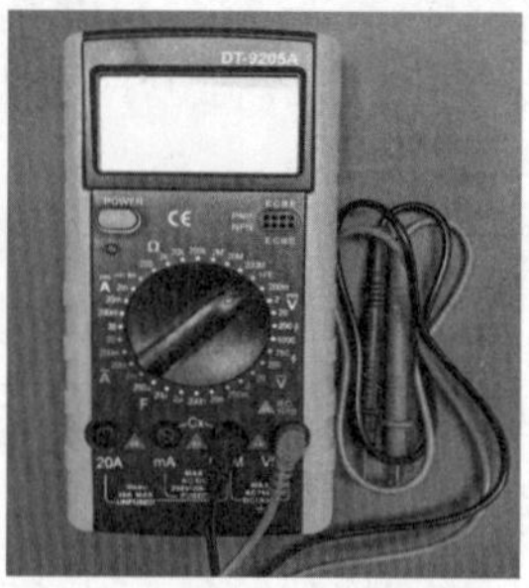

(2)实训步骤:电容器的测量(表3-18)。

电容器的测量 表3-18

步骤	图示	工作页
1	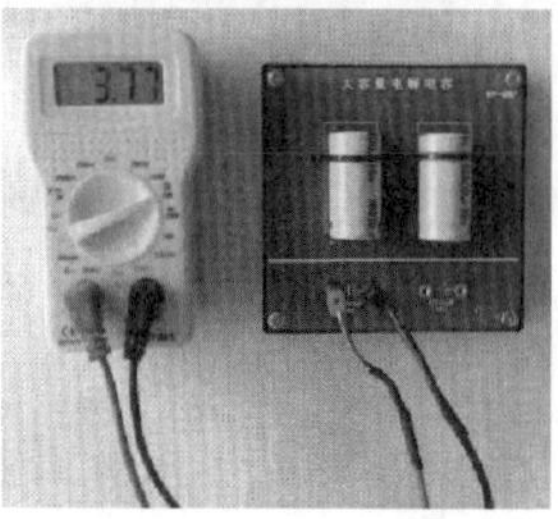	大电解电容的测量:使用万用表欧姆挡测量电容,大电解电容由于容量大,充电过程很长,所以测量阻值变化时间_____,短路电容器重新测量,结果_____,此现象说明_____
2	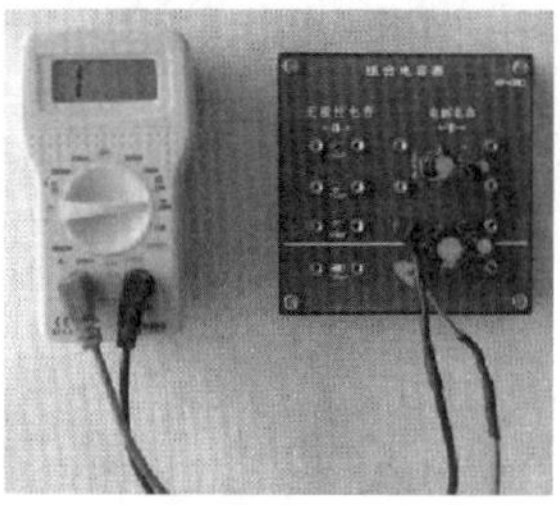	1.电解电容的测量:使用万用表欧姆挡测量,小电解电容由于容量比较小,充电过程比较长,所以测量阻值变化时间_____;短路电容器重新测量,结果_____,此现象说明_____; 2.无极性电容的测量:使用万用表欧姆挡测量电容,无极性电容由于容量很小,充电过程很短,所以测量阻值变化时间_____;短路电容器重新测量,结果_____,此现象说明_____

(3)实训步骤:电容器充放电特性实训(表3-19)。

电容器充放电特性实训 表3-19

步骤	图示	工作页
1	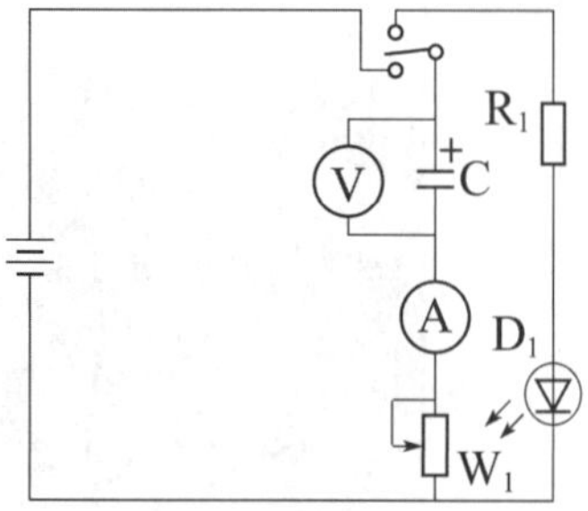	读识电路原理图,当开关拨向下端时,电容器处于充电状态,调节电位器可以改变充电电流;当开关拨向上端时,电容器处于放电状态,电流流经 LED

步骤	图示	工作页
2		用连接导线按照积木板连接示意图连接成完整电路,注意连接前先关闭电源开关
3	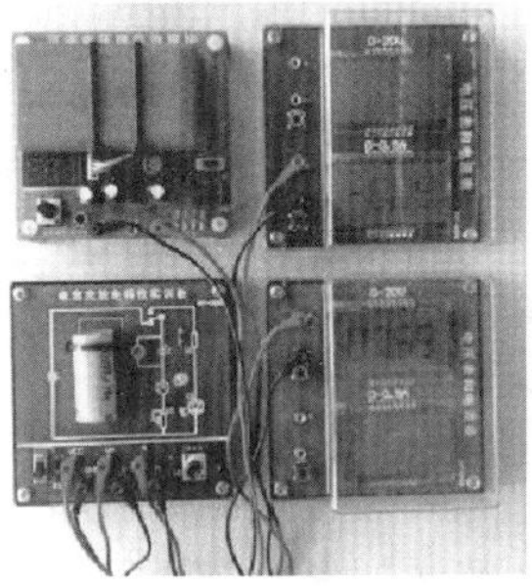	1.检查无误后接通电源,先把开关拨向下端,此时电容器处于_____状态,电容两端电压的变化情况:_____,电流表的变化情况_____;调节电位器,观察电表的变化情况。此现象说明电容器充电过程是把电荷转移到电容器,充电快慢跟充电电流有关,且电容器两端的电压不能突变; 　　2.把开关拨向上端,此时电容器处于_____状态,LED 的亮度变化_____;电压表的变化_____;电流表的变化_____,此现象说明电容器放电过程是原先电容器存储的电荷转移到外部,被负载所消耗,消耗的速度跟负载的功率有关。要是把开关往复往左右拨,会出现什么现象? _____ _____

任务点2　电感的特性及作用

学习目标

知识目标:

1.了解电感的结构、组成;

2.掌握电感的分类;

3.掌握电感线圈特性。

技能目标:

能够运用工具判断电感线圈的质量。

素养目标:

1.培养严谨细致的工作态度;

2.培养空间想象能力;

3.养成良好的劳动精神。

📖 知识准备

一、电感的产生及图形符号

当线圈通过电流后,在线圈中形成磁场感应,感应磁场又会产生感应电流来抵制通过线圈中的电流。我们把这种电流与线圈的相互作用关系称其为电的感抗,也就是电感,单位是"亨利"(H),利用此性质制成的元件我们称为电感元件。

电感器是用漆包线、纱包线或塑皮线等在绝缘骨架或磁芯、铁芯上绕制成的一组串联的同轴线匝,它在电路中用字母"L"表示,图3-40是其电路图形符号,图3-41是实物图。

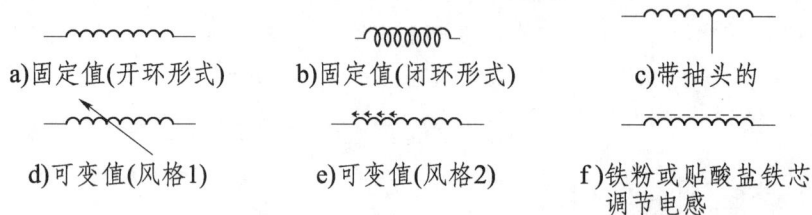

a)固定值(开环形式)　　b)固定值(闭环形式)　　c)带抽头的

d)可变值(风格1)　　e)可变值(风格2)　　f)铁粉或贴酸盐铁芯
调节电感

图3-40　常见电感电路符号

扼流圈

电感

图3-41　常见电感实物图

电感器
及其检测方法

二、电感的检测

用万用表无法直接测量电感器的电感量和品质因数,只能定性判断电感线圈的好坏。

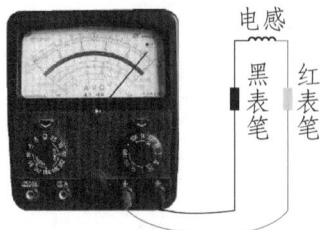

图3-42　电感的测试

因为大多数电感线圈的直流电阻不会超过1Ω,所以可用指针式万用表测试,如图3-42所示,R×1Ω挡测量电感线圈两端的电阻应近似为零,如指针不动或指向较大的电阻读数,则表明电感线圈已断路或损坏。大多数电感发生故障均是断路,而电感线圈内部发生短路的情况极少见,所以,在实际检修中主要测量它们是否断路就行了,也可用一个新电感进行替换来判断。如果指示不稳定,说明内部接触不良。

三、电感线圈在汽车电路中的应用

在车内,尾灯、牌照灯及停车灯的灯丝是否断开是无法确认的,而电流传感器就可用于

检测这类灯具的灯丝是否断开。笛簧开关式电流传感器的结构原理如图3-43所示,在电流线圈的周围绕有电压线圈,在线圈的中央设置笛簧开关,电压线圈的功能是防止电压变化时引起传感器的误动作。

如图3-43c)所示,当图中所示开关闭合时,若白炽灯都正常的话,由于电流线圈中有规定的电流通过,所以,在电流线圈所形成的电磁力的作用下,笛簧开关闭合;当有一个灯丝断开时,电流线圈中的电流减少,电磁力减弱,笛簧开关打开,报警异常状态。这样,利用笛簧开关的通、断,就可以发出灯丝是否正常的信号。

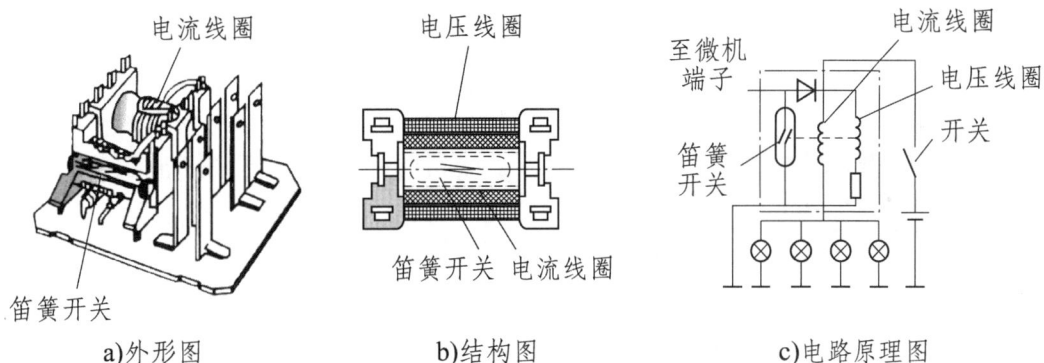

a)外形图　　　　　　b)结构图　　　　　　c)电路原理图

图 3-43　笛簧开关式电流传感器

操作

按照图3-43c)所示电路连接好电流传感器和白炽灯,用万用表测量至微机端子的电压值。对比当白炽灯都正常和出现白炽灯断路两种情况下的电压值。

边学边做

(1)通过以上学习,具备了一定的理论知识,下面将进行实训。首先,准备实训需要使用的积木板、器材,见表3-20。

实训器材　　　　　　　　　　　　　　　　　　　　　　表3-20

（2）实训步骤:电感线圈特性实训(表3-21)。

电感线圈特性实训 表3-21

步骤	图示	工作页
1	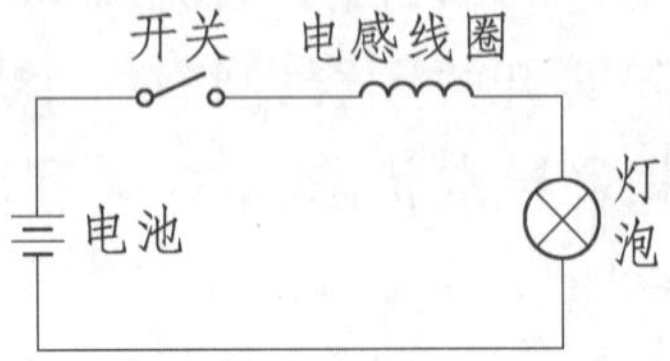 开关 电感线圈 电池 灯泡	读识电路原理图,电感线圈和灯泡是＿＿＿＿连接
2		按照示意图连接好积木板电路,在开关闭合的一瞬间,灯泡会＿＿＿＿＿＿,说明电感线圈对电流有阻碍作用,阻碍过程是＿＿＿＿＿
3	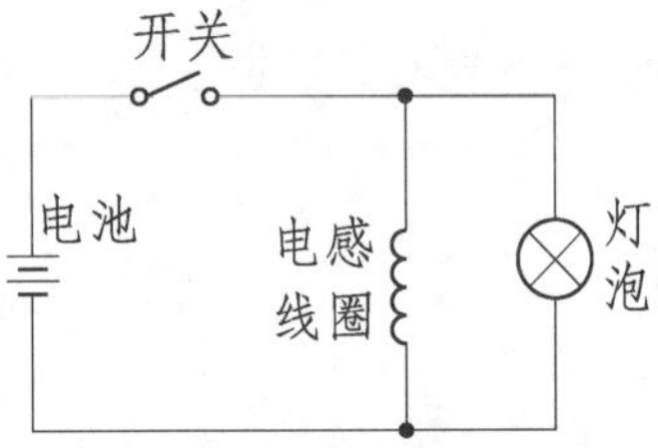 开关 电池 电感线圈 灯泡	读识电路原理图,电感线圈和灯泡是＿＿＿＿连接
		连接好如图所示电路,通电之后当开关断开的一瞬间,灯泡会＿＿＿＿,同样说明电感线圈对电流有阻碍作用,这种过程是＿＿＿＿;同时也说明电感线圈是一种储能元件

任务点3　滤波、振荡电路的特性及作用

学习目标

知识目标:

1.了解滤波电路的作用;

2.掌握振荡电路的特性。

技能目标:

能够按照电路图正确连接电路。

素养目标:

1.养成团队合作精神和探索创新精神;

2.树立环保、节能、安全的意识。

知识准备

一、滤波电路概述

整流电路的输出电压不是纯粹的直流,从示波器观察整流电路输出,与直流相差很大,波形中含有较大的脉动成分,称为纹波。为获得比较理想的直流电压,需要利用具有储能作用的电抗性元件(如电容、电感)组成的滤波电路来滤除整流电路输出电压中的脉动成分,以获得直流电压。

二、滤波电路的分类

常用的滤波电路有无源滤波和有源滤波两大类。无源滤波的主要形式有电容滤波、电感滤波和复式滤波(包括倒 L 形、LC 滤波、LCπ 形滤波和 RC-π 形滤波等)。有源滤波的主要形式是有源 RC 滤波,也被称作电子滤波器。直流电中的脉动成分的大小用脉动系数来表示,此值越大,则滤波器的滤波效果越差。

脉动系数(S) = 输出电压交流分量的基波最大值/输出电压的直流分量

半波整流输出电压的脉动系数为 $S = 1.57$,全波整流和桥式整流的输出电压的脉动系数 $S \approx 0.67$。对于全波和桥式整流电路采用 C 形滤波电路后,其脉动系数 $S = 1/(4R_L C/T - 1)$(T 为整流输出的直流脉动电压的周期)。

1. 电容滤波电路

电容滤波一般负载电流较小,所以输出电压波形的放电段比较平缓,纹波较小,输出脉动系数 S 小,输出平均电压 U_0 大,具有较好的滤波特性。图3-44 所示为电容滤波电路。

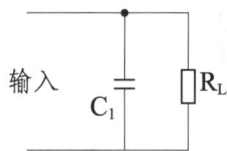

2. 电阻滤波电路

RC-π 型滤波电路,实质上是在电容滤波的基础上再加一级 RC 滤波电路组成的。图 3-45 所示为 RC 滤波电路。若用 S 表示 C_1 两端电压的脉动系数,则输出电压两端的脉动系数为:

图 3-44 电容滤波电路

$$S = (1/\omega C_2 R)$$

由分析可知,电阻 R 的作用是将残余的纹波电压降落在电阻两端,最后由 C_2 再旁路掉。在 ω 值一定的情况下,R 愈大,C_2 愈大,则脉动系数愈小,也就是滤波效果就越好。而 R 值增大时,电阻上的直流压降会增大,这样就增大了直流电源的内部损耗;若增大 C_2 的电容量,又会增大电容器的体积和重量,实现起来也不现实。这种电路一般用于负载电流比较小的场合。

3. 电感滤波电路

根据电抗性元件对交、直流阻抗的不同,由电容 C 及电感 L 所组成的滤波电路的基本形式如图 3-46 所示。因为电容器 C 对直流开路,对交流阻抗小,所以,C 并联在负载两端。电感器 L 对直流阻抗小,对交流阻抗大,因此,L 应与负载串联。

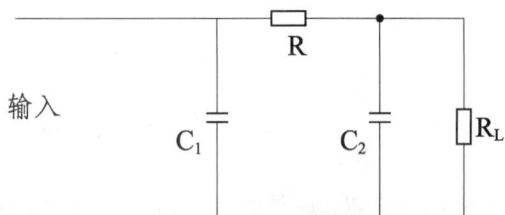

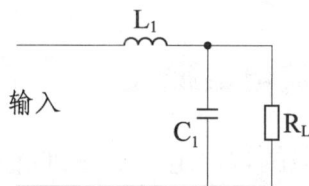

图 3-45　C-R-C 或 RC-π 型滤波电路　　　　图 3-46　L-C 电感滤波电路

边学边做

1.通过以上学习,具备了一定的理论知识,下面将进行实训。首先,准备实训需要使用的积木板、器材,见表3-22。

实训器材　　　　　　　　　　　　　　　　　表 3-22

可调电压锂电池模块	基本振荡电路板
基本 LC 谐振电路板	示波器

(2)拓展实训:振荡电路特性实训(表3-23)。

振荡电路特性实训　　　　　　　　　　　　表 3-23

步骤	图示	工作页
1		读识基本 LC 谐振电路特点,当开关拨向左端时,电阻和电容_____连接,接通电源后,电容器_____;当开关拨向右端时,电容器和电感_____连接,产生高频振荡
2		接入电源与示波表,调节示波表参数。接通电源后,开关先拨向左端,向电容器充电,然后开关拨向右端,观察波形。注意:由于振荡时间较短,波形持续时间很短

续上表

步骤	图示	工作页
3	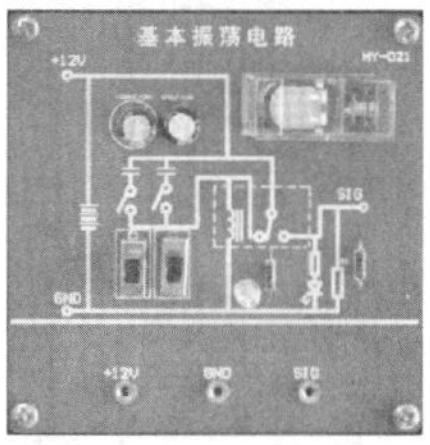	读识基本振荡电路原理:利用继电器线圈与电容器组成串联谐振,通过开关接入电容器改变电容从而改变振荡频率
4	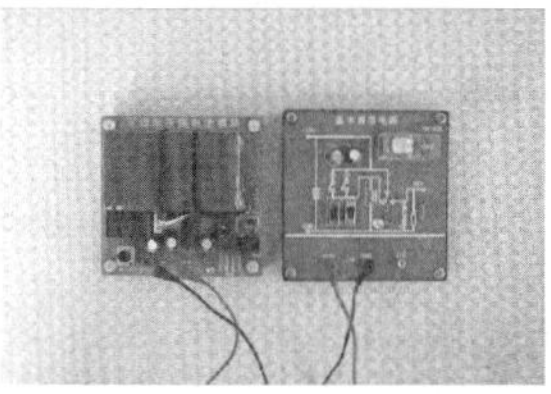	接通电源,先断开接入电容器,继电器线圈与自身触点产生振荡,振荡频率较慢,依次接入电容器振荡频率明显变快

知识链接:LC振荡电路是指用电感L、电容C组成选频网络的振荡电路,用于产生高频正弦波信号。LC振荡电路运用了电容跟电感的储能特性,让电磁两种能量交替转化,也就是说电能跟磁能都会有一个最大最小值,也就有了振荡。不过这只是理想情况,实际上所有电子元件都会有损耗,能量在电容跟电感之间互相转化的过程中要么被损耗,要么泄漏出外部,能量会不断减小,直至能量耗尽。

任务点4　稳压电路的特性及作用

学习目标

知识目标:

1. 了解稳压二极管的工作原理;

2. 了解新能源汽车稳压电路的应用。

能力目标:

1. 能够分析稳压二极管电路;

2. 能够按照电路图正确连接电路。

素养目标:

1. 养成团队合作精神和探索创新精神;

2. 培养空间想象能力;

3. 养成良好的劳动精神。

知识准备

一、稳压调节电路

电路经过整流滤波后,虽然输出波形比较平滑,但因为输入电压不稳定会造成输出电压不稳定,从而损坏电子设备,因此需要有稳压电路,保证输出电压几乎是恒定不变的。在汽

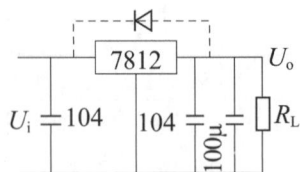

图 3-47　典型稳压电路

车发电机电路中,因汽车在不同工况下发电机输出电压是不稳定的,此时就需要对电压进行调节,使输出电压达到稳定状态。一般汽车发电机调节器都是集成电路,检测出坏了之后直接更换。图 3-47 所示为典型稳压电路。

二、稳压二极管的特性及应用

稳压管是一种经过特殊工艺制造成的二极管,它与电阻配合使用,具有稳定电压的功能。普通二极管加上反向电压不导通,可是当反向电压达到一定程度(大于 U_R)时二极管会反向击穿,普通二极管就会烧毁。但是经过特殊工艺制造的稳压管就能够耐得住反向电压。稳压管的外形与普通二极管区别不大,它的符号和伏安特性如图 3-48 所示。

稳压管设计成能工作在击穿区(BC 段),当反向电压达到 U_Z 时,大电流反向流过稳压管,阻止电压继续升高。这种特性使稳压管成为调节电压的电子器件。

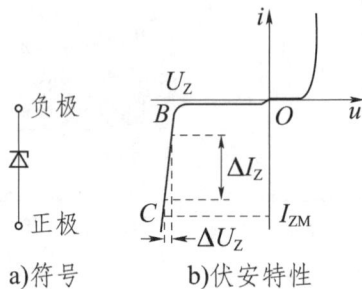

a)符号　　b)伏安特性

图 3-48　稳压管符号及其伏安特性

> **操作:**用可调直流稳压电源验证二极管的稳压作用。如图 3-49a)所示,限流电阻的阻值为 500Ω,负载电阻阻值为 $3k\Omega$,稳压管的稳压值为 5.3V,调整稳压电源的电压输出值从 4～12V 逐步变化,对应一个输出值,用万用表测量负载电阻两端的电压,观察电压变化。
>
> **操作规范:**稳压管在正常工作时必须与一个电阻串联,这个电阻提供了稳压管的稳定工作电流。这个电阻的阻值根据稳压管的参数而有一个取值范围。
>
> **操作规范:**稳压管在工作时一定是正极接低电位,负极接高电位。

在汽车电路中由于各个电器总成或元件工作电流比较大,使汽车电源系统的电压会出现波动。在汽车的仪表电路和一部分电子控制电路中,一些需要精确电压值的地方经常利用稳压管来获取所需电压。图 3-49b)所示是利用稳压管为汽车仪表提供稳定电源的电路,图中的稳压管与电阻串联而与仪表并联。如果仪表电压必须限定在 7V,便可使用额定电压为 7V 的稳压管。汽车电源电压一部分分压在电阻上,7V 电压分压在稳压管上。即使电源电压发生变化,也只是引起不同大小的电流流过电阻和稳压管,改变分压在电阻上的电压,而稳 7V 电压不变。

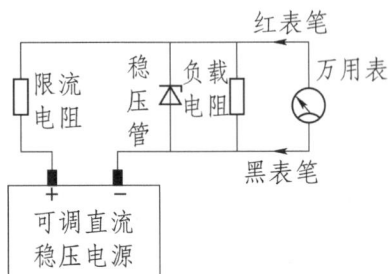

a)稳压管稳压作用实验电路　　　　b)简化汽车仪表稳压电路

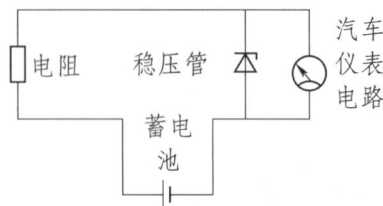

图 3-49　稳压管在汽车上的应用

整流和稳压二极管

> 提示：稳压管达到反向导通的电压也称为齐纳(Zener)电压,所以稳压管也被称为齐纳二极管。
>
> 操作规范：稳压管虽然能够稳压,但是它毕竟是二极管,所能通过的电流有限,它一般只应用在低电压、小电流的工作场合,对一些高电压或大电流的工作场合不能选用稳压管稳压。

三、三端稳压器

三端稳压器是一种集成电路,内部采用的是串联稳压电路形式。主要有两种,一种输出电压是固定的,称为固定输出三端稳压器;另一种输出电压是可调的,称为可调输出三端稳压器。在线性集成稳压器中,由于三端稳压器只有三个引出端子,具有外接元件少,使用方便,性能稳定,价格低廉等优点,因而得到广泛应用。

(1)正、负电压同时输出的稳态电路如图 3-50 所示。

(2)大输出电流的电路如图 3-51 所示。

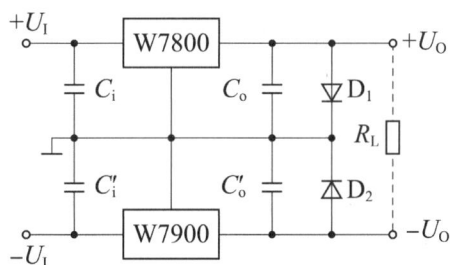

图 3-50 稳态电路

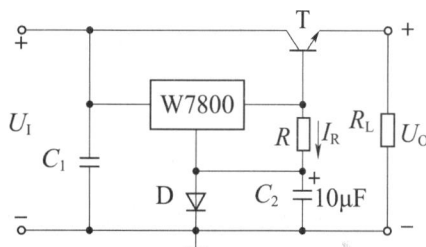

图 3-51 大输出电流电路

(3)输出电压可调的电路如图 3-52 所示。

固定三端稳压器的通用产品有 78 系列(正电源)和 79 系列(负电源),输出电压由具体型号中的后面两个数字代表有 5V、6V、8V、9V、12V、15V、18V、24V 等档次。输出电流以 78(或 79)后面加字母来区分,L 表示 0.1A;M 表示 0.5A,无字母表示 1.5A,如 7805 表示 5V0.1A,如图 3-53 所示。三端稳压应用电路如图 3-54 所示。

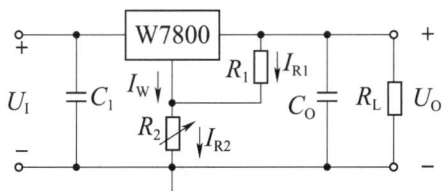

图 3-52 输出电压可调电路

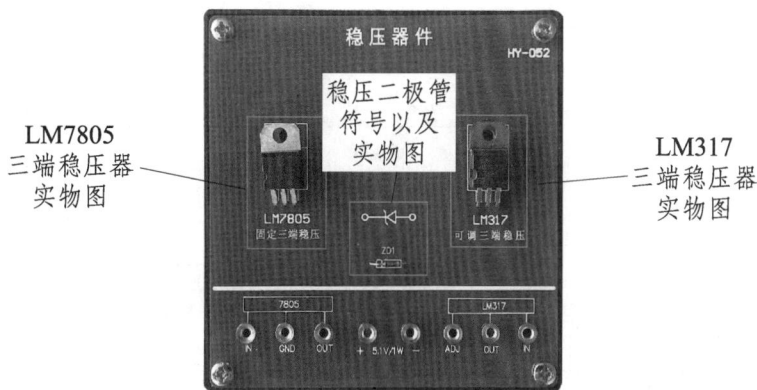

图 3-53 三端稳压器外形

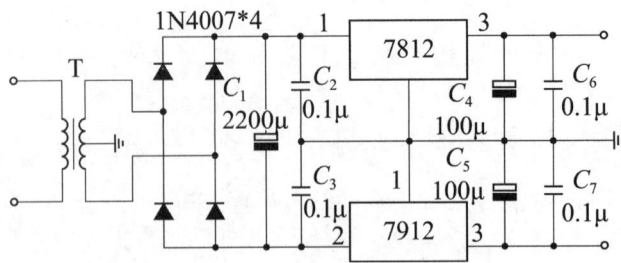

图 3-54　三端稳压应用电路

四、新能源汽车的稳压电路

新能源汽车的降压 DC/DC 器转换基本电路如图 3-55 所示。它是借着开关将 DC 电压 U_{in} 做时间分割后,以电感和电容器使其平滑化来转换成所希望的 DC 电压。

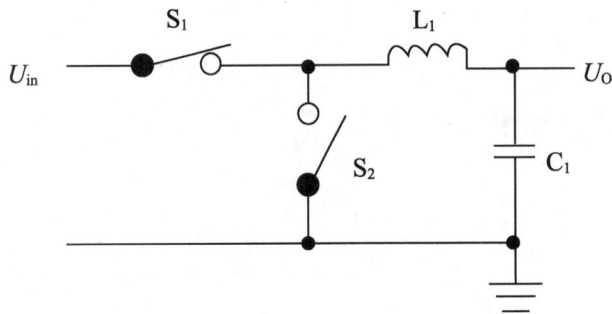

图 3-55　降压 DC/DC 器转换基本电路

降压 DC/DC 器转换的基本电路工作逻辑如下。

(1)如果 S_1 为 ON,S_2 为 OFF,则 U_{in} 施加于 L_1。

(2)如果 S_1 为 OFF,S_2 为 ON,则 U_{in} 施加于 GND。

(3)将 U_{in} 转换为 U_{in}-GND 的脉冲。

(4)将 C_1 被平均转换为 DC。

DC/DC 转换的工艺就是将 DC 暂时转换成 AC 后,使其平滑后再转换为 DC,以 PWM 工作为例来说明(图 3-56)。

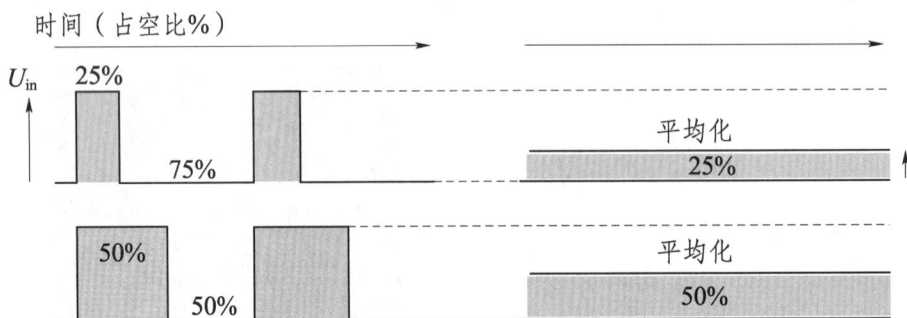

图 3-56　PWM 波形转换为直流电

将 U_{in} 供电时间设为 25%(假设以 S_1 = OFF、S_2 = ON),将 0V(GND)状态设为 75% 的脉冲周期,当该脉冲平均化时将得到 25% 的 DC。如果 U_{in} = 10V,则 U_O 将为 25% 的 U_{in} 电压,即 2.5V。

拓展阅读

集 成 电 路

集成电路是一种微型电子器件或部件。它采用工艺把一定数量的常用电子元件(如晶体管、电阻、电容和电感等)及布线集成在微小半导体基片上。1965年我国第一块集成电路研制成功;1985年末,我国主要集成电路工厂有30余家,集成电路年产量5300万块;1995年末,我国共生产IC近18亿块,对集成电路产业的投资累计达到50亿元;2024年,我国已经成为全球最大的集成电路市场之一,国内集成电路产量呈现平稳增长的态势。经过近40年的发展,我国集成电路产业已形成了设计、芯片制造和封测三业并举、较为协调的发展格局。

边学边做

(1)通过以上学习,具备了一定的理论知识,下面将进行实训。首先,准备实训需要使用的积木板、器材,见表3-24。

实训器材   表3-24

可调电压锂电池模块	电压表和电流表积木板	三相交流发电机实训板
稳压器件板	示波器	整流滤波稳压实训板
组合电阻板		万用表

（2）实训步骤：三端稳压集成电路特性实训（表3-25）。

三端稳压集成电路特性实训　　　　　　　　　　　　　　　表 3-25

步骤	图示	工作页
1	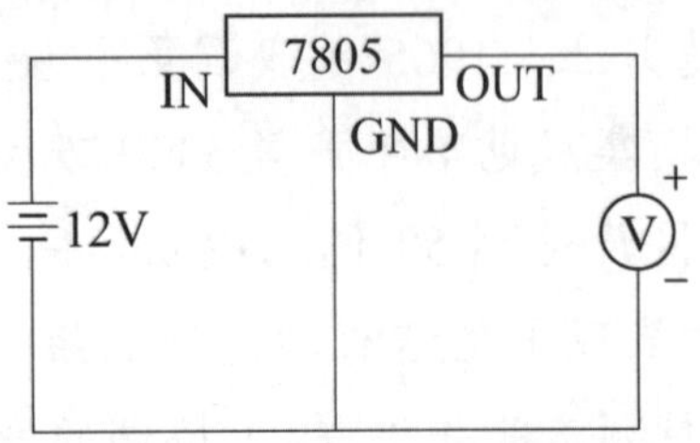	读识电路原理图，三端稳压器的型号为_____，IN接_____，GND接_____，OUT接_____
2	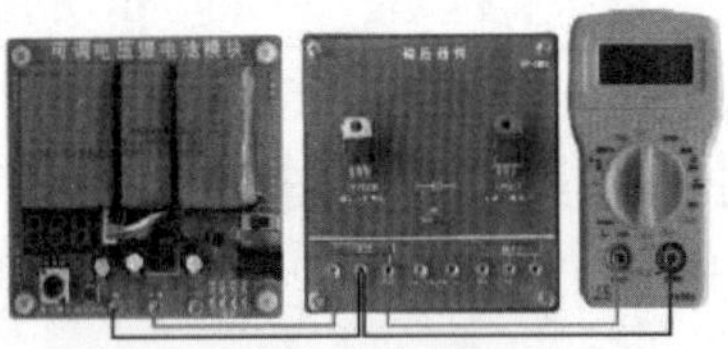	用连接导线按照积木板连接示意图连接成完整电路，注意连接前先关闭电源开关
3	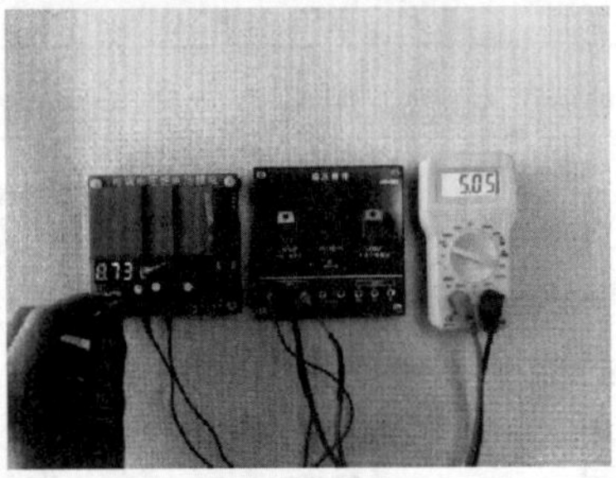	1. 检查无误后接通电源，电源电压调至最大值为_____V，此时三端稳压输出端电压为_____V； 2. 调节电源电压，我们可以看到，只要输入电压_____，输出电压都是_____V；说明三端稳压的特点是_____

（3）实训步骤：稳压二极管特性实训（表3-26）。

稳压二极管特性实训　　　　　　　　　　　　　　　表 3-26

步骤	图示	工作页
1	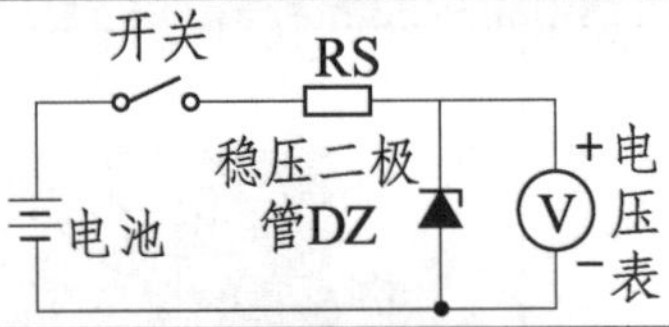	读识电路原理图，稳压二极管此时处于_____偏置，和电阻_____连接，电压表测量的是_____端的电压，就是稳定的输出电压
2	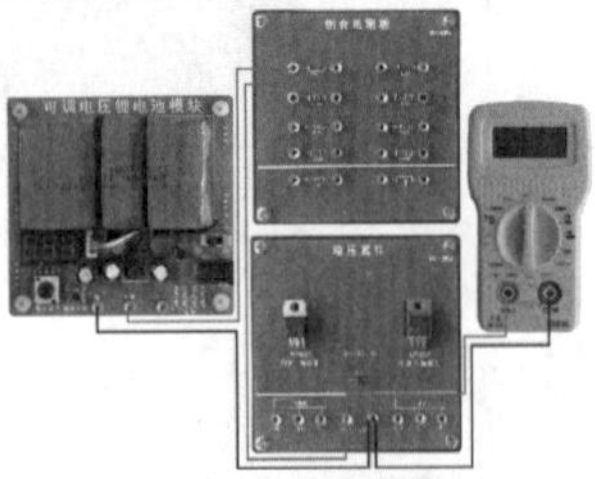	用连接导线按照积木板连接示意图连接成完整电路，注意连接前先关闭电源开关
3		1. 检查无误后接通电源，万用表调至直流电压20V挡，选择的电阻的阻值为_____Ω，稳压二极管ZD的标识为_____，代表_____。电源电压调至最大为_____V，此时输出电压为_____V； 2. 调节电源电压，只要输入电压不低于_____V，输出电压就保持为_____V，同时你能计算电阻上的电压值为多少吗？请列式说明

（4）拓展实训：单相交流电整流、滤波、稳压特性实训（表3-27）。

单相交流电整流、滤波、稳压特性实训 表3-27

步骤	图示	工作页
1	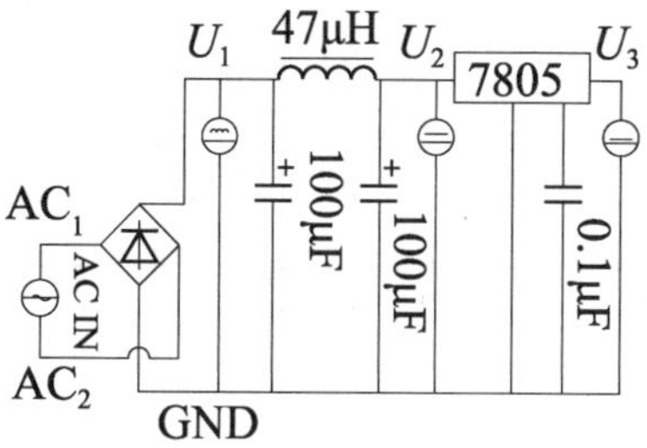	读识电路原理图，发电机输出正弦交流电，依次通过_____、_____、_____，得到稳定平滑的直流电；电容器的连接特点_____，电感器的连接特点_____
2	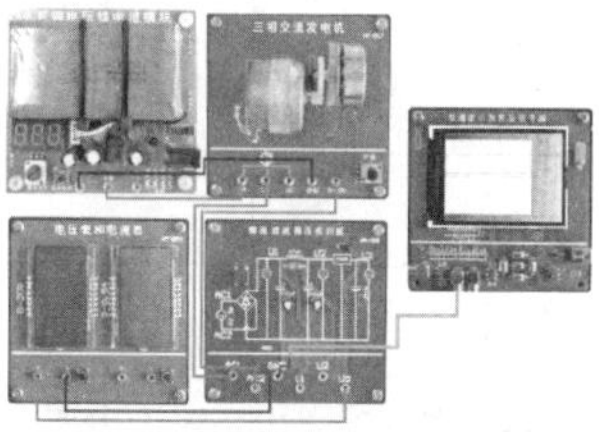	用连接导线按照积木板连接示意图连接成完整电路，注意连接前先关闭电源开关
3	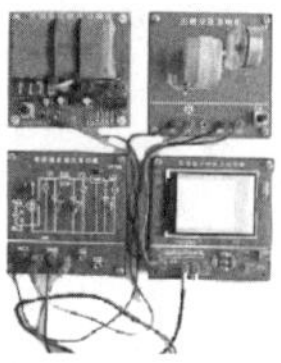	检查无误后接通电源，打开示波器电源，选择耦合方式为直流，测量 U_1 波形，波形的特点：_____，读出电压幅值为_____

考核与评价

一、考核方式

（1）每小组对应一套电子积木板、一张实训工作台。
（2）检查实训任务：真实、完整、有效。
（3）按各实例的知识讲解及实训情况进行自评、互评。

二、考核说明及评价

考核说明及评价见表3-28。

考核说明及评价 表3-28

评价指标	考核说明	考核记录
基本知识点考核	电感、电容的结构及分类 电感、电容的特性 滤波、振荡电路的作用 稳压二极管的特性 稳压电路的应用	

评价内容	检验指标	权重	自评	互评	总评
1. 检查任务完成情况	(1)完成任务过程情况				
	(2)任务完成质量				
	(3)在小组完成任务过程中所起的作用				
2. 专业知识	(1)理解电容、电感的特性				
	(2)能够描述电容、电感的分类及作用				
	(3)掌握滤波、稳压电路的原理				
	(4)掌握振荡电路的应用				
	(5)掌握滤波、稳压电路的应用				
3. 职业素养	(1)学习态度:积极主动参与学习				
	(2)团队合作:与小组成员一起分工合作、学习				
	(3)现场管理:服从工位安排、执行实训室"6S"管理				
4. 综合评议与建议					

项目四

汽车传感器与信号处理

项目描述

　　传感器是汽车电子控制系统的关键。汽车上的传感器是以行车计算机系统作为输入装置,它将汽车运行中各种工作状况信息,包括车速、车况、各种介质的温度、发动机运转等转换成电信号输送给计算机。本项目主要介绍传感器的基本知识。

项目目标

☞ 知识目标

1. 了解传感器的基本概念和种类;
2. 掌握常见车用传感器的工作原理。

☞ 技能目标

1. 认识常见汽车传感器元件;
2. 能够阐述汽车传感器的工作原理;
3. 能够按照电路图正确连接电路。

☞ 素养目标

1. 培养自我学习能力和探索创新精神;
2. 养成分析问题,解决问题的能力;
3. 树立环保、节能、安全的意识。

项目任务

　　学习任务一　光电式转速传感器
　　学习任务二　霍尔转速传感器
　　学习任务三　压电爆震传感器
　　学习任务四　热敏温度传感器

学习任务一　光电式转速传感器

任务导入

　　汽车传感器是汽车计算机系统的输入装置,它把汽车运行中各种工况信息,如车速、各种介质的温度、发动机运转工况等,转化成电信号传输给计算机,以便发动机处于最佳工作状态。光电耦合器简称光耦,是一种典型的电→光→电转换器件,通常用作速度、频率传感器,在汽车上的应用也非常广泛。本任务主要通过实例讲解,理论与实操相结合,学习光电式转速传感器原理及应用。

任务点1　光电耦合器的原理及应用

学习目标

知识目标:

1. 了解光电耦合器的工作原理;

2. 理解光电耦合器的结构与作用。

技能目标:

能表述光电耦合电路工作原理。

素养目标:

1. 养成团队合作精神和探索创新精神;

2. 养成分析问题,解决问题的能力;

3. 培养劳动精神、奋斗精神、奉献精神。

知识准备

一、光电耦合器

认识光电式传感器

　　光电耦合器是以光为媒介传输电信号的一种电→光→电转换器件。它由发光源和受光器两部分组成。把发光源和受光器组装在同一密闭的壳体内,彼此间用透明绝缘体隔离,发光源的引脚为输入端,受光器的引脚为输出端。常见的发光源为发光二极管,受光器为光敏二极管、光敏三极管等。光电耦合器的种类较多,常见有光电二极管型、光电三极管型、光敏电阻型、光控晶闸管型、光电达林顿型、集成电路型等(外形有金属圆壳封装,塑封双列直插等)。图4-1是光敏元件电子积木板。

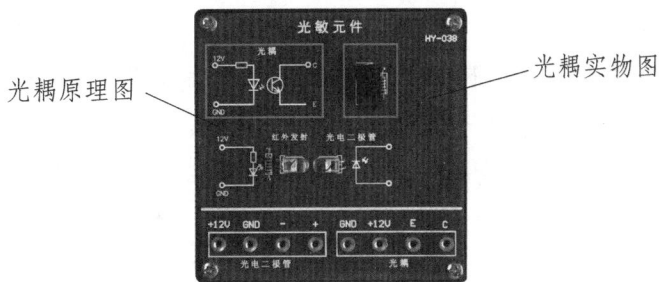

图 4-1 光敏元件电子积木板

二、光耦的原理及特点

光耦合器亦称光电隔离器或光电耦合器,简称光耦。它是以光为媒介来传输电信号的器件,通常把发光器(红外线发光二极管 LED)与受光器(光敏半导体管)封装在同一管壳内。当输入端加电信号时,发光器发出光线,受光器接受光线之后就产生光电流,从输出端流出,从而实现了"电→光→电"转换。

以光为媒介把输入端信号耦合到输出端的光电耦合器,由于它具有体积小、寿命长、无触点,抗干扰能力强,输出和输入之间绝缘,单向传输信号等优点,在数字电路上得到广泛的应用。

三、光耦开关的应用电路

控制电路和开关电路之间电隔离,可以用光电耦合器来完成。

图 4-2a)所示电路就是用光电耦合器组成的简单开关电路。在图中,当无脉冲信号输入时,三极管(BG)处于截止状态,发光二极管无电流流过不发光,则 a、b 两端电阻非常大,相当于开关"断开";当输入端加有脉冲信号时,BG 处于导通状态,发光二极管发光,则 a、b 两端电阻变得很小,相当于开关"接通",故称无信号时开关不通,为"常开"状态。

图 4-2b)所示电路则为"带闭"状态,因为无信号输入时,虽 BG 截止,但发光二极管有电流通过而发光,使 a、b 两端处于导通状态,相当于开关"接通"。当有信号输入时,BG 导通,由于 BG 的集电结压降在 0.3V 以下,远小于发光二极管的正向导通电压,所以,发光二极管无电流流过不发光,则 a、b 两端电阻极大,相当于开关"断开",故称"常闭"式。在汽车传感器中,光耦通常用来测量转速和频率。

图 4-2 光电耦合器开关应用电路

四、光耦开关在新能源汽车的应用

在新能源汽车 DC/DC 模块内,通常有智能功率模块 IPM(Intelligent Power Module),主

要用来触发功率开关器件。

例如,ACPL-K43T 为采用八引脚微型封装的单通道耐高温、高 CMR(共模抑制)、高速数字车用级 IPM 光电耦合器,专门用于汽车,如图 4-3 所示。在合适的条件下,光耦开关可以触发 VCC 端子的截止二极管,将 VCC 电源施加在三极管的基极端子,从而将三极管触发导通。

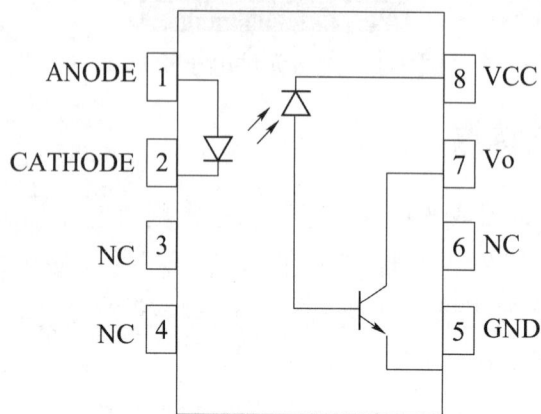

图 4-3　光耦开关在新能源汽车的应用

边学边做

(1)通过以上学习,具备了一定的理论知识,下面将进行实训。首先,准备实训需要使用的积木板、器材,见表 4-1。

实训器材　　　　　　　　　　　　　　　　　　　　　　　　　表 4-1

可调电压锂电池模块	光敏元件板	万用表

(2)实训步骤:光电耦合器的测量(表 4-2)。

光电耦合器的测量　　　　　　　　　　　　　　　　　　　　　表 4-2

步骤	图示	工作页
1		用连接导线按照积木板连接示意图连接成完整电路,注意连接前先关闭电源开关

续上表

步骤	图示	工作页
2		1. 光耦1、2脚接电源的原因是_____,万用表调至欧姆挡,未接通电源时光耦 E、C 间阻值为_____,原因是_____; 2. 接通电源后光耦 E、C 间阻值为_____。原因是_____,阻值越小说明光耦灵敏度_____; 3. 阻断光耦时,光耦 E、C 间阻值变为_____,原因是_____

任务点 2　光电式转速传感器结构与原理

学习目标

知识目标:

1. 了解光电式转速传感器的结构;

2. 理解光电式转速传感器的原理及应用。

技能目标:

1. 能表述光电式传感器波形的工作原理;

2. 能够按照电路图正确连接电路。

素养目标:

1. 养成团队合作精神和探索创新精神;

2. 形成初步学习能力和课程实践能力。

知识准备

一、光电式转速传感器结构与工作原理

1. 光电式转速传感器结构

图4-4所示为光电式转速传感器。光电式转速传感器装在组合仪表内,由带切槽的转子和光电耦合器组成。带切槽的转子由转速表转轴驱动,当转子转动时,盘齿间断遮住发光二极管光源,使光敏三极管的输出电压发生变化。转轴转一圈,输出 20 个脉冲,经分频后变成 4 个脉冲,送给 ECU。

2. 光电式转速传感器工作原理

如图4-5所示,光源(发光二极管)经随车

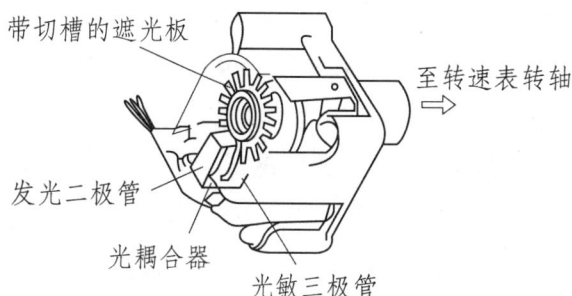

图 4-4　光电式转速传感器

（标注：带切槽的遮光板、至转速表转轴、发光二极管、光耦合器、光敏三极管）

轮传动的光栅盘变为断续光,致使光断续器中的光敏三极管通断运行,经电路的放大整形后,输出与转速成比例的方波脉冲列。

图4-5　光电式转速传感器的工作原理

二、光电式转速传感器在汽车上的应用

图4-6所示为车速表的电路图,光电式转速传感器的作用是将输出与转速成比例的方波脉冲列经过信号处理后,在汽车车速表上显示出当前车速。

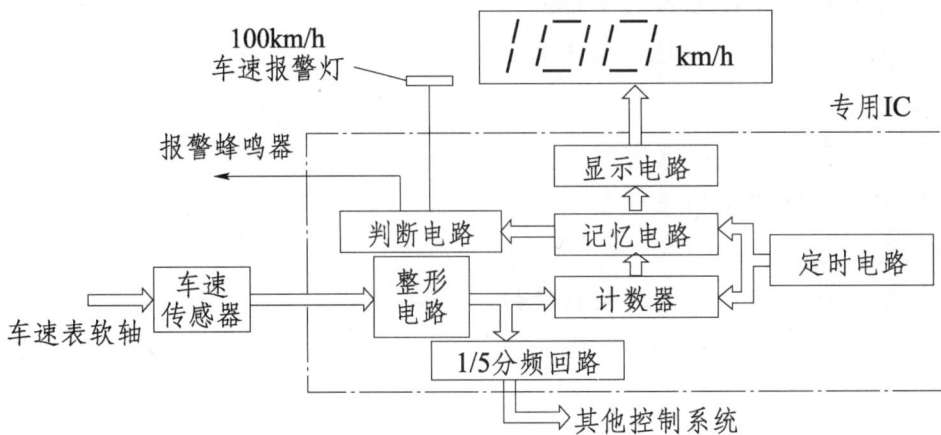

图4-6　车速表的电路图

拓展阅读

汽车传感器

传感器是一种信号转化装置,它按一定规律将非电信号转换为电信号或其他形式的信息输出,以满足信息的传输、处理、存储、显示、记录和控制等要求。传感器一般是由敏感元件、转换元件和测量电路组成。

汽车传感器是把汽车运行中各种工况信息,如车速、各种介质的温度、发动机运转等,转化成电信号输送给计算机,使发动机处于最佳工作状态。汽车传感器有100多种,如进气压力传感器、空气流量传感器、节气门位置传感器、曲轴位置传感器、进气温度传感器、氧传感器、爆震传感器等。不同传感器具有不同功能,如测量温度、压力、流量、位置、气体浓度、速度、光亮度、干湿度、距离等,它们各司其职,一旦某个传感器失灵,其对应的装置将出现不正常的工作现象甚至不工作。因此,传感器是汽车上重要的零部件。

边学边做

（1）通过以上学习，具备了一定的理论知识，下面将进行实训。首先，准备实训需要使用的积木板、器材，见表4-3。

实训器材 表4-3

可调电压锂电池模块	光耦传感器特性实训板	示波表

（2）实训步骤：光电式传感器波形检测（表4-4）。

光电式传感器波形检测 表4-4

步骤	图示	工作页
1		用连接导线按照积木板连接示意图连接成完整电路，注意连接前先关闭电源开关
2	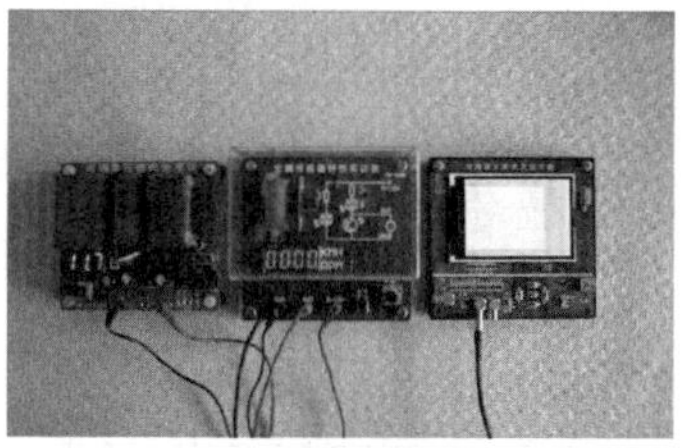	1. 检查无误后接通电源，打开示波表开关，电机转速调节电位器旋转至最左端，进入参数调节选择适合参数； 2. 从左至右调节转速电位器，观察波形特点，做好相关记录； 3. 固定一个转速，选择触发方式为单次触发，定格波形，观察与思考，填写下面工作页
3	光耦器件发光体和受光体被电动机转盘隔离，在转盘上均匀分布有三个孔，当孔通过光耦时，受光体接受来自发光体的光信号。从示波表上我们可以看出波形呈_____，不是理想的脉冲波，因为透光孔挡住光线的过程不是瞬间发生的，而且受到光耦速度影响，电子开关元件普遍由导通转换到截止的时间较慢，故上升沿较缓慢。实际应用中可以加施密特触发器改善，输出频率随转速_____。		

考核与评价

一、考核方式

（1）每小组对应一套电子积木板、一张实训工作台。

(2)检查实训任务:真实、完整、有效。

(3)按各实例的知识讲解及实训情况进行自评、互评。

二、考核说明及评价

考核说明及评价见表4-5。

考核说明及评价　　　　　　　　　　　　　　　　表4-5

评价指标	考核说明	考核记录
基本知识点考核	光电耦合器的结构及原理 光电耦合器的检测 光电式转速传感器的结构 检测光电式传感器的波形 光电式转速传感器的应用	

评价内容	检验指标	权重	自评	互评	总评
1.检查任务完成情况	(1)完成任务过程情况				
	(2)任务完成质量				
	(3)在小组完成任务过程中所起的作用				
2.专业知识	(1)能够理解光电耦合器的工作原理				
	(2)掌握光电耦合器的检测				
	(3)了解光电式转速传感器的结构及原理				
	(4)了解光电式传感器的应用				
	(5)掌握光电式传感器的波形检测				
3.职业素养	(1)学习态度:积极主动参与学习				
	(2)团队合作:与小组成员一起分工合作、学习				
	(3)现场管理:服从工位安排、执行实训室"6S"管理				
4.综合评议与建议					

想一想

(1)有其他传感器可以代替光电式转速传感器吗?

(2)光电耦合器不同的型号类型有什么区别?

学习任务二　霍尔转速传感器

任务导入

霍尔传感器是小型封闭式转速传感器,广泛应用于各种车型的电控系统中,是汽车上最主要的传感器之一。在发动机点火系统中,霍尔传感器通过联轴器与被测轴连接,当转轴旋转时,将转角转换成电脉冲信号,供二次仪表使用,作信号传感器、ABS 中的速度传感器以及功率霍尔电路开关等。本任务主要通过实例讲解,理论与实操相结合,学习霍尔传感器原理及应用。

任务点 1　霍尔开关元件结构及原理

学习目标

知识目标:

1. 理解霍尔效应的原理;
2. 了解霍尔元件在新能源汽车的应用。

技能目标:

1. 能够完成霍尔开关元件的测量;
2. 能够按照电路图正确连接电路。

素养目标:

1. 养成团队合作精神和探索创新精神;
2. 形成初步学习能力和课程实践能力;
3. 培养空间想象能力。

知识准备

一、霍尔效应的原理

霍尔效应是指当固体半导体有电流通过且放置在一个磁场内时,导体内的电荷载子受到洛伦兹力而偏向一边,继而产生电压。霍尔效应产生的电压叫霍尔电压,霍尔电压的方向与磁场作用方向有关,与电流大小成正比,与半导体厚度成反比。

1. 微观解释

在导体上外加与电流方向垂直的磁场,会使得导线中的电子与空穴受到不同方向的洛伦兹力而往不同方向上聚集,在聚集起来的电子与空穴之间会产生电场,此电场将会使后来的电子空穴受到电力作用而平衡掉磁场造成的洛伦兹力,使得后来的电子空穴能顺利通过不会偏移,此称为霍尔效应。

2. 霍尔效应工作原理图

特性:非线性,模拟物理量,输出霍尔电压随磁场强度和电流强度的增大而增大。图 4-7 所示为微观原理图,图 4-8 所示为三维物理量关系,图 4-9 所示为霍尔效应输出电特性图。

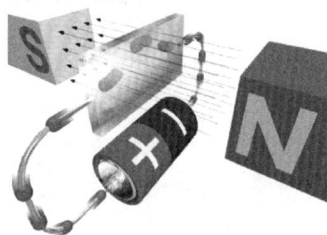

图 4-7　微观原理图

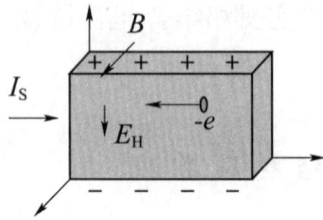

图 4-8　三维物理量关系图

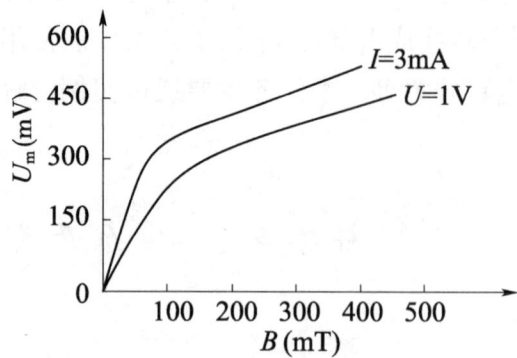

图 4-9　霍尔效应输出电特性图

二、霍尔开关结构及工作原理

霍尔开关是利用霍尔效应原理经过内部电路变换而成的开关元器件。在半导体通电状态下,磁场作用于霍尔元件而产生霍尔电压,霍尔电压经过施密特整形后变成高低电平驱动场效应管或三极管导通或断开,从而可以实现对转速或位置的判断。

图 4-10 所示为霍尔开关内部结构图,图 4-11 所示为霍尔开关输出特性图。

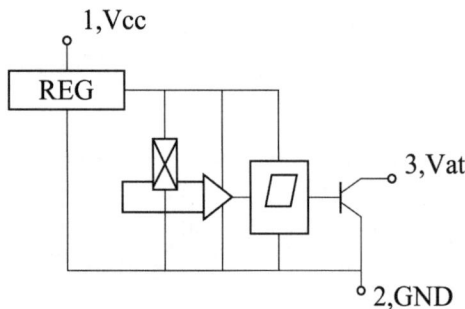

图 4-10　霍尔开关内部结构图

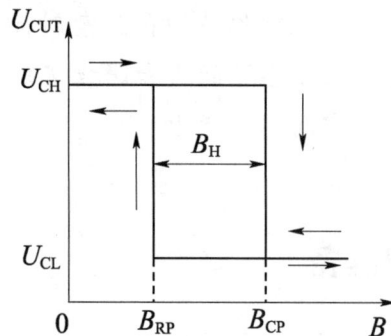

图 4-11　霍尔开关输出特性图

图 4-12 所示为霍尔元件管脚图,图 4-13 为霍尔开关元件内部电路工作原理图。特别说明:工作电压为 $4.5 \sim 24V$,工作电流为 $3 \sim 9mA$。

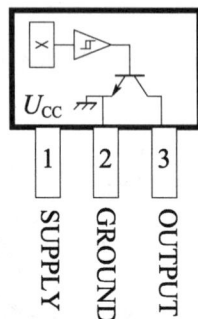

图 4-12　霍尔元件管脚图

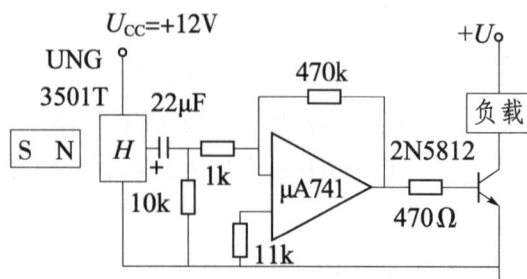

图 4-13　霍尔开关元件内部电路工作原理图

霍尔传感器具有体积小、结构简单、无触点、启动力矩小等特点,使用寿命长,可靠性高,频率特性好,并可进行连续测量。霍尔转速传感器是一种小型封闭式传感器,具有性能稳定、功耗小、抗干扰能力强、使用温度范围宽等优点。

三、霍尔元件在新能源汽车的应用

霍尔电流传感器是利用霍尔效应原理来检测电流,主要用于检测动力蓄电池正负极的通过电流,避免电流过大导致电池过热或继电器粘连等故障。霍尔电流传感器可感知直流电流,及几十千赫兹的交流电流。图4-14为用于电动汽车电流检测的霍尔电流传感器。霍尔电流传感器通过电磁场"感应"得到的电压信号通常较小,只有几毫伏,因此在输入A/D转换器前,同样需要放大电路来对信号电压进行放大,目前大部分的霍尔电流传感器已将放大电路集成到传感器内部,传感器输出电压信号可直接被利用。

某款新能源汽车霍尔电流传感器套在动力蓄电池的负极端子如图4-15中指出位置所示。

图4-14　霍尔传感器	图4-15　霍尔电流传感器位置

🔧 边学边做

(1)通过以上学习,具备了一定的理论知识,下面将进行实训。首先,准备实训需要使用的积木板、器材,见表4-6。

实训器材　　　　　　　　　　　　　　　　　　　　表4-6

可调电压锂电池模块	磁敏元件	示波表
实验用小磁铁		万用表

（2）实训步骤：霍尔开关元件的测量（表4-7）。

霍尔开关元件的测量   表4-7

步骤	图示	工作页
1	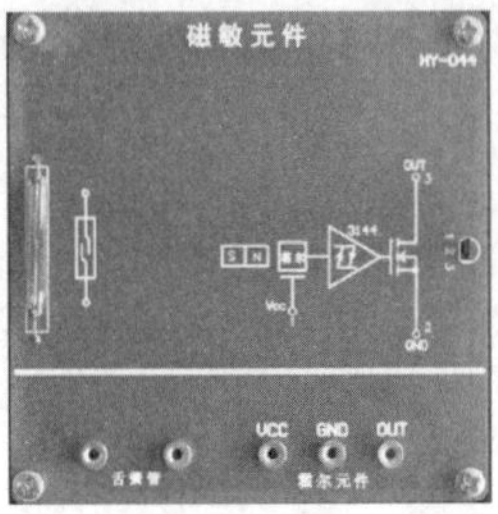	读识积木板上的原理图，认识霍尔开关元件型号为_____，对照积木板中霍尔元件中端子，填写端子功能：Vcc 为_____，OUT 为_____，GND 为_____
2	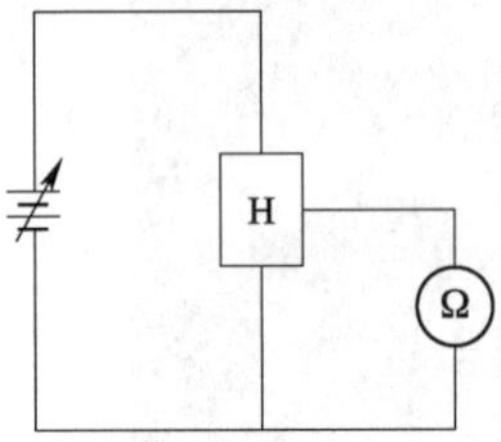	读识霍尔元件性能测试电路原理图，说明每个积木模块的作用。电源：_____ 霍尔元件：_____ 万用表：_____
3	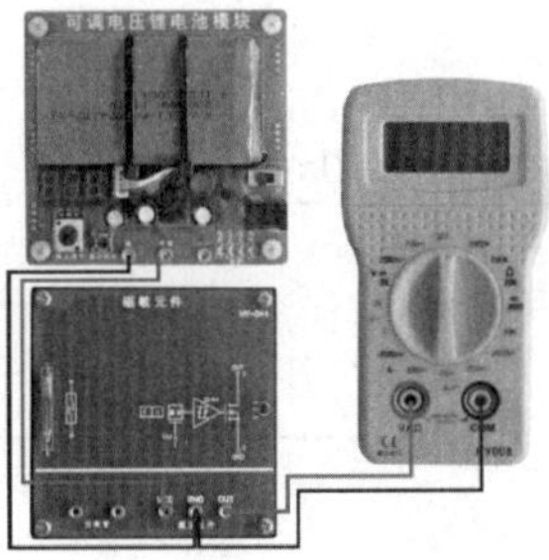	用万用表测量通电霍尔 IC 性能，用连接导线按照积木连接示意图连接成完整电路，注意连接前先关闭电源开关
4	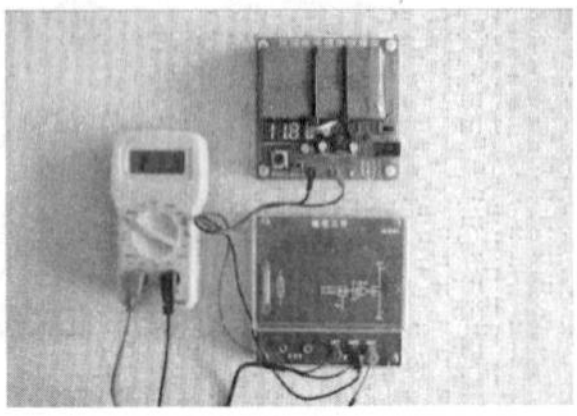	检查无误后接通电源，将万用表调至200Ω挡位，没有小磁铁靠近时，霍尔开关元件 OUT 至 GND 之间的电阻为_____，表明此时霍尔元件输出端 OUT 跟 GND 之间相当于开关_____
5	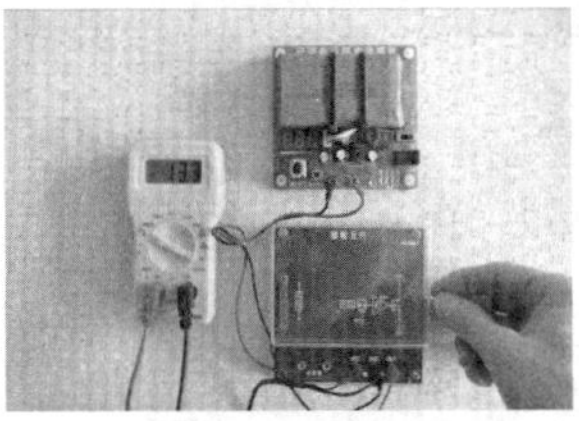	使用小磁铁靠近霍尔元件，注意极性，观察万用表的读数为_____Ω。表明此时霍尔元件输出 OUT 跟 GND 之间相当于开关_____，如果无论怎么调换磁场极性万用表读数都没有什么变化，则说明霍尔元件_____

任务点 2　霍尔传感器的原理及应用

学习目标

知识目标：

1. 理解霍尔传感器的结构及分类；

2. 了解霍尔转速传感器的应用。

技能目标：

1. 掌握霍尔传感器波形测量与分析；

2. 能够按照电路图正确连接电路。

素养目标：

1. 培养团队合作能力；

2. 形成初步学习能力和课程实践能力。

知识准备

一、霍尔传感器

霍尔传感器是一种磁传感器，可用其检测磁场及其变化，在各种与磁场有关的场合中使用。霍尔传感器以霍尔效应为其工作基础，是由霍尔元件和其附属电路组成的集成传感器。霍尔传感器在工业生产、交通运输和日常生活中有着非常广泛的应用。

由于霍尔元件产生的霍尔电势差很小，故通常将霍尔元件与放大器电路、温度补偿电路及稳压电源电路等集成在一个芯片上，称之为霍尔传感器，也称为霍尔集成电路。

二、霍尔传感器的作用

1. 测量旋转部件的转速和位置

霍尔传感器在汽车电控系统中主要应用于测量旋转部件的转速和位置，如用于测量曲轴位置的称为霍尔曲轴位置传感器或称为转速传感器，用于测量凸轮轴位置的称为霍尔凸轮轴位置传感器或称为同步传感器，用于测量轮速或车速的称为霍尔车速传感器。

2. 测量位置和旋转方向

汽车天窗关闭检测传感器、电动转向传感器、座位移动控制、自动变速器挡位、汽车安全带扣锁都使用霍尔开关传感器，如部分欧洲车用于测量自动变速器挡位位置、丰田汽车用于测量座椅位置等。

3. 测量电流大小

门控模块中有霍尔电流传感器，俗称玻璃防夹电流传感器，通过线性霍尔电流传感器检测回路中的电流，当电流过大时，自动收回玻璃窗。

三、霍尔传感器的分类

1. 按照功用分

霍尔传感器按照功用分为霍尔凸轮轴位置传感器、霍尔曲轴位置传感器、霍尔转向角度传感器、霍尔座椅位置传感器、霍尔轮速传感器、霍尔变速器挡位传感器等。

霍尔式凸轮轴位置
传感器工作原理

2. 按照接线方式

霍尔传感器按照接线方式分为2线式霍尔传感器、3线式霍尔传感器。

四、霍尔传感器在汽车电子系统上的应用

1. 霍尔传感器在汽车测速中的应用

测速装置在汽车控制系统中占有非常重要的地位,对测速装置的要求是分辨能力强、高精度和尽可能短的检测时间。应用霍尔传感器,通过测量磁场强度来得到稳定的脉冲方波信号,实现汽车转速的测量。

霍尔式轮速
传感器工作原理

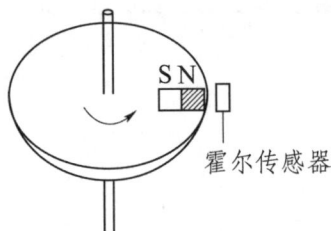

图4-16 霍尔传感器
检测信号图

1)工作磁体的设置

将一非磁性圆盘固定装在电机转轴上,圆盘边缘等距离用环氧树脂粘贴块状磁钢,磁钢采用永久磁,如图4-16所示。由于霍尔传感器的磁特性,这里把磁场作为霍尔传感器运动和位置的载体,通常情况下用永久磁钢作为磁场。当两齿轮之间空隙正对霍尔传感器时,磁力线比较分散,测得场强比较弱。如果某一齿正对霍尔传感器时,穿过的磁力线比较多,场强较大。

由于此过程中磁力线密度发生变化而引起霍尔电压的变化,霍尔元件将输出一个方波电压。

2)工作原理

在汽车测速系统中霍尔传感器与机轴相连接,当汽车运动时机轴每转一周,产生一定的脉冲个数,霍尔器件将所产生的信号输入汽车中的小型微机中,微机对所接受到的脉冲信号进行计算处理,得出当前速度值,并通过汽车LCD液晶显示屏显示当前速度,如果速度高于上限,一般车内会安有报警系统,随之报警。

2. 霍尔传感器在防抱死制动系统(ABS)中的应用

ABS是目前汽车中广泛使用的一种行车安全装置。使用ABS后,可使汽车达到:

①防止汽车侧滑、甩尾,大大提高车辆制动过程中的方向稳定性;

②使汽车转向轮具有可操纵性,即使在制动过程中,仍然能操纵汽车躲开前方的障碍;

③可缩短制动距离,特别是在很滑的冰雪路面上,可缩短10%～20%的制动距离;

④防止轮胎拖胎,减小轮胎磨损和轮胎粉末对大气的污染,并可使轮胎使用寿命延长6%～10%。

因此,这是一种既保护自身安全,又可避免伤害他人的主动安全技术。

(1)ABS的工作模式及结构形式。

一个ABS系统包括四个轮速传感器和一个电子控制单元,并且至少有两个制动液压阀

门,如图4-17所示。

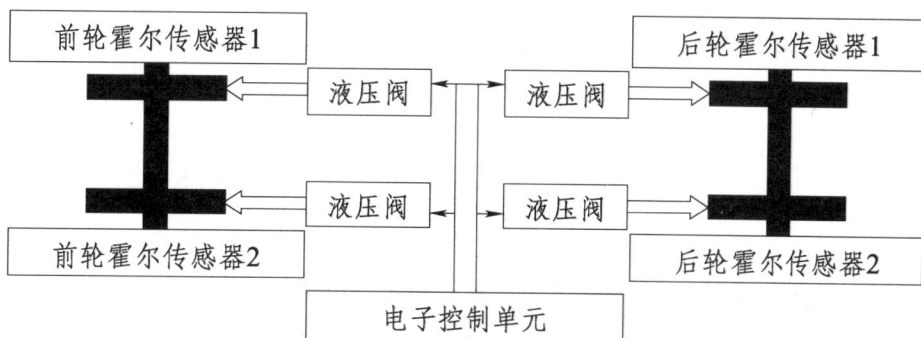

图 4-17   ABS 系统结构形式

电子控制单元不断对四个轮速传感器测量产生的信号进行分析,如果其中有一个轮速明显比其他三个轮速慢,那么它控制液压来减少这个车轮制动液压阀的压力,以使这个车轮和其他车轮速度相同。相反,假如其中一个车轮的转速过快,它的制动液压阀压力就会增加,减少轮速。此过程在 ABS 电子控制单元内部不断重复,每秒钟 10 ~ 60 次,ABS 技术有效防止了减速时车轮抱死的现象,并且有效减缓制动距离。

(2)ABS 的工作原理。

在 ABS 中,霍尔速度传感器是十分重要的部件。ABS 的工作原理图如图4-18所示。在制动过程中,控制器不断接收来自车速齿轮传感器和车轮转速相对应的脉冲信号并进行处理,得到车辆的滑移率和减速信号,按其控制逻辑及时准确地向制动压力调节器发出指令,调节器及时准确地做出响应,使制动气室执行充气、保持或放气指令,调节制动器的制动压力,以防止车轮抱死,达到抗侧滑、抗甩尾的目的,提高制动安全及制动过程中的可驾驭性。在这个系统中,霍尔传感器作为车轮转速传感器,是制动过程中的实时速度采集器,也是 ABS 中的关键部件之一。

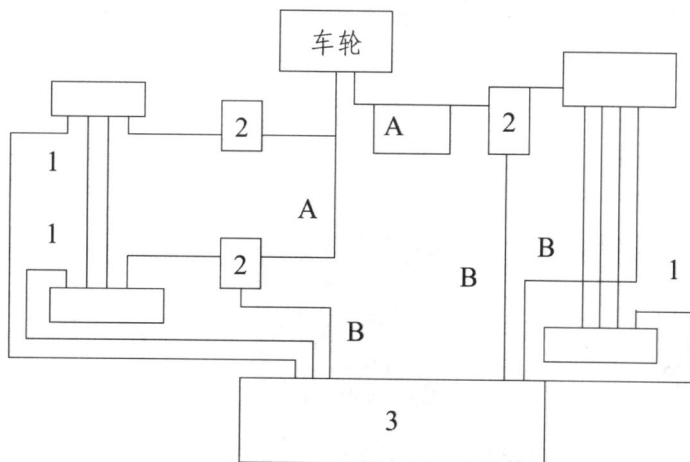

图 4-18   ABS 气动工作原理

1-霍尔车速齿轮传感器;2-压力调节器;3-控制器

3.霍尔传感器在点火系统中的应用

霍尔式电子点火器与传统的点火器不同,它具有点火能量高、高速点火可靠、故障率低等优点。霍尔式电子点火系统主要由点火信号传感器、电子点火控制器组件、点火开关和蓄电池等组成,如图4-19 所示。

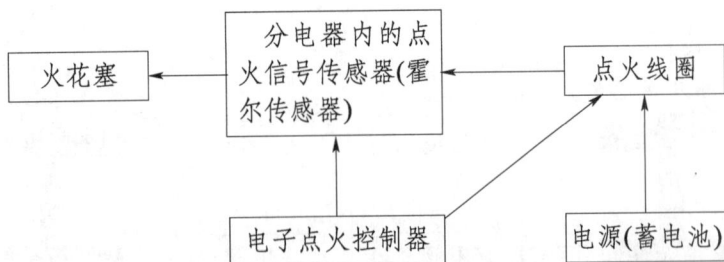

图 4-19　霍尔式汽车点火系统组成

霍尔传感器在点火系统中的工作原理:永久磁铁的磁力线即可穿过空气间隙垂直进入霍尔元件,也可由叶片遮挡而不进入霍尔元件。霍尔传感器安装在分电器内,霍尔元件和永久磁铁组件安装在分电器的底板上,带缺口的转子安装在分电器轴上,其叶片与分火头制为一体,由分电器驱动,叶片数与发动机汽缸数相等。发动机工作时,转子随分电器轴旋转,其边缘在霍尔元件与永久磁铁之间穿过。分电器工作时,叶片随分电器轴旋动,每当叶片进入永久磁铁与霍尔元件之间的空气隙时,霍尔集成块中的磁场即被触发叶轮的叶片旁路(或称隔磁),这时霍尔元件不产生霍尔电压,集成电路输出极的三极管处于截止状态,信号发生器输出高电位。当触发叶轮的叶片离开空气隙时,永久磁铁的磁通便通过霍尔集成块经导板构成回路,这时霍尔元件产生霍尔电压,集成电路输出极的三极管处于导通状态,信号发生器输出低电位,分电器轴转一圈,输出 4 个方波。触发叶轮的转向从上向下看时是顺时针方向。当叶轮缺口的后边缘转动使磁极端面只露一半时,信号输出端的电压瞬间从低电位跳到高电位,此时就是点火时刻。霍尔点火器与信号发生器通过二线插头相连接,当信号输出端把信号输入到点火控制器后,经过其内部电路处理,控制一只大功率三极管,进而控制点火线圈,使点火线圈高压输出端输出高压脉冲到火花塞点火。

边学边做

(1)通过以上学习,具备了一定的理论知识,下面将进行实训。首先,准备实训需要使用的积木板、器材,见表4-8。

实训器材　　　　　　　　　　　　　　　表 4-8

可调电压锂电池模块	霍尔特性积木板	示波表
七彩风扇霍尔特性板	霍尔凸轮轴位置传感器实训板	霍尔轮速传感器教学实训板

(2)实训步骤:霍尔转速传感器特性测量(表4-9)。

霍尔转速传感器特性测量　　　　　　　　　　　　表4-9

步骤	图　示	工作页
1		用连接导线按照积木板连接示意图连接成完整电路,注意连接前先关闭电源开关
	提示:霍尔开关元件是一个数字开关,当信号盘上的小磁铁靠近霍尔开关时,产生霍尔电压,此时测量 OUT 处的电压应当接近 0V 低电平,发光二极管点亮;当触发信号盘上的小磁铁离开霍尔元件时,此时测量 OUT 处的电压应当为 12V 高低电平,发光二极管熄灭	
2		将积木板上的电位器旋钮调至最小位置,电动机停止运转,慢慢转动电机上的信号盘,当磁场离开时,观察 LED _____,原因是_____
3		将积木板上的电位器旋钮调至最小位置,电动机停止运转,慢慢转动电机上的信号盘,当磁场靠近霍尔元件时,LED _____,原因是_____
4		从左至右调节电机转速电位器,可以看到 LED 交替闪烁,说明_____,信号盘转速跟 LED 闪烁频率有何关系?_____
5		用连接导线按照积木板连接示意图连接成完整电路,注意连接前先关闭电源开关
6		接通电源,打开示波表开关,调节霍尔传感器特性实训板上的电位器旋钮,将转速调节至 1000r/min 左右,调节示波表测量参数,直至屏幕出现完整的波形图。波形特点跟什么因素有关?_____
7		根据波形图我们知道波形参数,数字波形的幅值是_____,频率为_____,请描绘波形并做简要说明。为什么需要接一个上拉电阻?_____

步骤	图示	工作页
8		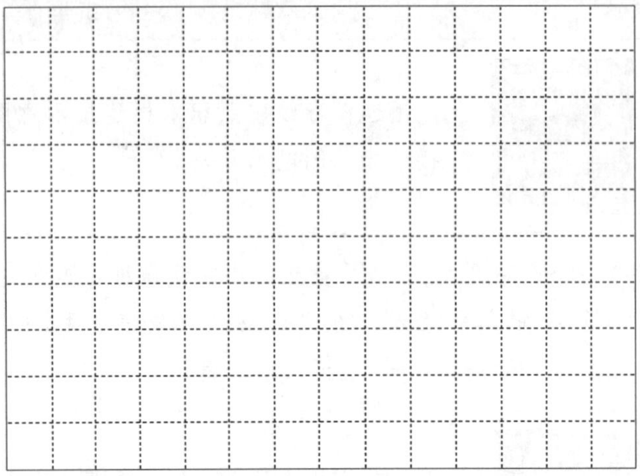

描绘波形

(3)实训步骤:霍尔凸轮轴位置传感器波形测量和分析(表4-10)。

霍尔凸轮轴位置传感器波形测量和分析　　　　　　　　　　　　　　　表4-10

步骤	图示	工作页
1	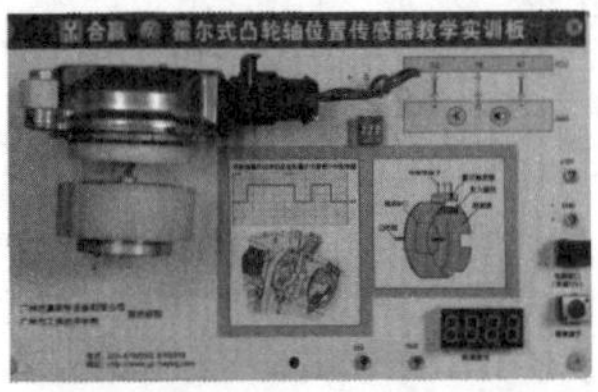	读识积木实训板,该传感器为大众帕萨特凸轮轴位置传感器,霍尔传感器的结构由_____、_____、_____等组成,信号转盘和汽车_____相连
2	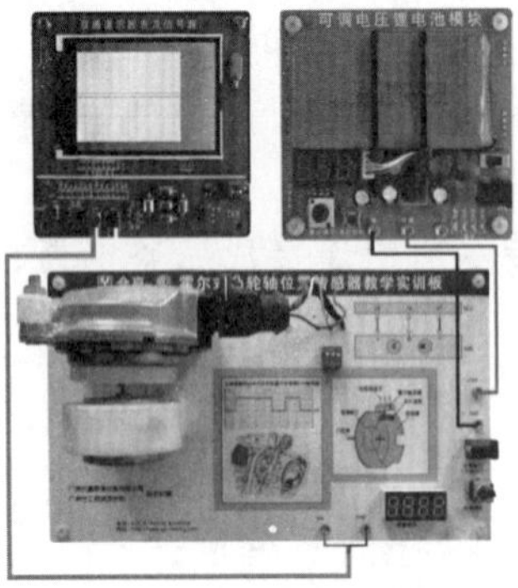	按照示意图连接好实际积木板电路,连接无误后接通电源,打开示波表开关,调节示波表电压幅值和时基,调节积木实训板上转速调节旋钮,仔细观察波形并做好相关记录
3	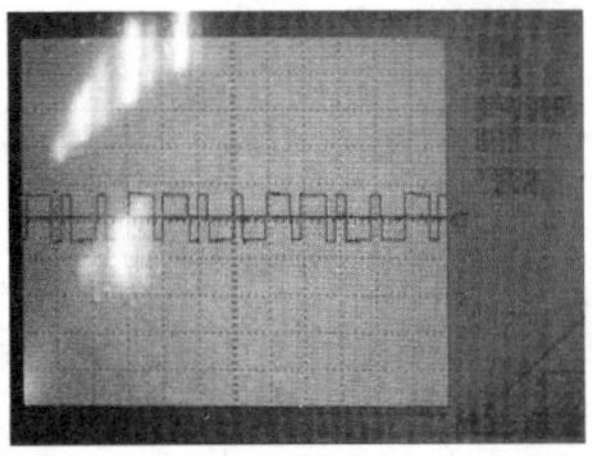	固定一个转速,设置示波表触发方式为单次触发,定格波形,根据波形图得出该波形的幅值为_____,周期为_____,频率为_____。请描绘波形并回答相关问题

续上表

步骤	图示	工作页
4		描绘波形

思考:同一周期内波形出现宽窄不一,其原因是_____,该形状和汽车的_____有关,代表_____

考核与评价

一、考核方式

(1)每小组对应一套电子积木板、一张实训工作台。
(2)检查实训任务:真实、完整、有效。
(3)按各实例的知识讲解及实训情况进行自评、互评。

二、考核说明及评价

考核说明及评价见表4-11。

考核说明及评价　　　　　　　　　　　　表4-11

评价指标	考核说明	考核记录
基本知识点考核	霍尔效应的原理 霍尔传感器的作用及分类 霍尔开关的结构与原理 霍尔传感器的应用与特性	

评价内容	检验指标	权重	自评	互评	总评
1.检查任务完成情况	(1)完成任务过程情况				
	(2)任务完成质量				
	(3)在小组完成任务过程中所起的作用				
2.专业知识	(1)能够描述霍尔效应的原理				
	(2)能够理解霍尔传感器的作用				
	(3)了解霍尔开关的结构与原理				
	(4)掌握霍尔传感器波形测量分析				
	(5)掌握霍尔传感器的应用				
3.职业素养	(1)学习态度:积极主动参与学习				
	(2)团队合作:与小组成员一起分工合作、学习				
	(3)现场管理:服从工位安排、执行实训室"6S"管理				
4.综合评议与建议					

想一想

(1)霍尔开关与霍尔传感器有什么区别?
(2)霍尔传感器与光电传感器有什么区别?

学习任务三　压电爆震传感器

任务导入

对于发动机来说,爆震是非常有害的现象,压电爆震传感器主要是检测发动机抖动度。本任务主要通过实例讲解,理论与实操相结合,学习压电爆震传感器原理、作用及应用。

任务点1 压电陶瓷的作用及测量

学习目标

知识目标：

1. 理解压电陶瓷的特性；

2. 能够分析压电陶瓷简单的应用电路。

技能目标：

1. 掌握压电陶瓷的检测方法；

2. 能够绘制压电陶瓷的应用电路。

素养目标：

1. 养成团队合作精神和探索创新精神；

2. 形成初步学习能力和课程实践能力；

3. 树立节约集约、绿色低碳发展的意识。

知识准备

一、压电效应

压电效应是指某些介质在力的作用下，产生形变，引起介质表面带电，这是正压电效应。反之，施加激励电场，介质将产生机械变形，称逆压电效应。这种奇妙的效应已经应用在许多领域，以实现能量转换、传感、驱动、频率控制等功能。

汽车爆震传感器就是压电效应最好的应用之一，其外观如图4-20所示。

图4-20 爆震传感器

二、产生压电效用的材料

1. 压电陶瓷

压电陶瓷是一种能够将机械能和电能互相转换的功能陶瓷材料，属于无机非金属材料。压电陶瓷是一种具有压电效应的材料，利用其材料在机械应力作用下，引起内部正负电荷中心相对位移而发生极化，导致材料两端表面出现符号相反的束缚电荷即压电效应而制作，具有敏感的特性。拾音器、传声器、耳机、蜂鸣器、超声波探深仪、声呐、超声波探伤仪等,都可以用压电陶瓷作声音转换器。

2. 石英晶体

石英是矿物质硅石的一种,化学成分 SiO_2,形状为结晶的六角锥体,是一种物理特性和化学特性都十分稳定的物质。当石英晶体在某个方向受到外力的作用而变形时,其内部就会产生极化现象,同时在其表面产生极性相反的电荷;当外力消失时又回复不带电状态;当外力改变方向时,电荷极性也随之改变,即产生压电效应。

三、压电元件在汽车的应用

爆震传感器有很多种,其中压电式共振型传感器应用最多,它一般安装在发动机机体上部,利用压电效应把爆震时产生的机械振动转变为信号电压,如图4-21所示。

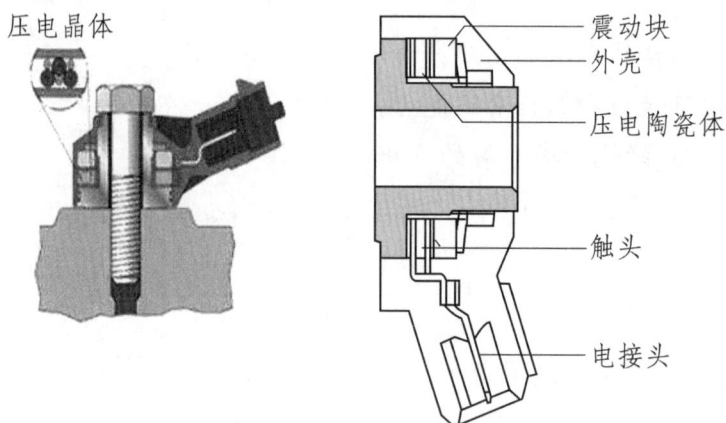

图 4-21 爆震传感器结构图

当产生爆震时的振动频率(约6000Hz)与压电效应传感器自身的固有频率一致时,即产生共振现象。这时传感器会输出一个很高的爆震信号电压送至ECU,ECU及时修正点火时间,避免爆震的产生。

边学边做

(1)通过以上学习,具备了一定的理论知识,下面将进行实训。首先,准备实训需要使用的积木板、器材,见表4-12。

实训器材   表 4-12

可调电压锂电池模块	开关与熔断丝积木板	音乐 IC 积木板

蜂鸣器积木板	扬声器压电陶瓷板	万用表
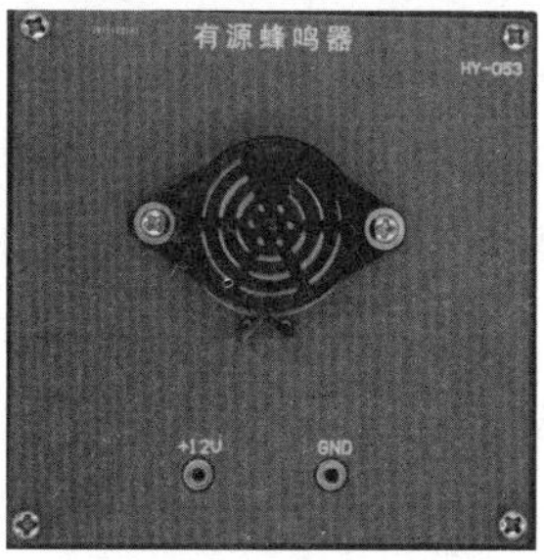	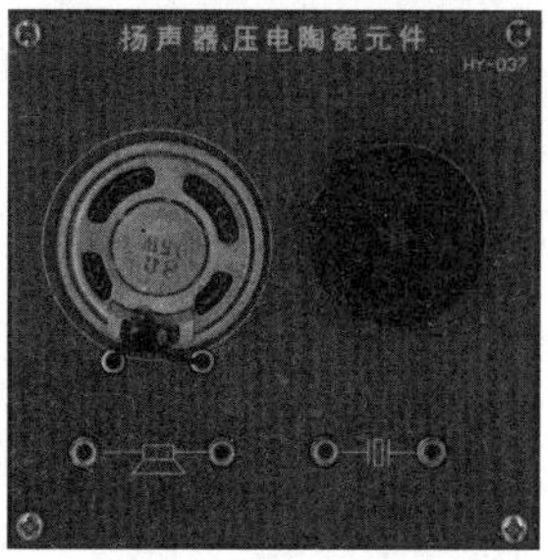	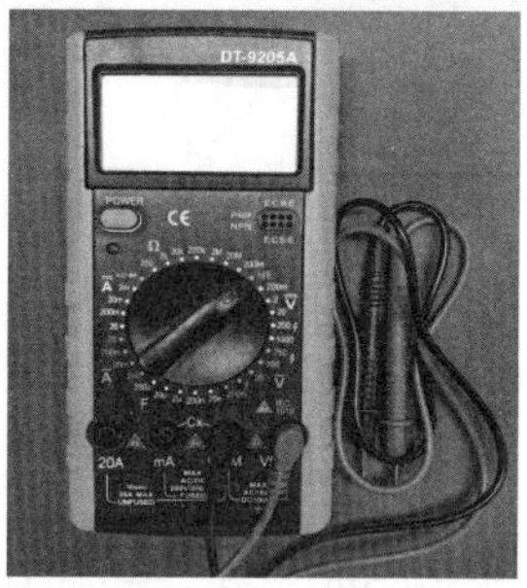

（2）实训步骤：压电陶瓷的测量（表4-13）。

压电陶瓷的测量　　　　　　　　　　　　　　　表4-13

步骤	图示	工作页
1	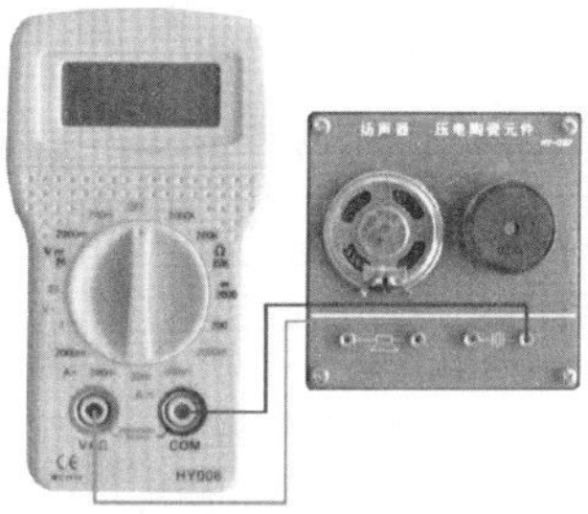	按照积木板连接示意图连接好电路，检查无误后开始实训观察并填写相关数据
2	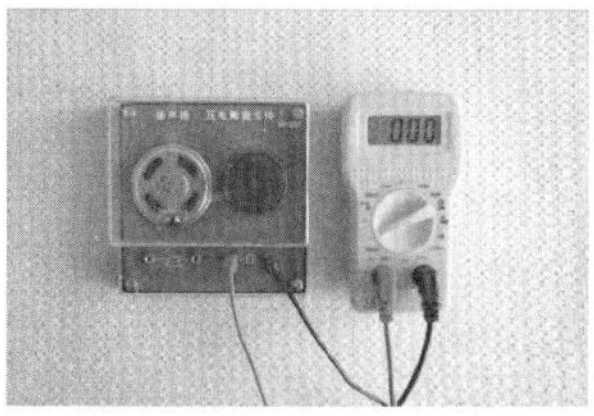	用万用表交流电压2V挡接在压电陶瓷两端，在静止状态下，压电陶瓷两端的电压为_____
3	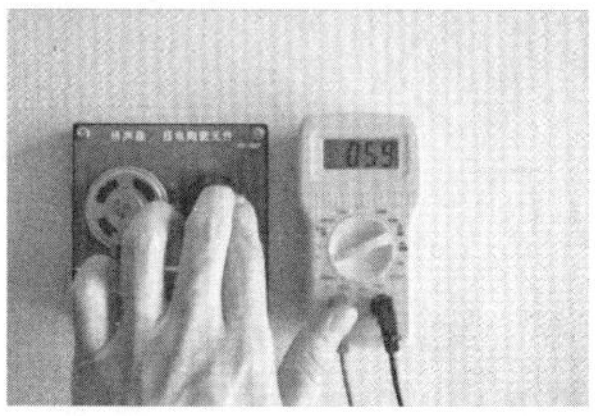	用手轻敲压电陶瓷，此时压电陶瓷两端的电压为_____，增加敲击力度，电压的变化_____说明_____。压电陶瓷输出的是_____（填写交流电或直流电）

（3）实训步骤：有源蜂鸣器发声实训（表4-14）。

有源蜂鸣器发声实训　　　　　　　　　　　　表4-14

图示	工作页
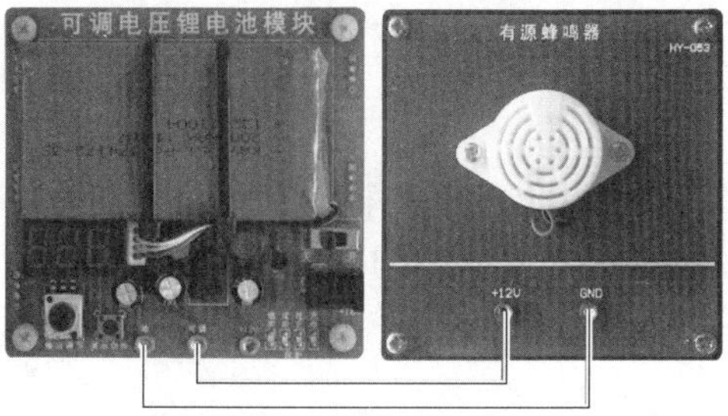 　有源蜂鸣器积木电气连接示意图	知识链接：压电式蜂鸣器主要由多谐振荡器、压电蜂鸣片、阻抗匹配器及共鸣箱、外壳等组成。多谐振荡器由晶体管或集成电路构成。当接通电源后（1.5～15V直流工作电压），多谐振荡器起振，输出1.5～2.5kHz的音频信号，阻抗匹配器推动压电蜂鸣片发声。压电蜂鸣片由锆钛酸铅或铌镁酸铅压电陶瓷材料制成。在陶瓷片的两面镀上银电极，经极化和老化处理后，再与黄铜片或不锈钢片粘在一起。

图示	工作页
	完成有源蜂鸣器实训积木板的连接,填写工作页。 　　有源蜂鸣器是带有内部振荡电路的压电陶瓷发声器件,通电12V,可自行产生蜂鸣报警声音。连接好如图所示电路,检查无误后接通电压,此时蜂鸣器应发出清脆响亮的间歇蜂鸣声,说明此时压电陶瓷的能量转换过程是_____

　　(4)实训步骤:音乐IC驱动压电陶瓷片(表4-15)。

音乐IC驱动压电陶瓷片　　　　　　　　　　　　表4-15

步骤	图示	工作页
1	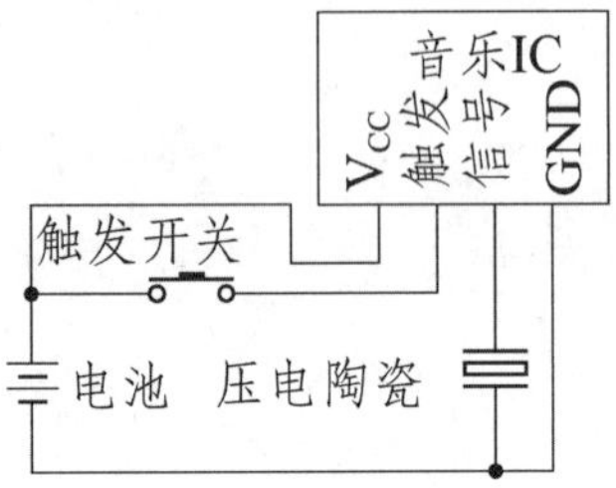	读识电路原理图,说明每个积木板的作用。 电源:_____ 音乐IC:_____ 压电陶瓷:_____ 触发开关:_____
2		用连接导线按照积木板连接示意图连接成完整电路,注意连接前先关闭电源开关
3		检查无误后接通电源,音乐IC产生的声音信号通过压电陶瓷发声,此时压电陶瓷的作用原理是_____转变成_____
4	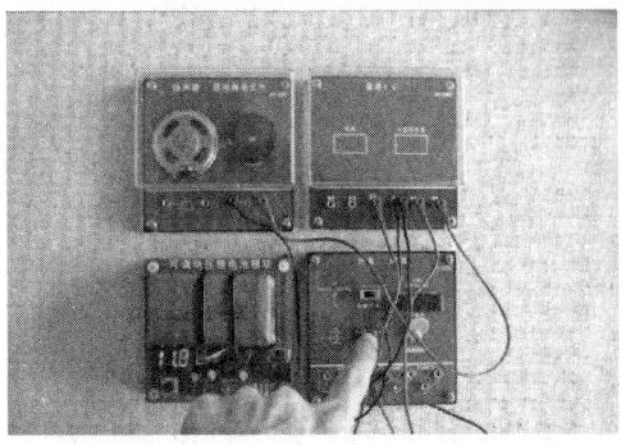	音乐IC演奏完曲目后需要重新触发,用手按下触发开关便可重新输出音乐信号。压电陶瓷发声经常用于节日卡片电子乐曲上

任务点 2 爆震传感器特性及应用

学习目标

知识目标:

1. 了解爆震传感器结构与分类;

2. 理解爆震传感器原理特性。

技能目标:

1. 认识汽车爆震传感器元件;

2. 能够按照电路图正确连接电路。

素养目标:

1. 养成团队合作精神和探索创新精神;

2. 形成初步学习能力和课程实践能力;

3. 培养劳动精神、奋斗精神、奉献精神。

知识准备

一、汽车爆震传感器的用途

爆震感测器

爆震传感器用于检测发动机的振动,通过调整点火提前角控制和避免发动机发生爆震。在一般情况下随着点火提前角的增大,汽油机发生爆震的可能性增大,对已发生爆震的汽油机需减小点火提前角,即可消除爆震。爆震传感器通过检测会减小点火提前角,即可消除爆震,但汽车中只有在发生爆震的时候功率才是最大的,而爆震温度会融化汽缸及火花塞,故不能发生爆震。不爆震功率达不到,此时爆震传感器会不断增大点火提前角到爆震点又开始减小,然后又开始增大,这就使汽车不发生爆震而且功率又最大。

二、汽车爆震传感器的类型、组成、原理

爆震传感器是发动机电子控制系统中必不可少的重要部件,它的功用是检测发动机有无爆震现象,并将信号送入发动机ECU。常见的爆震传感器有两种,一种是压电式爆震传感器,另一种是磁致伸缩式爆震传感器。

压电式爆震传感器利用结晶或陶瓷多晶体的压电效应而工作,也有利用掺杂硅的压电电阻效应的。如图4-22所示,该传感器的外壳内装有压电元件、配重块及导线等。其工作原理是:当发动机的汽缸体出现振动且振动传递到传感器外壳上时,外壳与配重块之间产生相对运

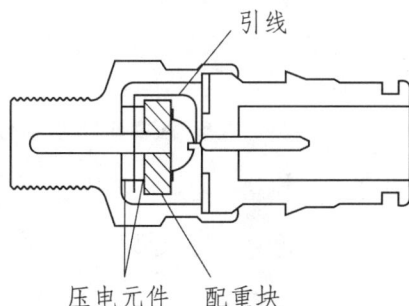

图4-22 压电式爆震传感器的结构

动,夹在这两者之间的压电元件所受的压力发生变化,从而产生电压。ECU 检测出该电压,并根据其值的大小判断爆震强度。

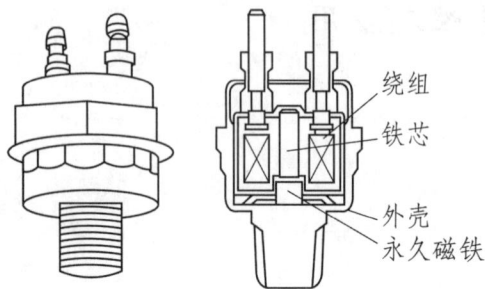

图 4-23 磁致伸缩式爆震传感器的外形与结构

如图 4-23 所示,磁致伸缩式爆震传感器的内部有永久磁铁、靠永久磁铁激磁的强磁性铁芯以及铁芯周围的线圈。其工作原理是:当发动机的汽缸体出现振动时,该传感器在 7Hz 左右处与发动机产生共振,强磁性材料铁芯的磁导率发生变化,致使永久磁铁穿过铁芯的磁通密度也变化,从而在铁芯周围的绕组中产生感应电动势,并将这一电信号输入 ECU。

三、爆震传感器在汽车上的应用和原理

爆震传感器作用于点火系统中。爆震是指燃烧室内的终燃混合气产生自燃的不正常现象,由于爆震会产生高强度的压力波冲击燃烧室,所以,不仅能听到尖锐的金属声,还会对发动机的部件产生较大的影响,点火时间过早是产生爆震的主要原因,为了使发动机以最大功率运行,最好能把点火时间提前到发动机刚好不至于发生爆震的极限范围,所以,必须在点火系统中增设爆震传感器。

传感器的外壳内装有压电元件、配重块及导线等,其原理是:当发动机的汽缸体出现振动传递到传感器外壳时,外壳与配重块之间产生相对运动。夹在两者之间的压电元件上的挤压力发生变化,使其输出的电压信号发生变化,而控制组件仅能检测出 7kHz 振动而形成的电压。根据此电压的大小来判断爆震强度,进而相应地把点火时间推迟以避免爆震。

边学边做

(1)通过以上学习,具备了一定的理论知识,下面将进行实训。首先,准备实训需要使用的积木板、器材,见表 4-16。

实训器材   表 4-16

（2）实训步骤：汽车爆震传感器特性实训（表4-17）。

汽车爆震传感器特性实训 表4-17

图示	工作页
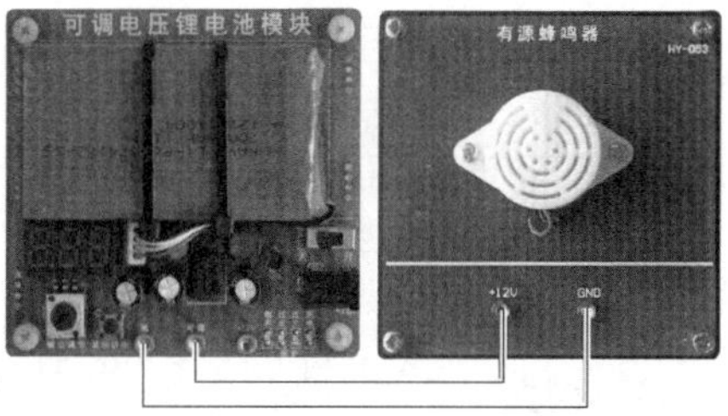 汽车爆震传感器特性实训连接示意图	完成汽车爆震传感器特性实训积木板的连接，填写工作页。 外观认识：该汽车爆震传感器特性实训板由爆震传感器、震动电机、电机转速调节电位器、爆震传感器输出电压显示等组成，输出端子的名称是_____。 特性观察：连接好如图所示电路，检查无误后接通电源，从左至右旋转震动频率调节电位器，观察信号电压显示数值与震动频率有何关系？_____；用示波表观察信号输出电压，有何特点？_____。 故障设置模式观察：将积木教学实训板上的故障开关2个端子分别断开，观察示波表波形有何变化？ _____

考核与评价

一、考核方式

（1）每小组对应一套电子积木板、一张实训工作台。

（2）检查实训任务：真实、完整、有效。

（3）按各实例的知识讲解及实训情况进行自评、互评。

二、考核说明及评价

考核说明及评价见表4-18。

考核说明及评价 表4-18

评价指标	考核说明	考核记录
基本知识点考核	压电效应的作用 压电陶瓷的测量 压电式爆震传感器的结构 爆震传感器的分类和组成 爆震传感器的应用	

评价内容	检验指标	权重	自评	互评	总评
1.检查任务完成情况	（1）完成任务过程情况				
	（2）任务完成质量				
	（3）在小组完成任务过程中所起的作用				

续上表

评价内容	检验指标	权重	自评	互评	总评
2.专业知识	(1)能够理解压电效应的作用				
	(2)能够描述爆震传感器的分类				
	(3)理解爆震传感器的原理和结构				
	(4)掌握压电陶瓷的测量				
	(5)掌握爆震传感器的应用				
3.职业素养	(1)学习态度:积极主动参与学习				
	(2)团队合作:与小组成员一起分工合作、学习				
	(3)现场管理:服从工位安排、执行实训室"6S"管理				
4.综合评议与建议					

想一想

(1)压电陶瓷能否制造声呐?

(2)爆震传感器会发生什么故障?

学习任务四　热敏温度传感器

任务导入

温度传感器广泛应用于各种车型的电控系统中,是汽车上最主要的传感器之一。它主要安装在进气管或空气流量传感器内,将温度转变为电压信号输入 ECU。本任务主要通过实例讲解,理论与实操相结合,学习温度传感器原理、作用及应用。

任务点 1 热敏电阻的特性及检测

学习目标

知识目标：

1. 了解热敏电阻的作用；

2. 掌握 NTC、PTV 热敏电阻的特性。

技能目标：

1. 掌握热敏电阻的检测方法；

2. 能够按照电路图正确连接电路。

素养目标：

1. 养成团队合作精神和探索创新精神；

2. 形成初步学习能力和课程实践能力；

3. 自觉参与实训室卫生管理。

知识准备

一、热敏电阻的作用

热敏电阻是半导体材料掺入适当的金属氧化物，根据所要求的形状，在 1000℃ 以上的高温下烧结而成的，它是电阻式温度传感器的一种。在工作温度范围内，其电阻值随温度升高而增大的热敏电阻称为正温度系数（PTC）热敏电阻；其电阻值随温度升高而减小的热敏电阻称为负温度系数（NTC）热敏电阻。在临界温度时，其阻值发生跃变的称为临界温度热敏电阻（CTR）。一般来说，工作温度范围为 −20~130℃ 的热敏电阻可用于冷却液温度和进气温度的检测，工作温度范围为 600~1000℃ 的高温检测电阻，用于排气温度的检测。图 4-24 所示为热敏电阻实物和符号图。

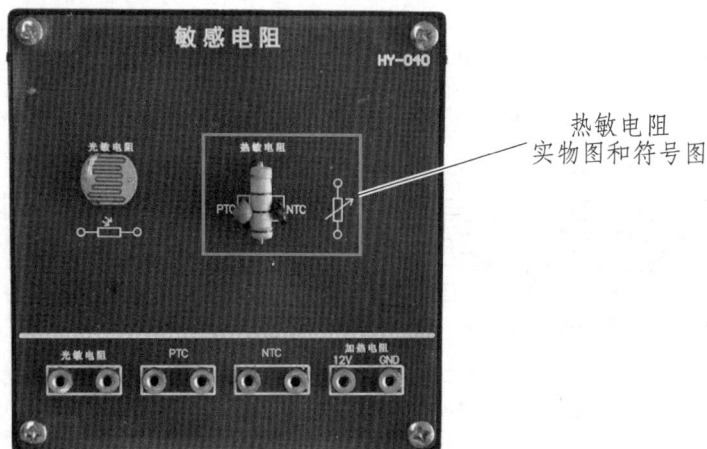

热敏电阻
实物图和符号图

图 4-24 敏感电阻电子积木板

二、热敏电阻的特点

(1)灵敏度较高,其电阻温度系数要比金属大 10 ~ 100 倍,能检测出 6 ~ 10℃的温度变化。

(2)工作温度范围宽,常温器件适用于 − 55 ~ 315℃,高温器件适用温度高于 315℃(目前最高可达到2000℃),低温器件适用于 − 273 ~ − 55℃。

(3)体积小,能够测量其他温度计无法测量的空隙、腔体及生物体内血管的温度。

(4)使用方便,电阻值可在 0.1 ~ 100kΩ 间任意选择。

(5)易加工成复杂的形状,可大批量生产。

(6)稳定性好,过载能力强。

三、工作原理

热敏电阻将长期处于不动作状态。当环境温度和电流处于感应区时,热敏电阻的散热功率与发热功率接近,因而可能动作也可能不动作。热敏电阻在环境温度相同时,动作时间随着电流的增加而急剧缩短;热敏电阻在环境温度相对较高时,具有更短的动作时间和较小的维持电流及动作电流。

(1)PTC 效应。它是一种材料具有 PTC 效应,即正温度系数效应,仅指此材料的电阻会随温度的升高而增加,如大多数金属材料都具有 PTC 效应。在这些材料中,PTC 效应表现为电阻随温度增加而线性增加,这就是通常所说的线性 PTC 效应。

(2)非线性 PTC 效应。经过相变的材料会呈现出电阻沿狭窄温度范围内急剧增加几个至十几个数量级的现象,即非线性 PTC 效应,相当多类型的导电聚合体会呈现出这种效应,如高分子 PTC 热敏电阻。这些导电聚合体对于制造过电流保护装置来说非常有用。

(3)高分子 PTC 热敏电阻用于过流保护。高分子 PTC 热敏电阻又经常被人们称为自恢复熔断丝(下面简称为热敏电阻),由于具有独特的正温度系数电阻特性,因而极为适合用作过流保护器件。热敏电阻的使用方法像普通熔断丝一样,是串联在电路中使用。

四、热敏温度传感器在汽车的应用

目前,负温度系数热敏电阻广泛应用于汽车上的各个不同传感器,温度传感器中热敏电阻通常位于感知温度的传感器前端,如图 4-25 所示。

车用负温度系数热敏电阻是以锰、钴、镍和铜等金属氧化物为主要材料,采用陶瓷工艺制造而成的。温度低时,这些氧化物材料的载流子(电子和孔穴)数目少,所以,其电阻值较高;随着温度的升高,载流子数目增加,电阻值降低。

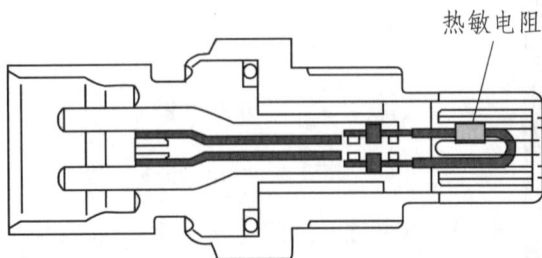

图 4-25 温度传感器中热敏电阻位置图

NTC 热敏电阻器在不同温度下的变化范围在 0.1 ~ 100kΩ,如图 4-26 所示。

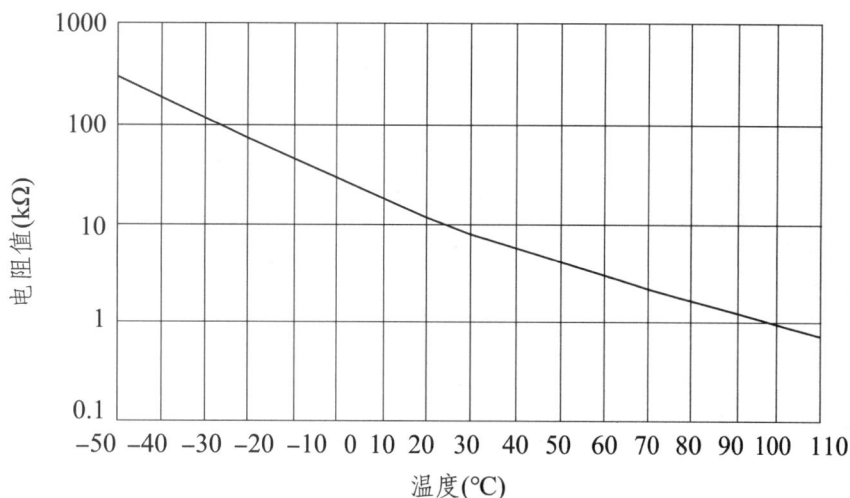

图 4-26 NTC 热敏电阻在不同温度下的电阻变化

边学边做

（1）通过以上学习，具备了一定的理论知识，下面将进行实训。首先，准备实训需要使用的积木板、器材，见表 4-19。

实训器材   表 4-19

可调电压锂电池模块	敏感电阻板	万用表

（2）实训步骤：热敏电阻的特性检测（表 4-20）。

热敏电阻的特性检测   表 4-20

步骤	图示	工作页
1		用万用表 20K 挡测量 PTC 热敏电阻，用连接导线按照积木连接示意图连接成完整电路，注意连接前先关闭电源开关
2		在常温情况下，PTC 热敏电阻的阻值为_____，接通加热电阻，PTC 热敏电阻的阻值变化范围_____，说明_____

续上表

步骤	图示	工作页
3	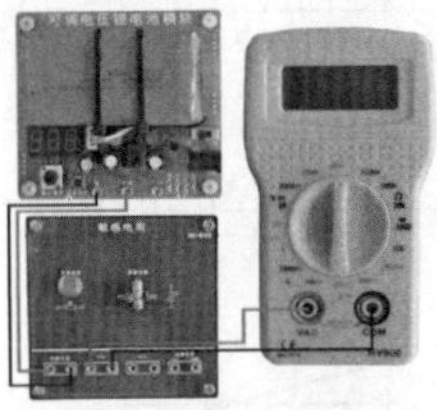	用万用表20K挡测量NTC热敏电阻,用连接导线按照积木连接示意图连接成完整电路,注意连接前先关闭电源开关
4	 	在常温情况下,NTC热敏电阻的阻值为_____;接通加热电阻,NTC热敏电阻阻值变化范围_____,说明_____

任务点2 热敏温度传感器特性及应用

学习目标

知识目标:

1. 了解温度传感器的应用;

2. 理解温度传感器的作用及类型。

技能目标:

1. 掌握热敏温度传感器的特性;

2. 能够按照电路图正确连接电路,并测试。

素养目标:

1. 养成团队合作精神和探索创新精神;

2. 形成初步学习能力和课程实践能力;

3. 自觉参与实训室卫生管理。

知识准备

一、温度传感器概述

常见温度
传感器类型

1. 汽车上的温度传感器

应用在汽车上的温度传感器有冷却液温度传感器、进气温度传感器、排气温度传感器、机油温度传感器、蒸发器出口温度传感器和车内(外)温度传感器等。其作用是检测气体、液体的温度,并把检测结果转换成电信号输入给ECU。汽车上的冷却液、进气管、蒸发器出口、车内外等处的温度检测普遍采用NTC热敏电阻。

2. 温度传感器的类型

按照结构原理分类,温度传感器有热电耦式、线绕电阻式、热敏电阻式等。其特点是:

（1）线绕电阻式温度传感器精度高，但响应特性差；

（2）热敏电阻式温度传感器灵敏度高，响应特性较好，但线性差，适应温度较低；

（3）热电偶温度传感器精度高，测量温度范围宽，但需要配合放大器和冷端处理起使用。

冷却液温度传感器
3D 结构展示

3．热敏电阻式温度传感器在汽车上的应用

热敏电阻式冷却液温度传感器一般安装在发动机缸体、缸盖的水套或节温器壳内并伸入水套中，与冷却液接触，用来检测发动机的冷却液温度。冷却液温度传感器内部是一个半导体热敏电阻（图 4-27）。

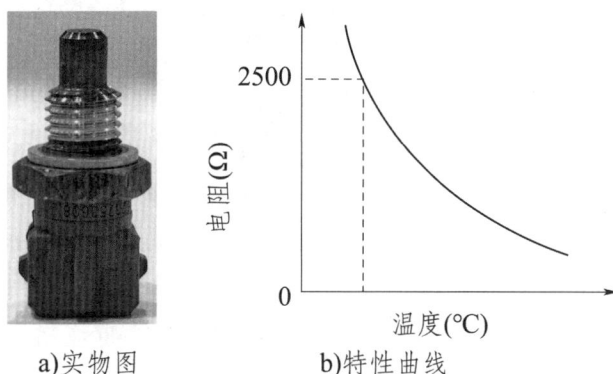

a) 实物图　　　　　b) 特性曲线

图 4-27　热敏电阻式冷却液温度传感器的外观与特性曲线

热敏电阻式冷却液温度传感器的外观与结构如图 4-27a) 所示。这种传感器是利用热敏电阻阻值随温度的变化而变化这一特性来检测温度的。传感器的温度特性如图4-27b) 所示。当温度较低时，传感器的阻值很大；反之，当温度升高时，其阻值减小。在汽车上装有很多热敏电阻式温度传感器，常用于检测冷却液、机油的温度，其中用得最多的是温度表以及电喷发动机的冷却液温度传感器。

热敏电阻式进气温度传感器与热敏电阻式冷却液温度传感器结构和特性极其相似，检测方式也基本一样。

二、热敏电阻式进气温度传感器

进气温度传感器
3D 结构展示

1．进气温度传感器的结构

进气温度传感器的结构如图 4-28 所示，其外观如图 4-29 所示。

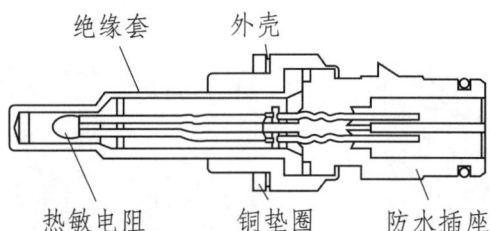

图 4-28　进气温度传感器的结构图

图 4-29　进气温度传感器的外观

2．进气温度传感器的作用

该传感器在电控燃油喷射系统中测量进气温度并输入到 ECU，用以修正体积型空气流

量传感器由于大气温度变化带来的进气质量检测的误差。

3.进气温度传感器的安装

进气温度传感器安装的位置有三种情况：

(1)在D型EFI系统中,安装在空气滤清器之后的进气管上;

(2)在L型EFI系统中,安装在空气流量传感器内;

(3)将进气温度传感器安装在进气压力传感器内。

图4-30所示为安装位置结构图,图4-31所示为安装位置外观图。

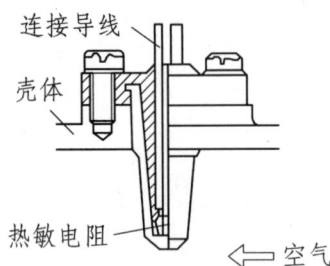

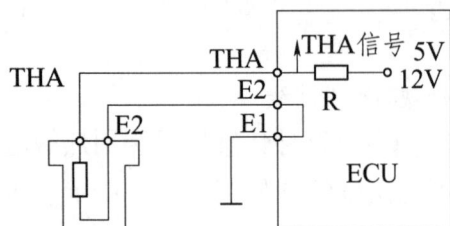

图4-30　安装位置结构图

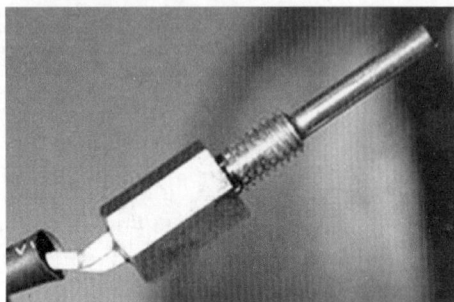

图4-31　安装位置外观图

图4-32　进气温度传感器原理图

4.进气温度传感器的应用及检测

如图4-32所示,当信号THA的电压高时,即热敏电阻值大,ECU可判断进气温度低,空气密度大,单位体积的空气质量大,同样的进气体积流量,则进气质量流量大,应适量增加喷油量;反之,适量减少喷油量。

当进气温度传感器出现故障时,会使混合气过浓或过稀,使发动机工作不稳,这时应检查进气温度传感器。

(1)开路的检测:测电阻,应随温度变化并与规定值相符。

(2)在路的检测:测量电源电压,测量信号电压。

边学边做

(1)通过以上学习,具备了一定的理论知识,下面将进行实训。首先,准备实训需要使用的积木板、器材,见表4-21。

实训器材　　　　　　　　　　　　　　　　　　　表4-21

可调电压锂电池模块	温度传感器实训板	万用表

（2）实训步骤：NTC 温度传感器特性实训（表4-22）。

NTC 温度传感器特性实训　　　　　　　　　　　　　　表4-22

步骤	图示	工作页
1		用连接导线按照积木板连接示意图连接成完整电路,注意连接前先关闭电源开关
2	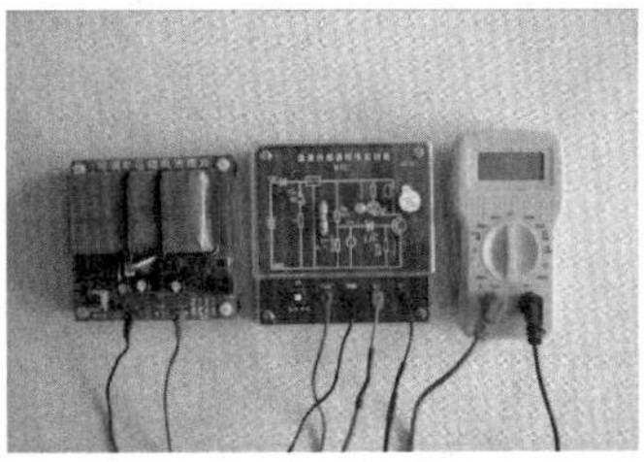	1.检查无误后接通电源,未按下加热开关时,温度_____,NTC 温度传感器电阻_____,三极管_____,输出信号电压为_____,指示灯_____,蜂鸣器_____; 　2.按下加热开关时,温度_____,NTC 的电阻变化范围_____,三极管_____,指示灯_____,输出信号电压为_____,蜂鸣器_____; 　3.当加热到一定程度时,输出信号电压为_____时,蜂鸣器_____

（3）实训步骤：汽车冷却液温度传感器特性实训（表4-23）。

汽车冷却液温度传感器特性实训　　　　　　　　　　　表4-23

图示	工作页
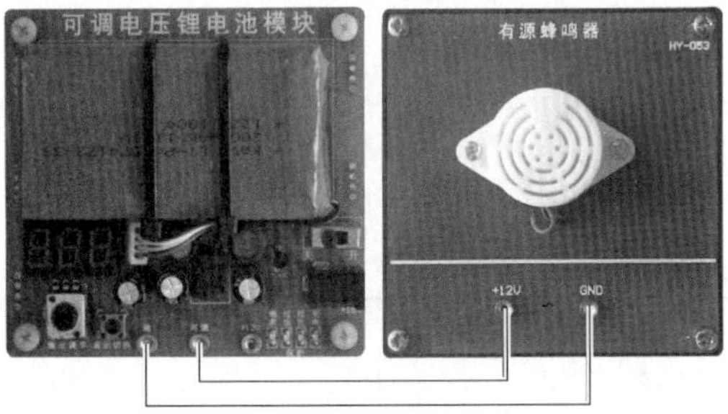 汽车冷却液温度传感器特性实训连接示意图	完成汽车冷却液温度传感器特性实训积木板的连接,填写工作页。外观认识:冷却液温度传感器特性积木板由冷却液温度传感器,密封油性加热电阻产生温度变化让冷却液温度传感器感知,温度调节电位器,温度显示组成,输出端子名称是_____。特性观察:连接好如图所示电路,从左至右旋转温度调节电位器,同时用万用表 20K 挡测量 THW 和 E2 两端电阻,温度显示的变化范围是_____,电阻值的变化范围_____。在发动机 ECU 内有一电阻和传感器串联后接入 5V 参考电压,当传感器开路时,THW 端的电压为_____V;接入传感器,当冷却液的温度从低到高时,产生 THW 电压信号的变化范围为_____。故障设置模式观察:将积木教学实训板上的故障开关 3 个端子分别断开,观察温度显示数值为_____

考核与评价

一、考核方式

（1）每小组对应一套电子积木板、一张实训工作台。

(2)检查实训任务:真实、完整、有效。

(3)按各实例的知识讲解及实训情况进行自评、互评。

二、考核说明及评价

考核说明及评价见表4-24。

考核说明及评价   表4-24

评价指标	考核说明	考核记录
基本知识点考核	热敏电阻的特性 热敏电阻的检测 温度传感器的分类 热敏温度传感器的应用 热敏温度传感器特性	

评价内容	检验指标	权重	自评	互评	总评
1. 检查任务完成情况	(1)完成任务过程情况				
	(2)任务完成质量				
	(3)在小组完成任务过程中所起的作用				
2. 专业知识	(1)能够理解热敏电阻的特性				
	(2)能够描述温度传感器的检测				
	(3)了解热敏温度传感器的应用				
	(4)掌握热敏电阻的检测				
	(5)理解热敏温度传感器的特性				
3. 职业素养	(1)学习态度:积极主动参与学习				
	(2)团队合作:与小组成员一起分工合作、学习				
	(3)现场管理:服从工位安排、执行实训室"6S"管理				
4. 综合评议与建议					

想一想

(1)热敏电阻有什么缺点?

(2)热敏温度传感器会发生什么故障?

大国工匠   半导体领域的
          珠穆朗玛峰

项目五

汽车执行器控制电路

项目描述

在汽车上,ECU 接收到传感器的信号后,控制各个系统的执行器,常见的执行器有点火系统、喷油器、电磁阀、节气门等。本项目重点学习执行器控制电路包括三极管、场效应管、点火线圈控制。

项目目标

☞ 知识目标

1.认识三极管控制电路;

2.分析场效应管控制电路图。

☞ 技能目标

1.掌握高压点火系统控制电路;

2.能够按照电路图正确连接电路。

☞ 素养目标

1.养成团队合作精神和探索创新精神;

2.养成分析问题,解决问题的能力;

3.积极参与实训室"6S"管理,培养劳动精神。

项目任务

学习任务一　三极管及其控制电路

学习任务二　场效应管控制电磁阀

学习任务三　汽车高压点火控制电路

学习任务一　三极管及其控制电路

任务导入

晶体三极管是最常用的半导体元件之一,在汽车电器、电控系统中其发挥的作用非常大。掌握三极管原理与检测是现代维修技术员必备的素质。

任务点1　三极管基本知识

学习目标

知识目标:

1. 了解三极管的内部结构;

2. 掌握三极管的工作原理。

技能目标:

1. 能够完成三极管测量;

2. 能够按照电路图正确连接电路。

素养目标:

1. 养成团队合作精神和探索创新精神;

2. 养成实事求是、求真务实的态度;

3. 自觉参与实训室卫生管理。

知识准备

一、晶体三极管

晶体三极管是一种利用输入电流控制输出电流的电流控制型器件。它由两个 PN 结构成,在电路中主要作为放大和开关元件使用,是内部含有两个 PN 结、外部具有三个电极的半导体器件。

二、晶体三极管内部结构

晶体三极管(简称三极管,下同)结构如图5-1所示。

1. 结构

从图5-1中我们可以知道,三极管内部有发射区、基区和集电区;引出电极分别为发射极 e、基极 b、集电极 c。发射区与基区之间的 PN 结称为发射结,集电区与基区之间的 PN 结称为集电结。

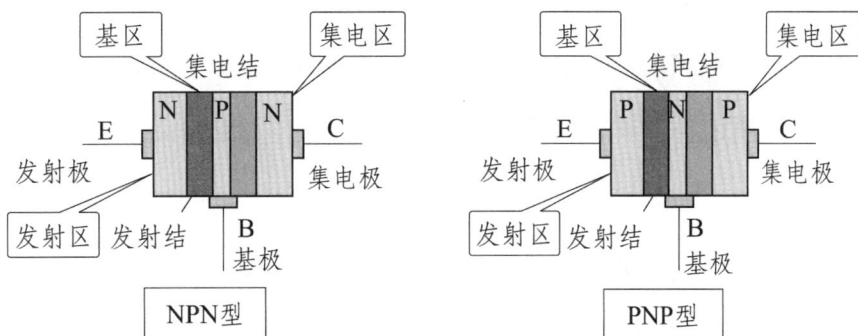

图 5-1　三极管结构示意图

2. 三个电区的特点

(1) 发射区的掺杂浓度最高，以有效地发射载流子；

(2) 基区掺杂浓度最小且最薄，以有效地传输载流子；

(3) 集电区面积最大，且掺杂浓度小于发射区，以有效地收集载流子。

3. 电路符号

图 5-2 所示为三极管的电路符号。

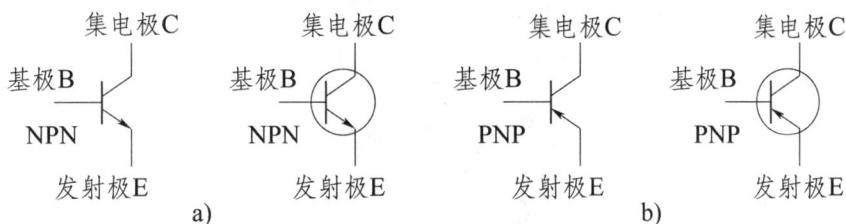

图 5-2　三极管的电路符号

三、晶体三极管的分类

三极管的种类很多，通常按以下方法进行分类。

(1) 按半体制造材料可分为硅管和锗管。硅管受温度影响较小、工作稳定，因此在自动控制设备中常用硅管。

(2) 按三极管内部基本结构可分为 NPN 型和 PNP 型两类。目前我国制造的硅管多为 NPN 型(也有少量 PNP 型)，锗管多为 PNP 型。

三极管有 NPN 和 PNP 两种结构形式，一般使用最多的是硅 NPN 和锗 PNP 两种三极管。无论哪种三极管，都有从三个区引出相应的电极，分别为基极 B、发射极 E 和集电极 C。

发射区和基区之间的 PN 结叫发射结，集电区和基区之间的 PN 结叫集电结。基区很薄，而发射区较厚，杂质浓度大，PNP 型三极管发射区"发射"的是空穴，其移动方向与电流方向一致，故发射极箭头向里。

NPN 型三极管发射区"发射"的是自由电子，其移动方向与电流方向相反，故发射极箭头向外。发射极箭头指向也是 PN 结在正向电压下的导通方向，如图 5-3 所示。

(3) 按工作频率可分为高频管和低频管。工作频率高于 3MHz 为高频管，工作频率在 3MHz 以下为低频管。

(4) 按功率可分为小功率管和大功率管。耗散功率小于 1W 为小功率管，耗散功率大于 1W 为大功率管。

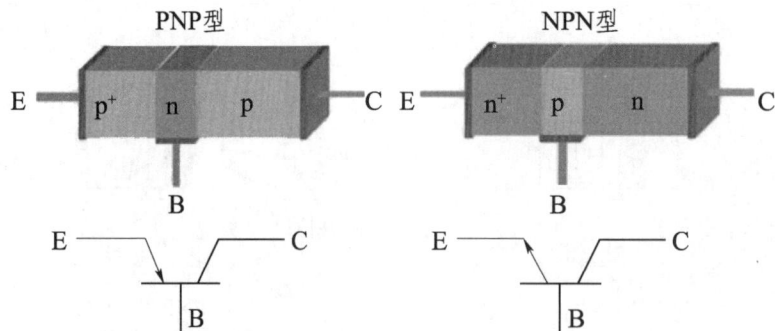

图 5-3 NPN 和 PNP 型三极管结构示意图

(5)按用途可分为普通放大三极管和开关三极管等。

利用数字万用表不仅能判定晶体管的电极、测量管子的共发射极电流放大系数 H_{FE}，还可以鉴别硅管与锗管。由于数字万用表电阻挡的测试电流很小，所以不适用于检测晶体管，应使用二极管挡或者 H_{FE} 进行测试，如图 5-4 所示。

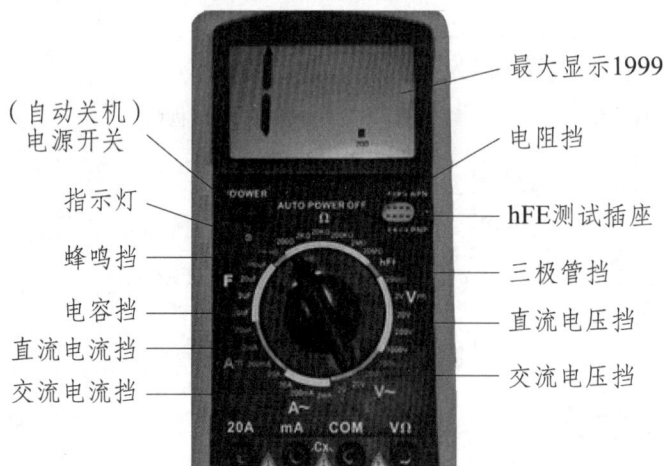

图 5-4 三极管测量端口 H_{FE} 位置

将数字万用表拨至二极管挡,红表笔固定任接某个引脚,用黑表笔依次接触另外两个引脚,如果两次显示值均小于 1V 或都显示溢出符号"OL"或"1",若是 PNP 型三极管,则红表笔所接的引脚就是基极 B。如果在两次测试中,一次显示值小于 1V,另外一次显示溢出符号"OL"或"1"(视不同的数字万用表而定),则表明红表笔接的引脚不是基极 B,此时,应改换其他引脚重新测量,直到找出基极为止。

用红表笔接基极,用黑表笔先后接触其他两个引脚,如果显示屏上的数值都显示为 0.6 ~ 0.8V,则被测管属于硅 NPN 型中、小功率三极管;如果显示屏上的数值都显示为 0.4 ~ 0.6V,则被测管属于硅 NPN 型大功率三极管。其中,显示数值较大的一次,黑表笔所接的电极为发射极。在上述测量过程中,如果显示屏上的数值都显示都小于 0.4V,则被测管属于锗三极管。

H_{FE} 是三极管的直流电流放大倍数[1]。用数字万用表可以方便地测出三极管的 H_{FE},将数字万用表置于 H_{FE} 挡,若被测管是 NPN 型管,则将管子的各个引脚插入 NPN 插孔相应的

---

[1] 在共发射极电路中,在一定的集电极电压 UCE 下,集电极电流变化量 △IC 与基极电流变化量 △IB 的比值称为电流放大系数 β。一般认为电流放大系数 β 与直流电流放大系数 hFE(集电极直流电流 IC 与基极直流电流 IB 之比)大致相同。

插座中,此时屏幕上就会显示出被测管的 H_{FE} 值。

边学边做

(1)通过以上学习,具备了一定的理论知识,下面将进行实训。首先,准备实训需要使用的积木板、器材,见表5-1。

实训器材 表5-1

万用表	三极管元件板
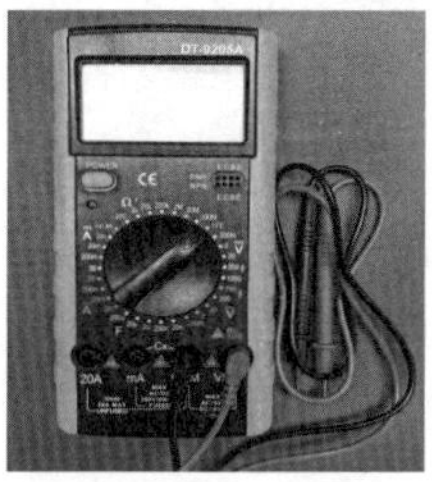	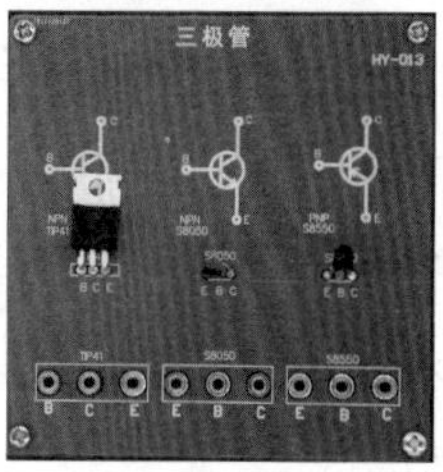

(2)实训步骤:三极管元件的认知与测量(表5-2)。

三极管元件的认知与测量 表5-2

步骤	图示	工作页
1		读识电路板上的原理图,晶体三极管型号分别为_____、_____、_____;其中_____是 NPN 型管,_____是 PNP 型管。三极管的三个电极分别是 _____、_____、_____
2		三极管管脚判别与性能测试,用万用表二极管挡分别测量三极管三个电极的导通情况,填写下表

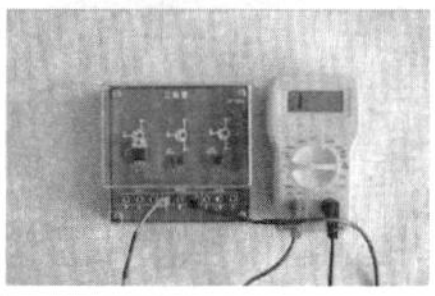

测量次数	连接特点		数字表显示		
			8050	8550	TIP41
第一次	红表笔	C			
	固定 B 极	E			
第二次	红表笔	B			
	固定 C 极	E			
第三次	红表笔	B			
	固定 E 极	C			

(步骤 3)

从上表中我们可以得出什么结论?

_____

给你一个陌生的三极管,你能用数字表测量出三个电极吗?

_____

任务点2 三极管的工作特性原理

知识准备

三极管及其检测方法

一、三极管电流放大原理

晶体三极管具有电流放大作用,其实质是三极管能以基极电流微小的变化量来控制集电极电流较大的变化量。这是三极管最基本的和最重要的特性。我们将 $\Delta I_{C}/\Delta I_{B}$ 的比值称为晶体三极管的电流放大倍数,用符号"β"表示。电流放大倍数对于某一只三极管来说是一个定值,但随着三极管工作时基极电流的变化也会有一定的改变。三极管还可以作电子开关,在数字电路和汽车电路中常用。

三极管放大条件:要使三极管能够正常放大信号,发射结应加正向电压,集电结应加反向电压,如图5-5所示。

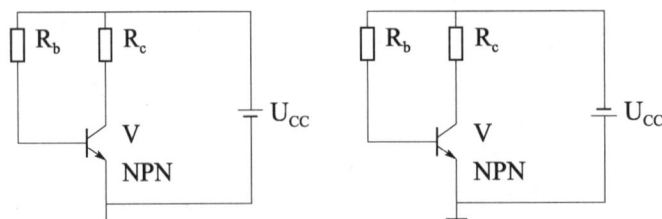

图5-5 三极管电路偏置电路

电源 U_{CC} 通过偏置电阻 R_{b} 为发射结提供正向偏置,R_{c} 阻值小于 R_{b} 阻值,所以集电结处于反向偏置,如图5-6所示。

从实验中可以得出三极管电路有如下关系。

三极管电流分配关系:$I_{E}=I_{C}+I_{B}$

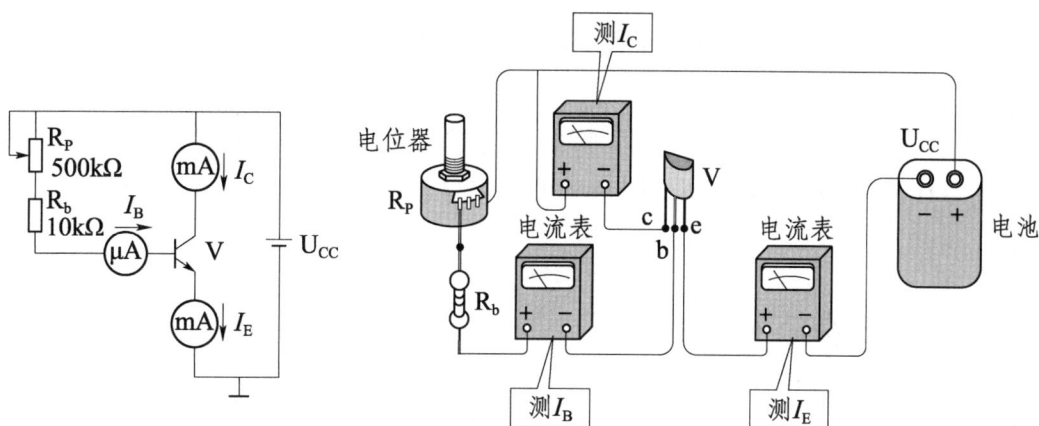

图 5-6　三极管各电极电流关系的测量电路

三极管电流放大倍数: $\beta = \Delta I_C / \Delta I_B$, 当 ΔI_B 有一微小变化, 就能引起 ΔI_C 较大的变化, 这种现象称为三极管的电流放大作用。

二、三极管的特性曲线

1. 输入特性曲线

输入特性曲线是反映三极管输入回路电压和电流关系的曲线, 如图 5-7 所示。它是在输出电压 U_{CE} 为定值时, I_B 与 U_{BE} 对应关系的曲线。当输入电压 U_{BE} 较小时, 基极电流 I_B 很小, 通常近似为零。当 U_{BE} 大于三极管的死区电压 U_{th} 后, I_B 开始上升。三极管正常导通时, 硅管 U_{BE} 约为 0.7V, 锗管约为 0.3V, 此时的 U_{BE} 值称为三极管工作时的发射结正向压降。输入特性实质上就是二极管特性曲线。

2. 输出特性曲线

输出特性曲线是反映三极管输出回路电压与电流关系的曲线, 是指基极电流 I_B 为某一定值时, 集电极电流 I_C 与集电极电压 U_{CE} 对应关系的曲线, 如图 5-8 所示。

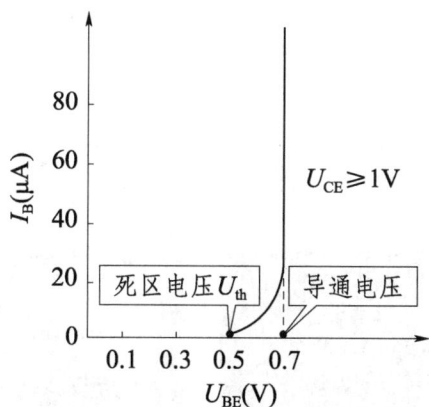

图 5-7　三极管输入特性曲线

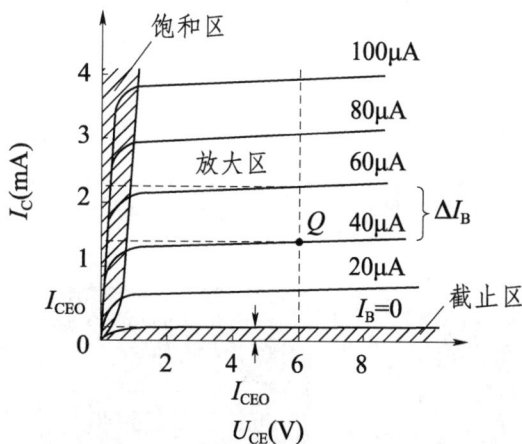

图 5-8　三极管输出特性曲线

(1)截止区: 习惯把 $I_B = 0$ 曲线以下的区域称为截止区, 三极管处于截止状态, 相当于三极管内部各极开路。在截止区, 三极管发射结反偏或零偏, 集电结反偏。此时 C、E 相当于开关断开。

(2)放大区:它是三极管发射结正偏、集电结反偏时的工作区域。最主要特点是 I_C 受 I_B 控制,具有电流放大作用。

(3)饱和区:当 U_{CE} 小于 U_{BE} 时,三极管的发射结和集电结都处于正偏,此时 I_C 已不再受 I_B 控制, $U_{CEs} = 0.3V$(c 结、e 结均为正偏)。此时管子的集电极—发射极间呈现低电阻,相当于开关闭合。

三、三极管主要技术参数

1. 集电极最大直流耗散功率(P_{cm})

一般要求用 P_{cm} 与原管相等或较大的晶体管进行置换。但经过计算或测试,如果原晶体管在整机电路中实际直流耗散功率远小于其 P_{cm},则可以用 P_{cm} 较小的晶体管置换。

2. 击穿电压

用于置换的晶体管,必须能够在整机中安全地承受最高工作电压。

3. 集电极最大允许直流电流(I_{cm})

一般要求用 I_{cm} 与原管相等或较大的晶体管进行置换。

4. 电流放大系数 $\bar{\beta}$,β

各极电流之间的关系: $I_E = I_B + \beta I_C$。

5. 频率特性

晶体管频率特性参数,常用的有以下2个。

(1)特征频率 F_t:它是指在测试频率足够高时,使晶体管共发射极电流放大系数时的频率。

(2)截止频率 f_b:在置换晶体管时,主要考虑 F_t 与 f_b。通常要求用于置换的晶体管,其 F_t 与 f_b,应不小于原晶体管对应的 F_t 与 f_b。

边学边做

(1)通过以上学习,具备了一定的理论知识,下面将进行实训。首先,准备实训需要使用的积木板、器材,见表5-3。

实训器材   表5-3

可调电压锂电池模块	电压表电流表积木板	三极管特性实训板	万用表

（2）实训步骤：三极管电流放大特性实训（表5-4）。

三极管电流放大特性实训   表 5-4

步骤	图示	工作页
1	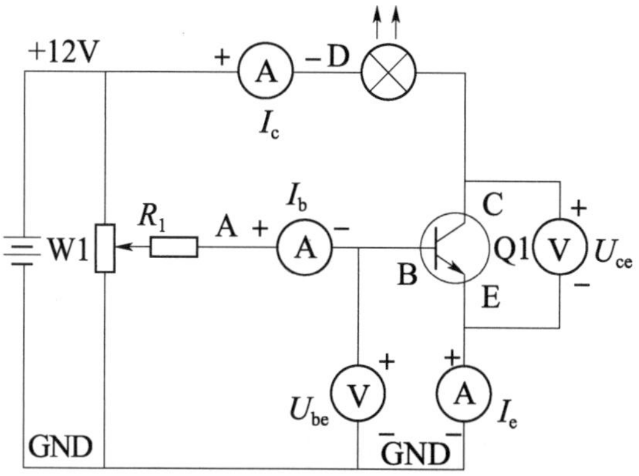	读识电路原理图，三极管电流放大特性实训电路是以三极管为核心，调节 I_b 电流控制 I_c 电流的变化，通过负载灯泡亮度和测量电表的变化得出实训数据，进而分析三极管的电流放大特性原理
2	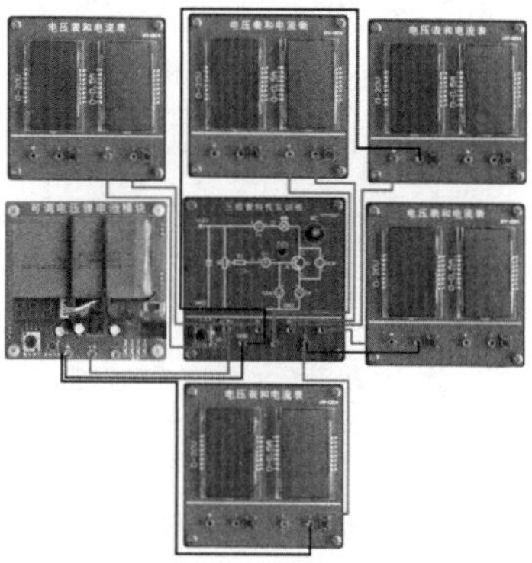	用连接导线按照积木板连接示意图连接成完整电路，连接电路比较复杂，注意连接前先关闭电源开关
3		检查无误后接通电源，调节电源电压为 10V。各测量电表的认识：I_b 测量的是_____；U_{be} 测量的是_____；I_c 测量的是_____；I_e 测量的是_____；U_{ce} 测量的是_____。从左至右调节电位器，观察灯泡亮暗变化和各电表的读数的变化，填写下表

电位器位置	I_b	I_c	I_e	U_{be}	U_{ce}
最左端					
向右旋转 1					
向右旋转 2					
向右旋转 3					
最右端					

从上表测量结果我们可以得出结论：

① _____

② _____

③ _____

任务点 3　三极管开关控制电路

学习目标

知识目标:

1. 了解三极管开关控制状态的参数;

2. 理解三极管开关控制原理。

技能目标:

1. 能够使用万用表检测三极管;

2. 能够连接三极管电流放大电路;

3. 能够排除三极管开关控制电路故障。

素养目标:

1. 养成团队合作精神和探索创新精神;

2. 养成实事求是、求真务实的态度;

3. 自觉参与实训室卫生管理。

知识准备

一、三极管开关电路

在汽车电路中,三极管通常用作开关。图 5-9 所示即为三极管电子开关的基本电路图,由图 5-9 可知,负载电阻接在三极管的集电极与电源之间,位于三极管 I_C 电流回路上。

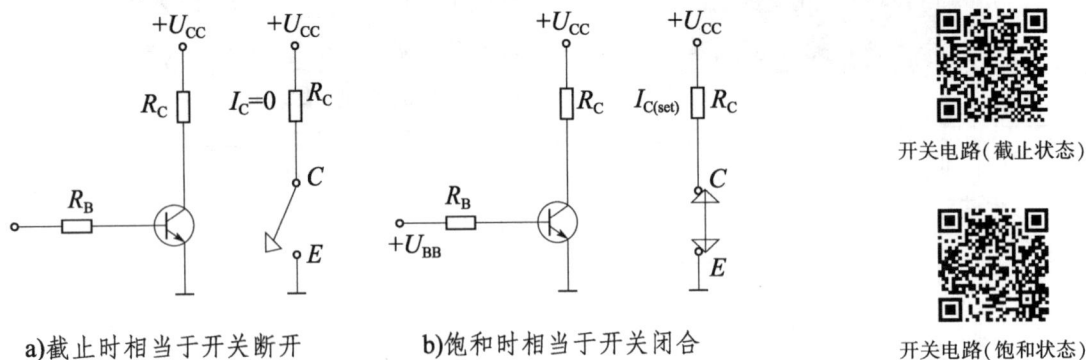

开关电路(截止状态)

开关电路(饱和状态)

a)截止时相当于开关断开　　　b)饱和时相当于开关闭合

图 5-9　三极管开关原理

输入电压 U_{BB} 则控制三极管开关的断开与闭合动作。当三极管在截止状态时,C、E 极间呈断开状态时,负载电流便被阻断;反之,当三极管在饱和状态时,C、E 极间呈闭合状态时,电流便可以流通。

二、三极管开关与机械式开关的比较

(1)三极管开关不具有活动接点,因此不会有机械磨损,可以无限次使用,一般的机械式

开关,由于接点磨损,最多使用数百万次。机械式开关接点易受污损而影响工作,因此,无法在脏乱的环境下长期运作,而三极管开关既无接点又是密封的,无此顾虑。

（2）三极管开关的动作速度比一般的机械式开关快,一般机械式开关的启闭时间是以毫秒(ms)来计算的,三极管开关则以微秒(μs)计算的。

（3）三极管开关没有跃动现象,一般的机械式开关在导通的瞬间会有快速的连续启闭动作,然后才能逐渐达到稳定状态。

（4）利用三极管开关来驱动电感性负载时,在开关开启的瞬间,不会有火花产生。当机械式开关开启时,由于瞬间切断了电感性负载上的电流,因此,电感产生的瞬间感应电压将在接点上引起弧光,这种电弧不但会侵蚀接点的表面,而且可能会造成干扰或危害。

三、三极管开关电路在汽车中的应用

1. 三极管开关电路

三极管在基极电流控制下,在截止与饱和两种状态中交替变换,就如同一个开关的断开与闭合状态交替变换一样。图 5-10 所示为 NPN 三极管的开关状态。

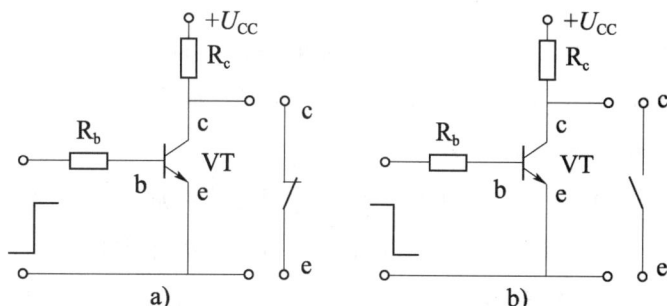

图中,当基极 b 输入一个高电位控制信号时,三极管 VT 进入饱和导通状态,集电极 c 与发射极 e 之间的电位差几乎为零,相当于 ce 之间闭合。当基极 b 高电位控制信号撤离后,三极管 VT 进入截止状态,集电极 c 与发射极 e 之间几乎没有电流流过,相当于 ce 之间断开。利用三极管的这种特性,就构成了三极管的开关电路。图 5-10 中,R 是基极限流电阻,防止基极电流过大。集电极电阻 R_c 是防止三极管导通时电源短路,在实际开关电路中,R_c 的位置由被控电子元件取代。

图 5-11 为 NPN 三极管开关电路。开关电路在工作时,受控制的电子元件一般接在集电极 c 上,控制信号加在基极 b 上。当基极 b 有控制信号到来时,三极管 VT 处于饱和导通状态,ce 之间相当于开关闭合,接在集电极 c 上的电子元件得电工作;当控制信号与基极 b 断开时,三极管 VT 处于截止状态,ce 之间相当于开关断开,电子元件的电路被切断失电,恢复初始状态。在汽车电子电路中,功率较小的控制信号经过三极管开关电路,可以控制喷油器、继电器、指示灯等大功率器件的工作。电阻 R 起到限制基极电流的作用,防止因控制信号过大损坏三极管。二极管 VD 起续流作用,保护三极管免受反向电动势的损坏。三极管开关电路在汽车电路中的应用相当广泛,主要用于电子电压调节器、电子点火器以及各种信号报警电路等。

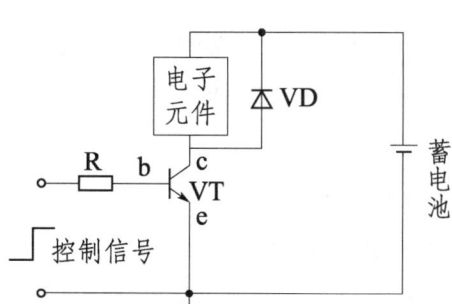

图 5-10　NPN 三极管的开关状态

图 5-11　NPN 三极管开关电路

2.点火电路控制

点火控制器的主要作用是根据 ECU 的点火信号,通过晶体管(三极管)导通和断开控制点火线圈初级回路的电流,进而实现高压端的点火,IGt 信号是一种电压为 5V 的矩形脉冲信号(图5-12),点火控制器中的点火控制电路按照这一信号使晶体管开关电路导通或截止。当 IGt 信号由 5V 变为 0 时,晶体管开关电路截止,切断初级线圈电流,从而在次级线圈中产生感应电压,使火花塞点火。

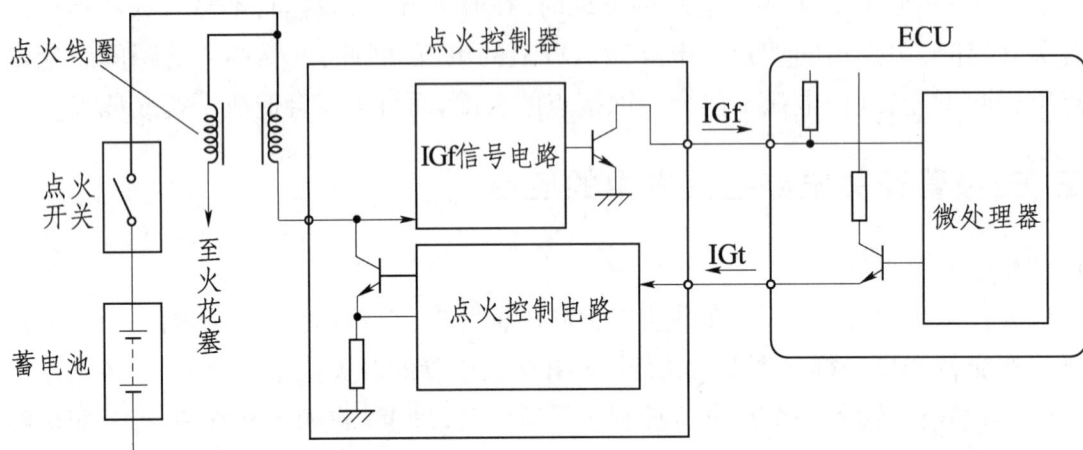

图 5-12　IGt 信号

除此之外,点火控制器还具备以下功能。

(1)闭合角控制。即自动控制初级电流导通所占的凸轮轴转角,当发动机转速升高时,自动增大闭合角,使初级电流有足够的导通时间。

(2)锁止保护控制。在因某些原因而使初级电流导通时间过长时(如 IGt 信号线与电源线短路),自动切断初级电流,以保护点火线圈和点火控制器。

(3)超电压保护控制。在电源电压过高时,自动切断初级电流,以保护点火线圈和点火控制器。

(4)超电流保护控制。控制初级电流,使之不会超过设定的某一限值,以防止点火线圈过热。由于有了这个功能,传统点火系统中的附加电阻在电控点火系统中即被取消。

(5)提供转速信号。在许多车型中,发动机转速表的信号由点火控制器提供。

拓展阅读

电气元器件中按钮开关颜色的含义

按钮开关是指利用按钮推动传动机构,使动触点与静触点接通或断开,实现电路换接的开关。按钮开关是一种结构简单,应用十分广泛的主令电器,通常用于电路中发出启动或停止指令,以控制电磁起动器、接触器、继电器等电器线圈电流的接通和断开。不同的按钮颜色有着不同的含义。

(1)红色:红色的含义是紧急,说明危险或紧急情况时操作,如急停。

(2)黄色:黄色的含义是异常,说明异常情况时操作,如干预制止异常情况。

(3)绿色:绿色的含义是正常,说明正常情况时启动操作。

(4)蓝色:蓝色的含义是强制性,说明要求强制动作情况下操作,如复位功能。

边学边做

（1）通过以上学习,具备了一定的理论知识,下面将进行实训。首先,准备实训需要使用的积木板、器材,见表5-5。

实训器材 表5-5

可调电压锂电池模块	开关与熔断丝板	负载积木板
	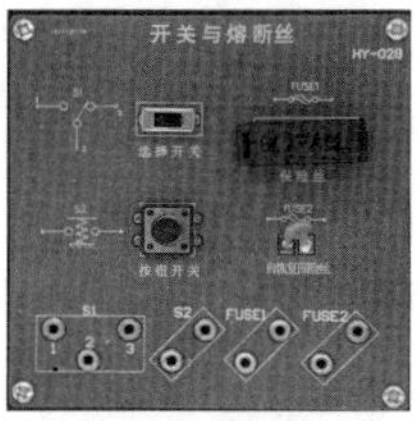	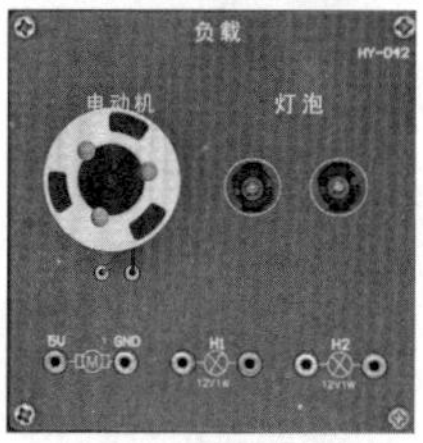
三极管驱动板	电磁阀特性实训板	万用表
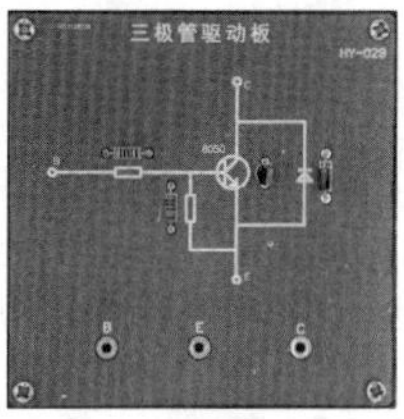	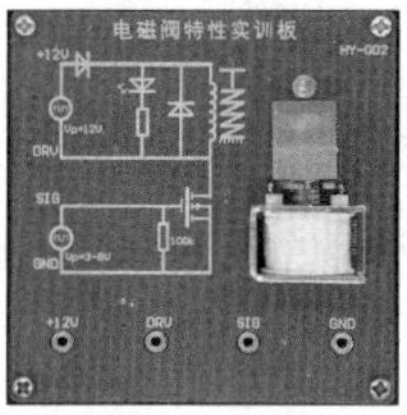	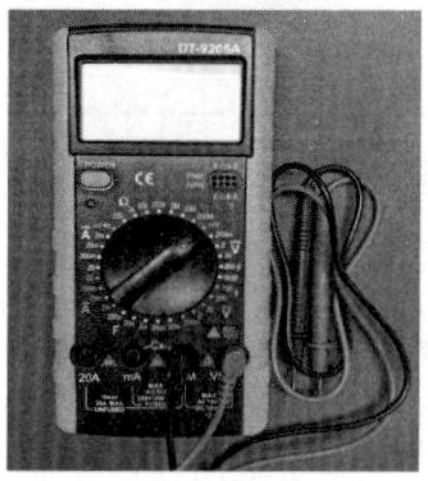

（2）实训步骤:三极管控制电磁阀开关电路(表5-6)。

三极管控制电磁阀开关电路 表5-6

步骤	图示	工作页
1	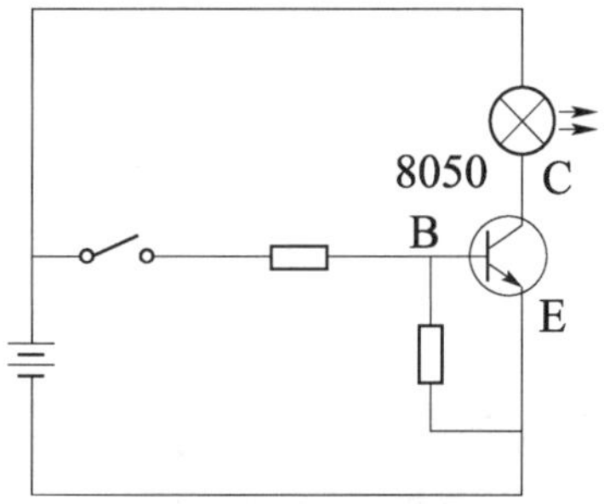	读识电路原理图,理解各个元件的作用。 电源:＿＿＿＿＿＿＿＿ 三极管:＿＿＿＿＿＿＿＿ 开关:＿＿＿＿＿＿＿＿ 基极电阻:＿＿＿＿＿＿＿＿ 灯泡:＿＿＿＿＿＿＿＿
2		用连接导线按照积木连接示意图连接成完整电路,注意连接前先关闭电源开关
3	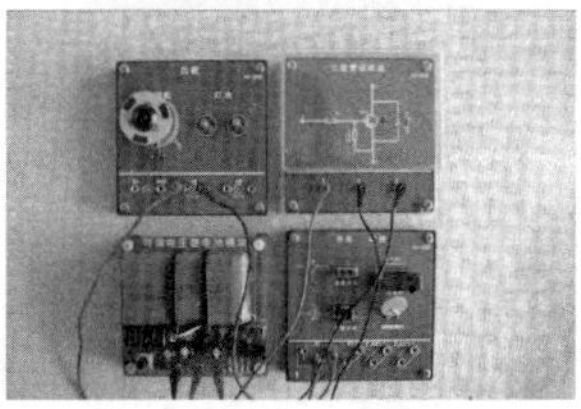	检查无误后接通电源,当开关断开时,三极管处于＿＿＿＿＿＿状态,用万用表测量 $V_{ce}=$ ＿＿＿＿＿＿,C、E相当于开关＿＿＿＿＿＿,灯泡＿＿＿＿＿＿(填"亮"或"不亮")

续上表

步骤	图示	工作页
4	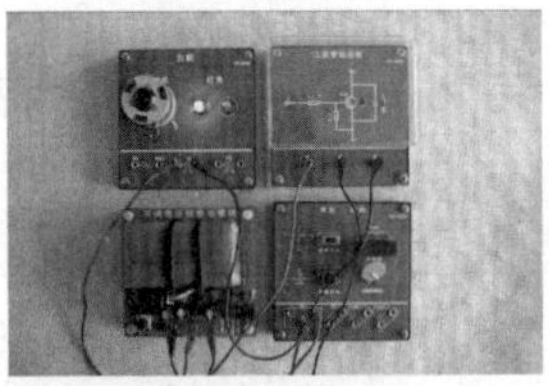	当开关闭合时,三极管处于_____状态,用万用表测量 V_{ce} =_____,C、E相当于开关_____,灯泡_____,此时对 R_b 有何要求?_____。从实训中可以得出结论,三极管作为功率控制元件是以 I_b 信号小电流控制 I_c 负载大电流。负载可以是多种多样的
5	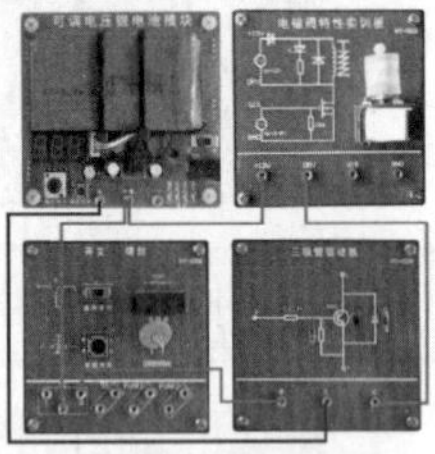	依照三极管控制灯泡电路完成三极管控制模拟电磁阀电路,记录实验数据

(3)拓展实训:达林顿管驱动电路实训(表5-7)。

达林顿管驱动电路实训　　　　　　　　　　表5-7

步骤	图示	工作页
1	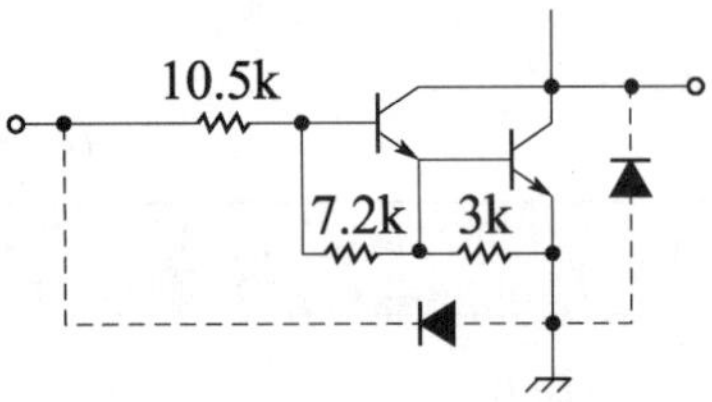	读识达林顿管内部结构图
2		用连接导线按照积木板连接示意图连接成完整电路,注意连接前先关闭电源开关
3		检查无误后接通电源,当开关断开时,达林顿管处于_____状态,灯泡_____(填"亮"或"不亮")

步骤	图示	工作页
4	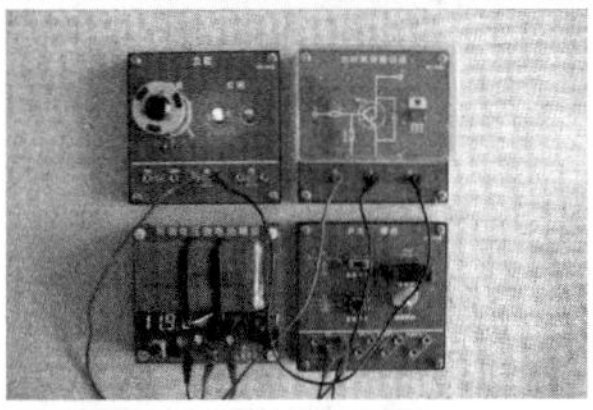	当开关闭合时,达林顿管处于_____状态,灯泡_____

知识链接:达林顿管就是两个三极管接在一起,极性只认前面的三极管。具体接法如下:以两个相同极性的三极管为例,前面三极管集电极与后面三极管集电极相接,前面三极管射极与后面三极管基极相接,前面三极管功率一般比后面三极管小,前面三极管基极为达林顿管基极,后面三极管射极为达林顿管射极,用法跟三极管一样,放大倍数是两个三极管放大倍数的乘积。

考核与评价

一、考核方式

(1)每小组对应一套电子积木板、一张实训工作台。
(2)检查实训任务:真实、完整、有效。
(3)按各实例的知识讲解及实训情况进行自评、互评。

二、考核说明及评价

考核说明及评价见表5-8。

考核说明及评价　　　　　　　　　表5-8

评价指标	考核说明	考核记录			
基本知识点考核	继电器工作原理 继电器的检测 继电器应用电路 闪光继电器电路				
评价内容	检验指标	权重	自评	互评	总评
1.检查任务完成情况	(1)完成任务过程情况				
	(2)任务完成质量				
	(3)在小组完成任务过程中所起的作用				
2.专业知识	(1)能够描述三极管的基本结构				
	(2)能够用万用表检测三极管的性能				
	(3)能够连接三极管电流放大电路				
	(4)能够描述三极管开关控制电路原理				
	(5)能够连接三极管开关控制电路并排除电路故障				

续上表

评价内容	检验指标	权重	自评	互评	总评
3.职业素养	(1)学习态度:积极主动参与学习				
	(2)团队合作:与小组成员一起分工合作、学习				
	(3)现场管理:服从工位安排、执行实训室"6S"管理				
4.综合评议与建议					

想一想

(1)三极管放大特性在汽车上有哪些应用?

(2)收集汽车电路图,分析有三极管控制的部分的电路原理。

学习任务二　场效应管控制电磁阀

任务导入

除三极管外,场效应管也是电子控制元件,起放大和开关作用。与三极管相比,有它的优越性。

任务点1　场效应管基本原理

学习目标

知识目标:

1.了解场效应管的特点;

2.理解基本电路符号及分类。

技能目标:

1.掌握场效应管的测量;

2.能够正确连接电路。

素养目标:

1.养成团队合作精神和探索创新精神;

2.养成实事求是、求真务实的态度;

3.自觉参与实训室卫生管理。

知识准备

一、场效应管

场效应晶体管,简称场效应管,由多数载流子参与导电,也称为单极型晶体管,如图 5-13 所示。它属于电压控制型半导体器件,具有输入电阻高、噪声小、功耗低、动态范围大、易于集成、没有二次击穿现象、安全工作区域宽等优点。

二、场效应管的分类

场效应管分为结型场效应管(JFET)和绝缘栅场效应管(MOS管)两大类,如图 5-14、图 5-15 所示。

三、场效应管的测量

一般情况下,G 极与 D 极和 S 极无论怎样测量都是不通的。用万用表欧姆挡可以触发场效应管,让它工作。方法是:红表笔接 G 极,黑表笔接 S 极,然后黑表笔不动,红表笔接 D 极,可发现场效应管开通了,就是有很小的阻值了,说明管子在正常工作了。然后红表笔接 S 极,黑表笔接 G 极,再次用红表笔接 D 极,黑表笔接 S 极,会发现场效应管关断了,也就是 G 极控制 D 极与 S 极的导通与关断。给 G 极加正电压,D 与 S 开通,加反向电压是关断。

图 5-13 场效应管

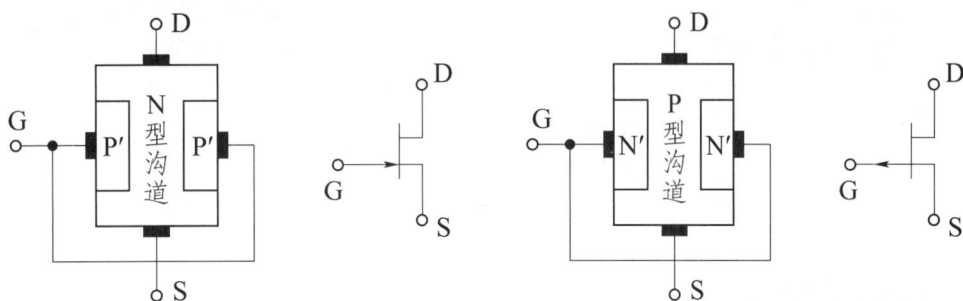

图 5-14 结型场效应管

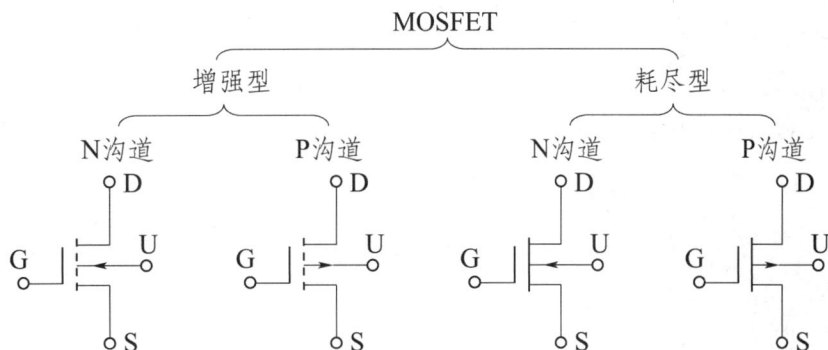

图 5-15 绝缘栅场效应管

在测量中要是S极与D极有阻值,那是因为D极和S极上加了一个二极管,所以会有一个二极管特性,如图5-16所示。

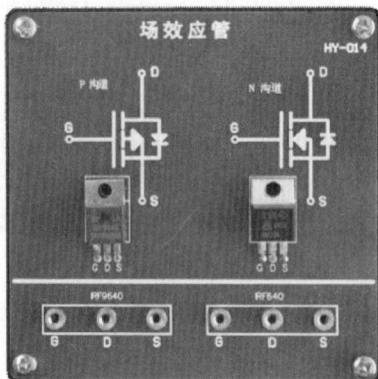

图5-16　带阻尼二极管的场效应管

边学边做

(1)通过以上学习,具备了一定的理论知识,下面将进行实训。首先,准备实训需要使用的积木板、器材,见表5-9。

实训器材　　　　　　　　　　　　　　　　　　　　　表5-9

万用表	场效应元件板

(2)实训步骤:场效应管元件的认知与测量(表5-10)。

场效应管元件的认知与测量　　　　　　　　　　　　　表5-10

步骤	图示	工作页
1		读识积木板上的元件图,场效应管型号分别为_____、_____;其中_____是N沟道管,_____是P沟道管。场效应管的三个电极分别是_____、_____、_____
2		用万用表二极管挡测量场效应管各个电极导通情况,填写下表

续上表

步骤	图示	工作页
3		测量数据

测量数据表：

测量次数	连接特点		数字表显示		
			IRF640	IRF9640	
第一次	红表笔固定 G 极	D			
		S			
第二次	红表笔固定 D 极	G			
		S			
第三次	红表笔固定 S 极	G			
		D			

从上表测量数据我们可以判断场效应管的三个电极吗？

任务点 2　场效应管工作原理与开关控制电路

学习目标

知识目标：

1. 理解场效应管的工作原理；
2. 掌握场效应管的开关控制电路。

技能目标：

1. 能够分析场效应管和三极管的异同点；
2. 能够检测场效应管开关控制电路故障。

素养目标：

1. 养成团队合作精神和探索创新精神；
2. 养成实事求是、求真务实的态度；
3. 培养空间想象能力。

知识准备

一、场效应管的工作原理

以增强型 MOS 场效应管为例，它可分为 NPN 型和 PNP 型。NPN 型通常称为 N 沟道型，

PNP型也叫P沟道型。由图5-17可看出,对于N沟道的场效应管其源极和漏极接在N型半导体上,同样,对于P沟道的场效应管其源极和漏极则接在P型半导体上。三极管是由输入的基极小电流控制输出的集电极大电流,但对于场效应管,其输出电流是由输入的电压(或称电场)控制,可以认为输入电流极小或没有输入电流,这使得该器件有很高的输入阻抗,同时,这也是称之为场效应管的原因。

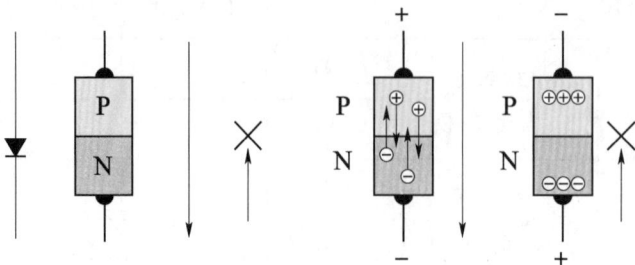

图5-17　单PN结二极管工作原理

要解释MOS场效应管的工作原理,我们先复习一下仅含有一个PN结的二极管的工作过程。如图5-18所示,在二极管加上正向电压(P端接正极,N端接负极)时,二极管导通,其PN结有电流通过。这是因为在P型半导体端为正电压时,N型半导体内的负电子被吸引而涌向加有正电压的P型半导体端,而P型半导体端内的正电子则朝N型半导体端运动,从而形成导通电流。同理,当二极管加上反向电压(P端接负极,N端接正极)时,这时在P型半导体端为负电压,正电子被聚集在P型半导体端,负电子则聚集在N型半导体端,电子不移动,其PN结没有电流通过,二极管截止。

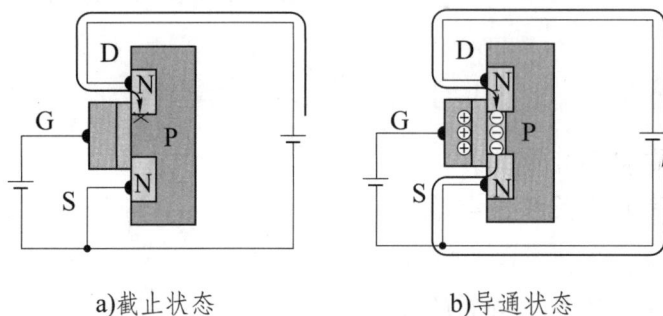

a)截止状态　　　　　　b)导通状态

图5-18　N沟道的MOS场效应管的工作原理

对于场效应管,在栅极没有电压时,由前面分析可知,在源极与漏极之间不会有电流流过,此时场效应管处与截止状态,如图5-18a)所示。当有一个正电压加在N沟道的MOS场效应管栅极上时,由于电场的作用,此时N型半导体的源极和漏极的负电子被吸引出来而涌向栅极,但由于氧化膜的阻挡,使得电子聚集在两个N沟道之间的P型半导体中,如图5-18b)所示,从而形成电流,使源极和漏极之间导通。我们也可以想象为两个N型半导体之间为一条沟,栅极电压的建立相当于为它们之间搭了一座桥梁,该桥的大小由栅压的大小决定。图5-19给出了P沟道的MOS场效应管的工作过程,其工作原理类似N沟道MOS管。

场效应管的开关原理就是通过栅极电压控制源极与漏极之间的导通状态,由于是电压控制型,因此,栅极基本上不消耗电流,阻抗接近无穷大。

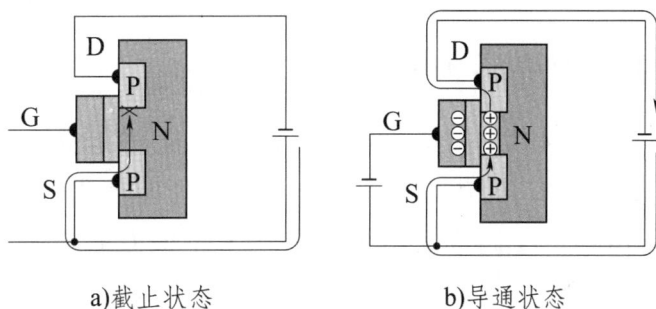

a)截止状态   b)导通状态

图 5-19 P 沟道的 MOS 场效应管的工作原理

二、场效应管的使用优势

场效应管是电压控制元件,而晶体管是电流控制元件。在只允许从信号源取较少电流的情况下,应选用场效应管;而在信号电压较低,又允许从信号源取较多电流的条件下,应选用晶体管。

场效应管是利用多数载流子导电,所以称之为单极型器件,而晶体管是既有多数载流子,也利用少数载流子导电,被称之为双极型器件。

有些场效应管的源极和漏极可以互换,栅压也可正可负,灵活性比晶体管好。

场效应管能在很小电流和很低电压的条件下工作,而且它的制造工艺可以很方便地把很多场效应管集成在一块硅片上,因此,场效应管在大规模集成电路中得到了广泛的应用。

三、场效应管与三极管的比较

(1)场效应管可看作一只 NPN 型晶体三极管,栅极 G 对应于基极 b,漏极 D 对应集电极 c 源极 S 对应放射极 e。

(2)场效应管是电压控制电流器件,由 VGS 控制 iD,其放大系数 gm 一般较小,因此,场效应管的放大能力较差;三极管是电流控制电流器件,由 iB(或 iE)控制 iC。

(3)场效应管栅极几乎不取电流,而三极管工作时基极总要吸取一定的电流。因此,场效应管的输入电阻比三极管的输入电阻高。

(4)场效应管只有多子参与导电,三极管有多子和少子两种载流子参与导电,而少子浓度受温度、辐射等因素影响较大,因而,场效应管比晶体管的温度稳定性好、抗辐射能力强。在环境条件(温度等)变化很大的情况下应选用场效应管。

(5)场效应管在源极与衬底连在一起时,源极和漏极可以互换使用,且特性变化不大;而三极管的集电极与发射极互换使用时,其特性差异很大,b 值将减小很多。

(6)场效应管和三极管均可组成各种放大电路和开路电路,但由于前者制造工艺简单,且具有耗电少,热稳定性好,工作电源电压范围宽等优点,因而被广泛用于大规模和超大规模集成电路中。

(7)三极管导通电阻大,场效应管导通电阻小,只有几百毫欧姆,在现在的用电器件上,一般都用场效应管做开关来用,它的效率是比较高的。

四、场效应管在新能源汽车的应用

绝缘栅双极型晶体管(Insulated Gate Bipolar Transistor,缩写 IGBT)是由 BJT(双极型三极管)和 MOS(绝缘栅型场效应管)组成的复合全控型电压驱动式功率半导体器件。它结合了 MOSFET 的栅压控制晶体管(高输入阻抗),利用 BJT 的双载流子来达到大电流的目的(压控双极型器件)。

作为一种功率半导体器件,IGBT 是能量转换和传输的核心装置。其广泛应用于轨道交通、智能电网、工业节能、电动汽车和新能源装备等领域,具有节能、安装方便、维护方便、散热稳定等特点。

(1)IGBT 模块外观及等效电路。

以拆解的 IGBT 模块(型号为 FF1400R17IP4)为例。模块外观及等效电路如图 5-20 所示。本模块长宽高分别为 25cm、8.9cm、3.8cm。模块包含两个 IGBT,也就是我们常说的半桥模块。每个 IGBT 的额定电压和电流分别为 1700V 和 1400A。8、9、10、11、12 为电源端子,需要接电源电路。1、2、3、4、5 为辅助控制端,需接门极驱动电路。6、7 为 NTC 热敏电阻,用于温度检测或过温保护。

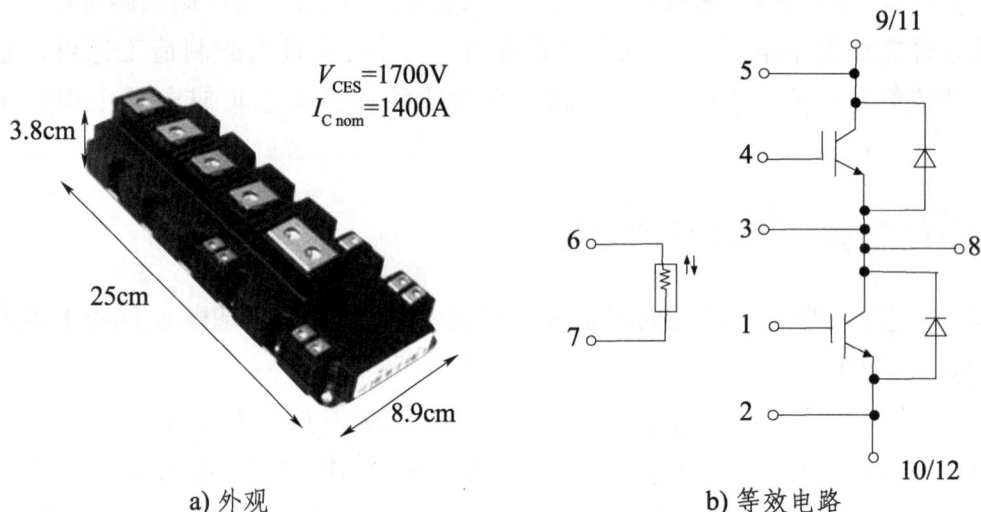

a) 外观　　　　　　　　　　b) 等效电路

图 5-20　IGBT 模块外观及等效电路

(2)IGBT 在汽车中的应用。

IGBT 被认为是电动汽车的核心技术之一。在大致了解了它的结构后,可以在很多方面利用这种结构的黑色模块,例如:对于新型电动汽车,三个这样的黑色模块可以用作三相电机驱动器,如果配备电池,它可以驱动电动公交车。在电动汽车上,IGBT 的作用是交流电和直流电的转换,同时还承担电压的高低转换功能。其作用是将动蓄电池的直流电流转换成电动机和发电机使用的交流电流。另外也将电动机回收的交流电流转换成可供蓄电池充电的直流电流。

边学边做

(1)通过以上学习,具备了一定的理论知识,下面将进行实训。首先,准备实训需要使用的积木板、器材,见表 5-11。

实训器材 表 5-11

可调电压锂电池模块	开关与熔断丝板	负载积木板	电磁阀特性实训板
	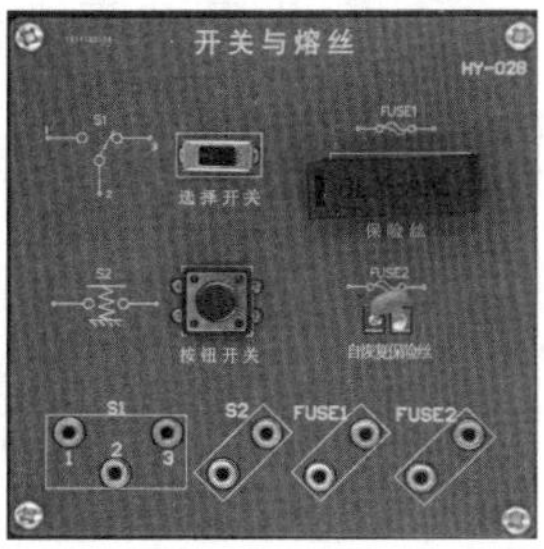	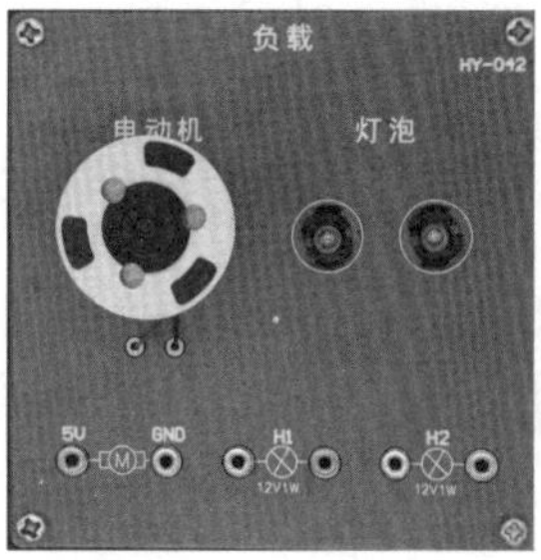	

场效应管驱动板	场效应管特性板	万用表
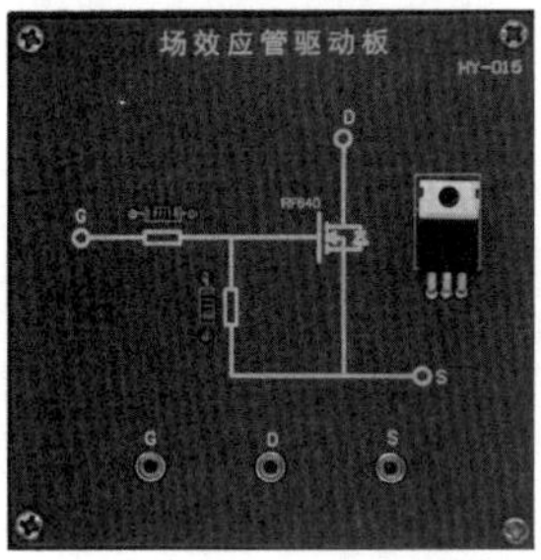	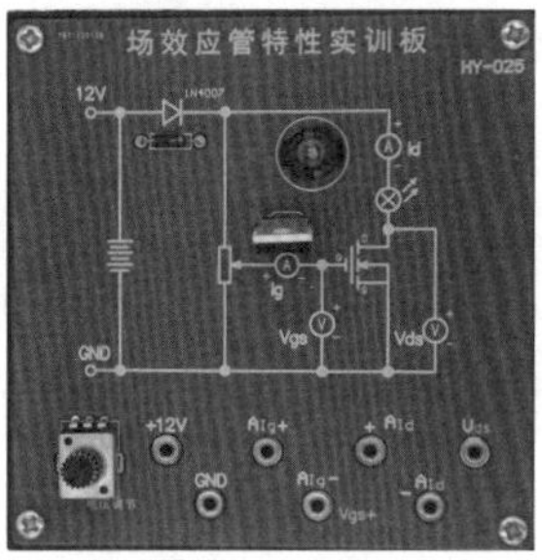	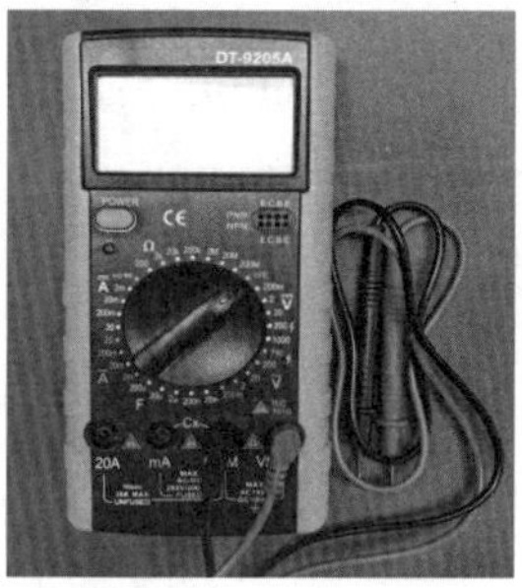

(2)实训步骤:场效应管特性实训(表 5-12)。

场效应管特性实训 表 5-12

步骤	图示	工作页
1	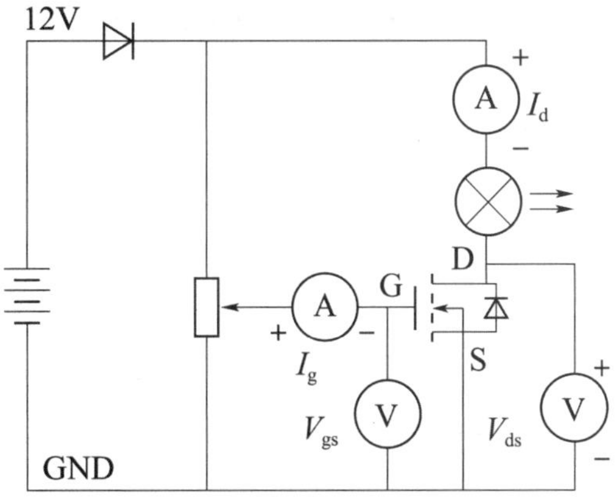	读识电路原理图,场效应管特性实训电路是以场效应管为核心,调节栅极电压控制漏源极电流的变化,通过负载灯泡亮度和测量电表的变化得出实训数据,进而分析场效应管特性原理
2	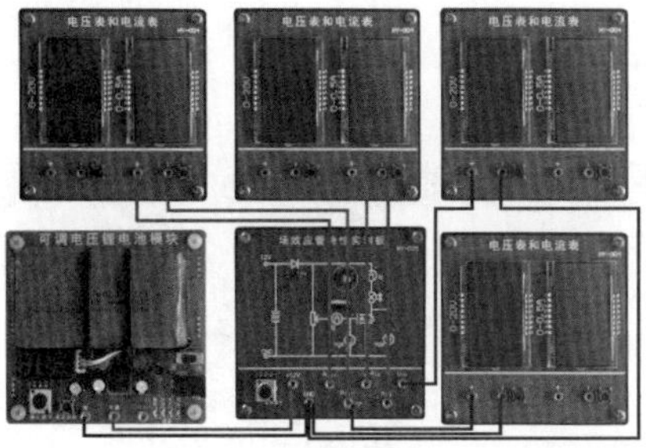	用连接导线按照积木板连接示意图连接成完整电路,连接电路比较复杂,注意连接前先关闭电源开关

步骤	图示	工作页
3		检查无误后接通电源,其中 I_g 测量的是_____,V_{gs} 测量的是_____,I_d 测量的是_____,V_{ds} 测量的是_____;从左至右旋转电压调节电位器,可以看到灯泡亮度的变化情况是_____,观察各电表的变化,均匀取5个 Vg 电压,填写下表

测量数据

电位器位置	V_{gs}	I_g	I_d	V_{ds}
最左端				
向右旋转1				
向右旋转2				
向右旋转3				
最右端				

从上表中我们可以得出结论:场效应管是_____控制型元件,控制特点是_____

(3)实训步骤:场效应管开关控制电磁阀、灯泡(表5-13)。

场效应管开关控制电磁阀、灯泡　　　　　　　　　　表5-13

步骤	图示	工作页
1	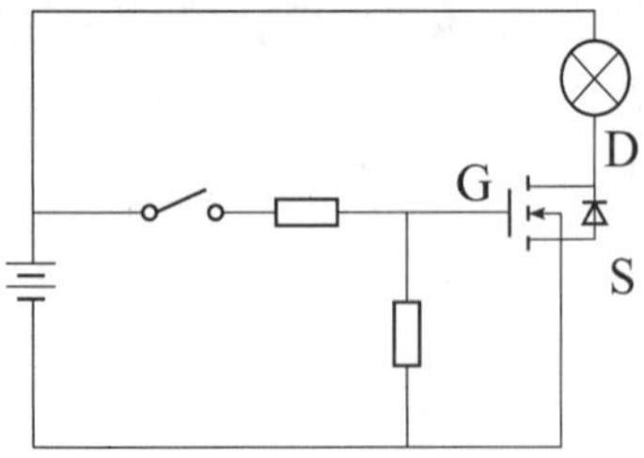	读识电路原理图,理解各个元器件的作用。 电源:_____ 场效应管:_____ 栅极电阻:_____ 灯泡:_____
2		用连接导线按照积木板连接示意图连接成完整电路,注意连接前先关闭电源开关

续上表

步骤	图示	工作页
3		检查无误后接通电源,当开关断开时,V_{gs} _____,I_d _____,D、S相当于开关 _____,灯泡 _____
4		当开关闭合时,V_{gs} _____,I_d _____,相当于开关 _____,灯泡 _____。其中下拉电阻的作用是 _____。 从实训中可以得出结论:场效应管开关控制原理是小信号栅极电压控制漏极负载大电流,负载方式可以是多种多样的
5	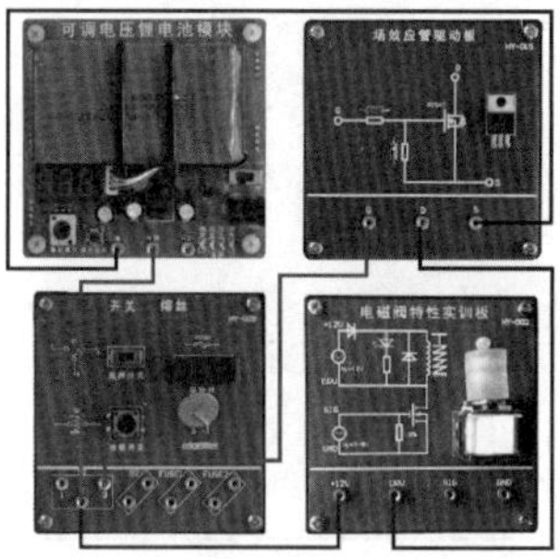	依照场效应管控制灯泡电路完成场效应管控制模拟电磁阀电路,记录实验数据

考核与评价

一、考核方式

(1)每小组对应一套电子积木板、一张实训工作台。
(2)检查实训任务:真实、完整、有效。
(3)按各实例的知识讲解及实训情况进行自评、互评。

二、考核说明及评价

考核说明及评价见表5-14。

考核说明及评价 　　　　　　　　　　　　　　　　　表 5-14

评价指标	考核说明	考核记录
基本知识点考核	场效应管内部结构 场效应管工作原理 场效应管的检测 场效应管开关控制电路	

评价内容	检验指标	权重	自评	互评	总评
1. 检查任务完成情况	(1)完成任务过程情况				
	(2)任务完成质量				
	(3)在小组完成任务过程中所起的作用				
2. 专业知识	(1)能够描述场效应管的工作原理				
	(2)能够用万用表检测场效应管的性能				
	(3)能够描述场效应管的开关原理				
	(4)能够连接场效应管开关控制电路				
	(5)能够检测场效应管开关控制电路故障并排除故障				
3. 职业素养	(1)学习态度:积极主动参与学习				
	(2)团队合作:与小组成员一起分工合作、学习				
	(3)现场管理:服从工位安排、执行实训室"6S"管理				
4. 综合评议与建议					

想一想

(1)看到一个陌生的电路,你如何分辨三极管和场效应管?

(2)收集汽车上的场效应管相关电路并进行分析。

学习任务三　汽车高压点火控制电路

任务导入

汽车高压点火控制电路的功用是使火花塞产生跳火点燃可燃混合气做功,点火控制电路核心部件是点火线圈。其原理是变压器低压转换成高压。点火控制电路有几种不同控制形式。

任务点 变压器与点火线圈

学习目标

知识目标：

1. 了解变压器的结构；

2. 理解变压器的工作原理。

技能目标：

1. 掌握变压器的测量方法；

2. 能够用万用表检测变压器的性能。

素养目标：

1. 养成团队合作精神和探索创新精神；

2. 养成实事求是、求真务实的态度；

3. 自觉参与实训室卫生管理。

知识准备

变压器的基本构造

一、变压器的结构和工作原理

变压器是根据电磁感应原理制成的一种静止电器，它可以把某一电压、电流的交流电能变换成同频率的另一电压、电流的交流电能，具有变换电压和电流的作用。

此外，变压器还具有变换阻抗的作用。在电子线路中，除电源变压器外，变压器还用来耦合电路、传递信号并实现阻抗匹配。变压器的种类很多，但是它们的基本结构和工作原理是一样的。

1. 变压器的基本结构

变压器因使用场合、工作要求不同，有各种各样的结构，但其基本结构都一样，即主体由铁芯和绕组（线圈）两部分组成。铁芯是变压器的磁路部分，一般选用磁滞损耗很小的硅钢片叠装而成，为了减少涡流损失，片与片之相互绝缘。绕组是变压器的电路部分，通常用绝缘铜线或铝线绕制而成。与电源相接的绕组称为一次绕组（原绕组），又称一次侧；与负载相接的绕组称为二次绕组（副绕组），又称二次侧。

按绕组与铁芯的安装位置，变压器可分为芯式和壳式两种。芯式变压器的绕组套在各铁芯柱上，如图5-21a）所示；壳式变压器的绕组套在中间的铁芯柱上，绕组两侧被外侧铁芯柱包围，如图5-21b）所示。图5-21c）是变压器在电路中的符号。一般电力变压器采用芯式，小型变压器多采用壳式。

图 5-21　变压器的绕组结构及符号

2. 变压器的工作原理和特性

图 5-22 所示是变压器的原理图。为了便于分析,将高压绕组和低压绕组分别画在两边。与电源相连的称为一次绕组(或称初级绕组),与负载相连的称为二次绕组(或称次级绕组)。一次、二次绕组的匝数分别为 N_1 和 N_2,当一次绕组接上交流电压时,一次绕组中便有电流通过。一次绕组的磁路产生的磁通绝大部分通过铁芯而闭合,从而在二次绕组中感应出电动势。如果二次绕组接有负载,那么二次绕组中就有电流通过。二次绕组也产生磁通,其绝大部分也通过铁芯而闭合。因此,铁芯中的磁通是一个由一次、二次绕组的磁通势共同产生的合成磁通,它称为主磁通,主磁通穿过一次绕组和二次绕组而在其中分别感应出电动势。此外,一次、二次绕组的磁通势还分别产生漏磁通。下面,在理想情况下(暂不计其他能量损耗),讨论变压器的电压变换、电流变换及阻抗变换。

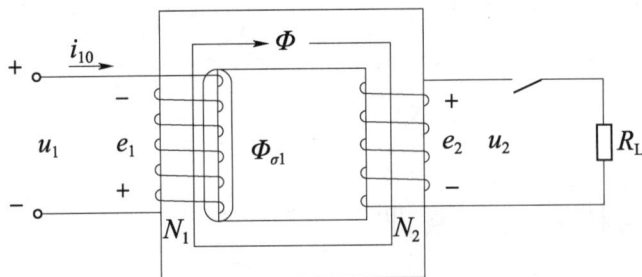

图 5-22　变压器的原理图

变压器的工作原理

1)电压变换

一次、二次绕组的电压之比为 K,称为变压器的变比,亦即一次、二次绕组的匝数比。当电源电压 u_1 一定时,只要改变匝数比 K,就可得出不同的输出电压 u_2。变比在变压器的铭牌上注明,它表示一次、二次绕组的额定电压之比。例如:6000V/400V($K=15$)。这表示一次绕组的额定电压(即一次绕组上应加的电压)$U=6000$V,二次绕组的额定电压 $U=400$V。由于变压器有内阻抗压降,所以,二次绕组的空载电压一般应较满载时的电压高 5% ~ 10%。

2)电流变换

当电源电压和频率不变时,铁芯中主磁通的最大值在变压器空载或有负载时是基本恒定的。因此,有负载时产生主磁通的一次、二次绕组的合成磁动势和空载时产生主磁通的一次绕组的磁动势基本相等,此时,变压器一次、二次绕组的电流之比近似等于它们的匝数比的倒数。可见,变压器中的电流虽然由负载的大小确定,但是一次、二次绕组中电流的比值是基本不变的。变压器的额定电流是指按规定工作方式(长时连续工作或短时工作或间歇工作)运行时一次、二次绕组允许通过的最大电流,它们是根据绝缘材料允许的温度确定的。二次绕组的额定电压与额定电流的乘积称为变压器的额定容量,它是负载功率(单位是 V·A),

与输出功率(单位是 W)不同。

3)阻抗变换

变压器能起变换电压和变换电流的作用。此外,它还有变换负载阻抗的作用,以实现"匹配"。所谓等效,就是输入电路的电压、电流和功率不变。就是说直接接在电源上的阻抗模和接在变压器二次侧的负载阻抗模是等效的,两者的关系可通过计算得出。因匝数比不同,负载阻抗模折算到(反映到)一次侧的等效阻抗模也不同。可以用不同的匝数,把负载阻抗模变换为所需要的、比较合适的数值,这种做法称为阻抗匹配。

4)变压器的频率特性

用于传输信号的变压器,由于信号具有一定的频率宽度,通常要求变压器对不同频率分量的信号电压,均匀而且不失真地传输。但实际上,由于变压器一次电感和漏感的影响,对不同频率分量传输能力并不一样,使得信号产生失真。一次电感越小,信号的低频分量幅度就减少;漏感越大,高频分量幅度就越小。

5)变压器的损耗与效率

和交流铁芯线圈一样,变压器的功率损耗包括铁芯中的铁损和绕组上的铜损两部分。铁损的大小与铁芯内磁感应强度的最大值有关,与负载大小无关,铜损与负载大小(正比于电流平方)有关。

注 意

变压器的效率为变压器的输出功率与输入功率之比。

二、变压器在汽车上的应用

汽车上最常见的变压器就是点火线圈,它能将汽车电源系统提供的低压变为高达几千伏甚至上万伏的高压,用于点燃发动机内的汽油混合气。常见的点火线圈有开磁路和闭磁路两种。

开磁路式点火线圈的结构如图 5-23 所示,点火线圈的上端装有胶木盖,其中央突出部分为高压接线柱,其他的接线柱为低压接线柱。根据低压接线柱的数目不同,点火线圈有二接线柱式和三接线柱式之分。

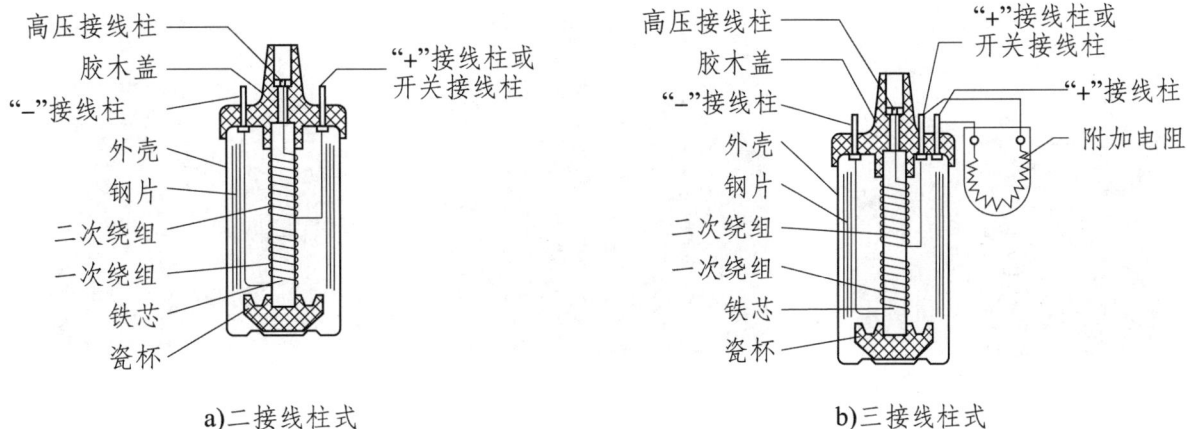

a)二接线柱式　　　　　　　b)三接线柱式

图 5-23　开磁路点火线圈结构

为了减少涡流和磁滞损耗,铁芯由硅钢片叠成,包在硬纸板套内,其上绕有二次绕组,它用直径为 0.06 ~ 0.10mm 的漆包线,绕 11000 ~ 26000 匝(如东风 EQ1090 型汽车用 DQ125 型点火线圈,为线径是 0.08mm 的漆包线,绕 23200 匝)。一次绕组绕在二次绕组的外边,以利于散热。一次绕组用直径为 0.5 ~ 1.0mm 的漆包线,绕 230 ~ 370 匝(DQ125 型点火线圈一次绕组是直径为 0.75mm 漆包线,绕 290 匝)。绕组绕好后,在真空中浸以石蜡和松香的混合物,以增强绝缘。绕组和外壳之间,装有导磁用的钢片,用来加强磁通,外壳的底部有瓷杯,以防高压电击穿二次绕组的绝缘向铁芯和外壳放电。为加强绝缘和防止潮气侵入,在外壳内填满沥青或变压器油,前者称为干式点火线圈,后者称为油浸式点火线圈。

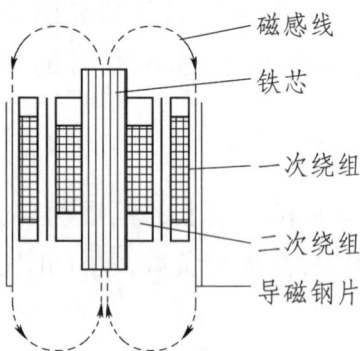

图 5-24 开磁路点火线圈的磁路

当一次电流流过一次绕组时,使铁芯磁化,其磁路如图 5-24 所示。由于磁路的上、下部分都是从空气中通过的,铁芯未构成闭合磁路,所以称为开磁路点火线圈。两接线柱式点火线圈的低压接线柱上分别标有"+""−"的标记。三接线柱式点火线圈与两接线柱式的主要区别是外壳上装有一个附加电阻,为固定该电阻,又增加了一个低压接线柱。附加电阻就接在标有"开关"和"+"的两接线柱上(图 5-23)。

附加电阻可由低碳钢丝、镍铬丝或纯镍丝制成,具有受热时电阻迅速增大,而冷却时电阻迅速降低的特性。因此,在发动机工作时,可自动调节一次电流,改善高速时的点火特性。

边学边做

(1)通过以上学习,具备了一定的理论知识,下面将进行实训。首先,准备实训需要使用的积木板、器材,见表 5-15。

实训器材 表 5-15

万用表	变压器模块	互感线圈模块

(2)实训步骤:变压器的测量(表5-16)。

变压器的测量

表5-16

步骤	图示	工作页
1	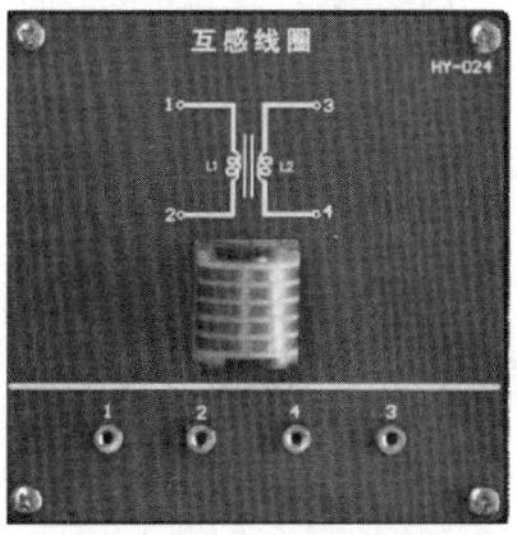	读识积木板原理图,互感线圈分一次绕组和二次绕组,通常一次绕组通电,二次绕组感应出电压
2	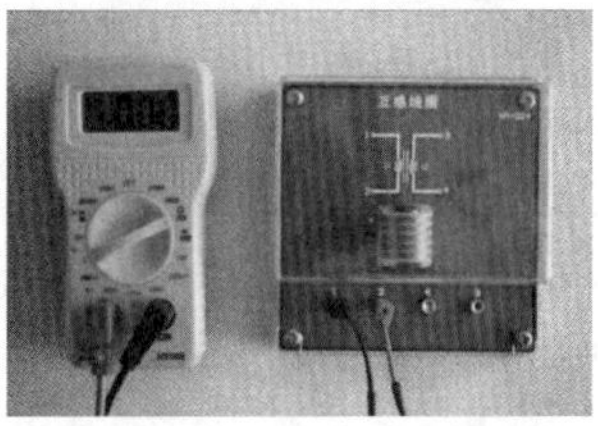	用万用表欧姆挡测量一次绕组,阻值为_____,若阻值无穷大说明_____
3	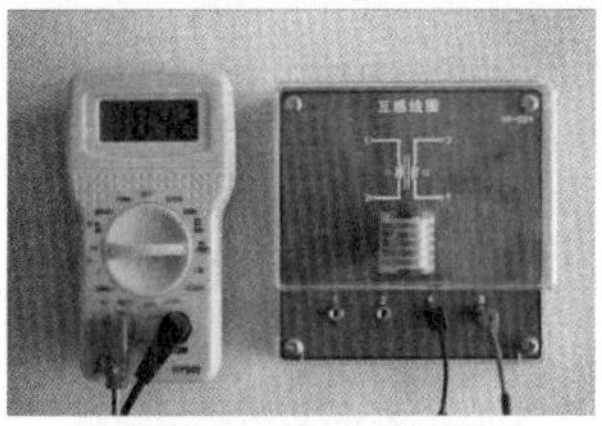	用万用表欧姆挡测量二次绕组,阻值为_____,若阻值无穷大说明_____
4	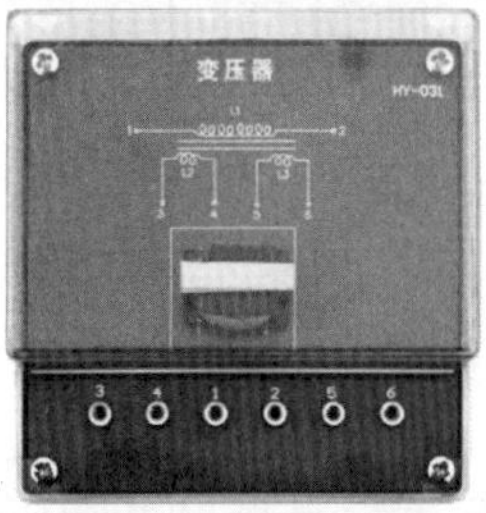	读识积木板原理图,变压器分一次绕组和两个二次绕组,通常一次绕组通电,二次绕组感应出电压
5	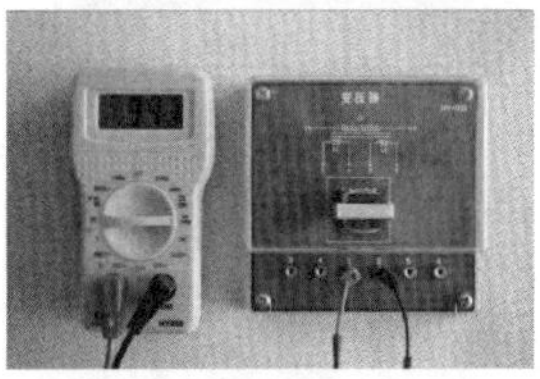	用万用表欧姆挡测量一次绕组,阻值为_____
6	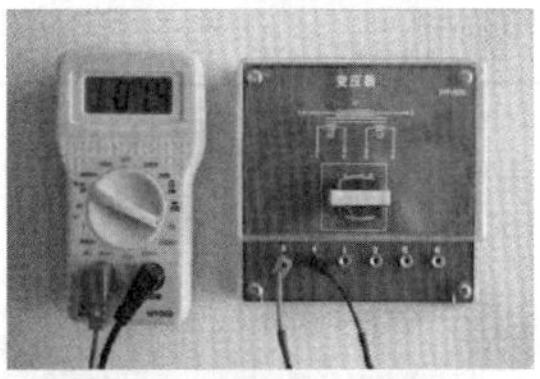	用万用表欧姆挡测量二次绕组3、4端,阻值为_____
7	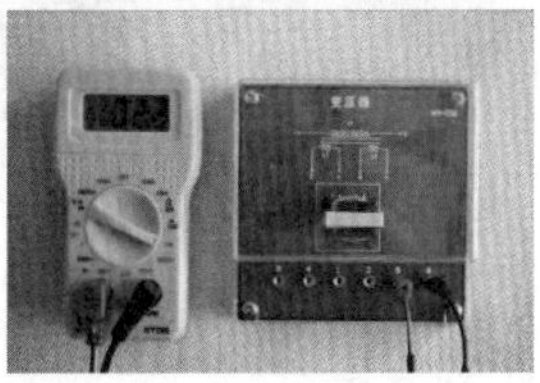	用万用表欧姆挡测量二次绕组5、6端,阻值为_____,通过以上测量你能判别变压器是属于_____(填"升压""降压"),为什么? _____

考核与评价

一、考核方式

(1)每小组对应一套电子积木板、一张实训工作台。
(2)检查实训任务:真实、完整、有效。
(3)按各实例的知识讲解及实训情况进行自评、互评。

二、考核说明及评价

考核说明及评价见表5-17。

考核说明及评价 表5-17

评价指标	考核说明		考核记录		
基本知识点考核	变压器工作原理 变压器的检测				
评价内容	检验指标	权重	自评	互评	总评
1.检查任务完成情况	(1)完成任务过程情况				
	(2)任务完成质量				
	(3)在小组完成任务过程中所起的作用				
2.专业知识	(1)能够描述变压器的工作原理				
	(2)能够用万用表检测变压器的性能				
3.职业素养	(1)学习态度:积极主动参与学习				
	(2)团队合作:与小组成员一起分工合作、学习				
	(3)现场管理:服从工位安排、执行实训室"6S"管理				
4.综合评议与建议					

想一想

(1)汽车点火线圈会存在哪些故障?
(2)收集不同车型的点火系统电路图。

汽车点火系统

项目六

汽车数字电路及其应用

项目描述

本项目主要介绍数字电路的基本知识,使学生掌握数字电路门电路、触发器、译码器等知识,并了解其在汽车信息化与智能化上的应用。

项目目标

☞ **知识目标**

1. 了解数的表示方法和运算;

2. 了解逻辑门电路;

3. 掌握基本门电路的结构与功能。

☞ **技能目标**

1. 掌握触发器逻辑功能及触发方式;

2. 能够按照电路图正确连接电路。

☞ **素养目标**

1. 培养团队合作、敬业奉献、服务人民的精神;

2. 养成实事求是、求真务实的态度。

项目任务

学习任务一　数字电路基础知识
学习任务二　基本逻辑门电路

学习任务一　数字电路基础知识

任务导入

数字电路的发展与模拟电路一样经历了由电子管、半导体分立器件到集成电路等几个时代。现代汽车的检测电路、音响电路等广泛采用了数字电路技术。本任务主要学习数字电路基本知识,简单的数制转换。

任务点　数字电路基本概念及分析

学习目标

知识目标:

1. 了解数字信号的应用;

2. 理解数制的转换方法。

技能目标:

1. 掌握数字信号的波形变换;

2. 能说出真值表的定义。

素养目标:

1. 培养严谨细致的工作态度;

2. 培养空间想象能力;

3. 养成良好的劳动精神。

知识准备

数字电路的特点

一、数字信号

在汽车电子电路中,电信号主要在传感器、ECU 及执行器件之间进行传递。传感器输入ECU 的信号大体上可以分两大类:一类信号是连续变化的信号,如发动机的进气压力传感器,输出的信号是随着进气压力变化而连续变化的信号,这类信号被称为模拟信号,如图 6-1a) 所示;另一类信号是电压"高""低"间隔变化的脉冲式信号,如光电式曲轴位置传感器,输出的信号是遮光盘不断通过光电耦合器而产生的"有"或"无"(透光或遮光)的规律变化的脉冲信号,这类信号被称为数字信号,如图 6-1b) 所示。

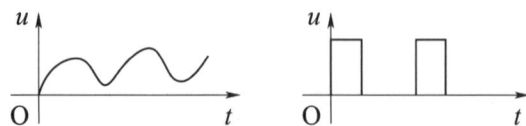

图 6-1　模拟信号和数字信号

数字信号与模拟信号不同,它的电压值本身没有什么意义,而我们关心的只是有无电压(脉冲)、间隔电压出现的次数(脉冲数量)、高电压或低电压维持的时间(脉冲宽度)等。数字信号与模拟信号的特性不同,在检测时一定要区分开。表6-1列出了部分汽车传感器输出信号的类型。

按输出信号类型划分传感器 表6-1

输出模拟信号的传感器	输出数字信号的传感器
各种可变电阻式传感器	卡门涡旋式空气流量传感器
叶片式空气流量传感器	曲轴位置传感器
热丝式空气流量传感器	各种光电式传感器
冷却液温度传感器	各种霍尔式传感器
压力传感器	各种笛簧开关式传感器
节气门位置传感器	各种报警电路的传感器
浮子可变电阻式液位传感器	—

可见,汽车上传递的电信号绝大部分都是数字信号。数字信号的特点是只与电平高低的变化有关,而与电平的具体大小关系不大,传递的信息经常是"有"或"无","开"或"关"等非此即彼的关系。这种关系被称为"二值逻辑"。

在二值逻辑中用数字1和0代表两个状态,与之对应的电路是晶体管的开或关,或者是电平的高或低。处理数字信号的电路就是数字电路,也称为逻辑电路。由于数字电路处理的是状态变换,所以,对元件精度要求不高,易于集成,成本低廉,使用方便。组成的数字系统工作可靠,精度高,抗干扰能力强,在各个领域应用很广。在汽车电路中,数字集成电路随处可见,电控单元ECU就是一个典型的数字系统。

二、二进制

数字电路只处理1和0两种状态,所以,在数字电路中广泛采用二进制。二进制包括二进制数和二进制数码。二进制数表示电路状态和数量大小,二进制数码不仅表示数量大小,还可以表示一定的信息,称为代码。

1. 二进制数

人们日常生活中最常用的是十进制。十进制用0~9共10个数字来表示数量的大小,比如68,个位上的8表示8个1,而十位上的6表示6个10,即60,所谓"逢十进一"。

位权:6与8表示的数量不同是因为它们所处的位不同,不同的位具有不同的权重,称为位权。

十进制位权的表示方法是10^i($i=1,2,3,\cdots$)。在二值逻辑中,只存在两个状态,那么用两个数字0和1就可以表示所有状态,0和1就构成了二进制。

二进制顾名思义就是"逢二进一",位权的表示方法是2^i($i=1,2,3,\cdots$)。数字也是从右向左依次排列,如11(读作"一一"),右边的1表示1个1,左边的1表示1个2。依此类推,数值2用10表示,4用100表示,5用101表示等。

2. 二进制码

二进制数按照一定的规律组合在一起,表示一定的信息,这样的一组二进制数称为二进制码。最常用的二进制代码是8421BCD码。8421码的含义见表6-2。

8421BCD 码代码表　　　　　　　　　　表6-2

十进制数	8421BCD 码	十进制数	8421BCD 码
0	0000	6	0110
1	0001	7	0111
2	0010	8	1000
3	0011	9	1001
4	0100	10	00010000
5	0101	11	00010001

三、数制转换

由于数字电路只涉及两个数码,称为二进制运算,与日常生活中习惯使用的十进制运算有所不同。

1. 几个基本概念

1）数码

能表示物理量大小的数字符号即数码。例如:日常生活中常用的十进制数使用的是0,1,2,3,4,5,6,7,8,9十个不同数码。

2）数制

数制是计数制的简称,表示多位数码中每一位的构成方法,以及从低位到高位的进制规则。常用的计数制有十进制、二进制、八进制、十六进制等。

3）权

每种数制中,数码处于不同位置(即不同的数位),它所代表的数量的含义是不同的。各数位上数码表示的数量等于该数码与相应数位的权之乘积。权即与相应数位的数码相乘从而得该数码实际代表的数量的数。例如:十进制数 123 中:"1"表示 1×10^2,"2"表示 2×10^1,"3"表示 3×10^0,由此可见,10^0、10^1、10^2 分别为十进制数的个位、十位、百位的权。

2. 十进制、二进制、十六进制数的表示方法

1）十进制数

十进制数是日常生活中使用最广泛的计数制。组成十进制数的符号有0,1,2,3,4,5,6,7,8,9十个数码,按"逢十进一""借一当十"的原则计数,10 是它的基数。任一个十进制数都可以用加权系数展开式来表示,对于有 n 位整数十进制数用加权系数展开式表示,可写为:

$$(N)_{10} = a_{n-1}a_{n-2}\cdots a_1a_0 = a_{n-1} \times 10^{n-1} + a_{n-2} \times 10^{n-2} + \cdots + a_1 \times 10^1 + a_0 \times 10^0$$

式中:$(N)_{10}$ 为下标10表示十进制数。

例如:$(185)_{10} = 1 \times 10^2 + 8 \times 10^1 + 5 \times 10^0$,显然,十进制数的各数位的权为10的幂。

2）二进制数

二进制数只有 0 和 1 两个数码，按"逢二进一""借一当二"的原则计数，2 是它的基数。二进制各数位的权为 2 的幂。

例如：$(10111001)_2 = (1 \times 2^7 + 0 \times 2^6 + 1 \times 2^5 + 1 \times 2^4 + 1 \times 2^3 + 0 \times 2^2 + 0 \times 2^1 + 1 \times 2^0)_{10} = (185)_{10}$

3）十六进制数

十六进制数有 0~9，A，B，C，D，E，F 这十六个数码，分别对应于十进制数的0~15。十六进制数按照"逢十六进一""借一当十六"的原则计数，16 是它的基数，各数位的权为 16 的幂。

例如：$(3EC)_{16} = (3 \times 16^2 + 14 \times 16^1 + 12 \times 16^0)_{10} = (1004)_{10}$

3. 数制转换

1）二进制数转换为十进制数

将二进制数按权位展开，然后各项相加，就得到相应的十进制数。

例 1：将二进制数 10011 转换成十进制数。

解：$(10011)_2 = (1 \times 2^4 + 0 \times 2^3 + 0 \times 2^2 + 1 \times 2^1 + 1 \times 2^0)_{10} = (19)_{10}$

2）十进制数转换为二进制数

十进制整数转换为二进制采用"除 2 取余，逆序排列"法，用 2 去除十进制整数，可以得到一个商和余数；再用 2 去除商。又会得到一个商和余数，如此进行，直到商为零时为止，然后把先得到的余数作为二进制数的低位有效位，后得到的余数作为二进制数的高位有效位，依次排列起来。

例 2：将$(11)_{10}$转换为二进制数。

解：

2 │ 11			
2 │ 5	余1	低位	权2^0
2 │ 2	余1		权2^1
2 │ 1	余0		权2^2
0	余1	高位	权2^3

所以：$(11)_{10} = (1011)_2$

四、真值表

图 6-2 所示的电路中，当开关闭合时白炽灯亮，开关断开时白炽灯灭，即对于开关的"闭合"与"断开"两种状态，对应电灯也存在"亮"和"灭"两种状态。类似这样的电路称为二值电路。

在图 6-2 中，开关只有"开"和"关"两种状态，没有中间状态，将开关的状态记为 A，称为逻辑变量。逻辑变量表示的是开关状态的变量，并非开关本身。

表 6-3 中用字母 A 作为表示开关的状态的变量，即逻

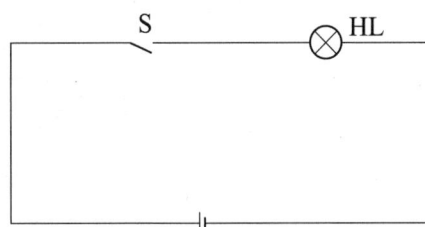

图 6-2 电路图

辑变量,开关处于断开状态时,A=0;开关闭合时 A=1。逻辑变量 A 的值 0、1 称为真值。同样将白炽灯的状态用变量 L 表示,设定白炽灯灭时 L=0,灯亮时 L=1,可得到表 6-4,将表 6-4 称为真值表。

电路的状态	表 6-3		真值表	表 6-4

开关状态 A	电灯状态 L
断开	灭
闭合	亮

A	L
0	0
1	1

数字电路的两个基本工作信号用 0 和 1 表示,对应的电路有 2 种不同的工作状态,即低电平和高电平(或低电位和高电位)。为了简便地描述这种关系,规定用 1 表示高电平,用 0 表示低电平,称为正逻辑。若用 0 表示高电平,用 1 表示低电平,则称为负逻辑。

边学边做

(1)通过以上学习,具备了一定理论知识,下面将进行计算练习。

首先,理解几种进制数之间的对应关系(表 6-5)。

对应关系			表 6-5

十进制数	二进制数	八进制数	十六进制数
0	0000	0	0
1	0001	1	1
2	0010	2	2
3	0011	3	3
4	0100	4	4
5	0101	5	5
6	0110	6	6
7	0111	7	7
8	1000	10	8
9	1001	11	9
10	1010	12	A
11	1011	13	B
12	1100	14	C
13	1101	15	D
14	1110	16	E
15	1111	17	F

(2)计算演练(表 6-6)。

计算过程与结果		表 6-6

步骤	公式	计算过程与结果
1	$(101.01)_2 =$	
2	$(D8.A)_2 =$	
3	$(AF4.76)_{16} =$	

考核与评价

一、考核方式

(1)每小组对应一套电子积木板、一张实训工作台。

(2)检查实训任务:真实、完整、有效。

(3)按各实例的知识讲解及实训情况进行自评、互评。

二、考核说明及评价

考核说明及评价见表6-7。

考核说明及评价   表6-7

评价指标	考核说明	考核记录			
基本知识点考核	模拟信号、数字信号的定义 简单的数制转换 真值表的概述 进制数的概念				
评价内容	检验指标	权重	自评	互评	总评
1. 检查任务完成情况	(1)完成任务过程情况				
	(2)任务完成质量				
	(3)在小组完成任务过程中所起的作用				
2. 专业知识	(1)能够理解数制之间的转换				
	(2)能够描述数字信号的定义				
	(3)理解进制数的概念				
	(4)掌握真值表的定义				
3. 职业素养	(1)学习态度:积极主动参与学习				
	(2)团队合作:与小组成员一起分工合作、学习				
	(3)现场管理:服从工位安排、执行实训室"6S"管理				
4. 综合评议与建议					

想一想

(1)数字信号有几个状态?

(2)什么是模数转换?

学习任务二　基本逻辑门电路

任务导入

数字电路也称为逻辑电路,门电路是数字电路中最基本的逻辑元件。逻辑电路中实现最基本逻辑关系的电路称为逻辑门电路,简称为门电路。最基本的门电路有与门、或门、非门、与非门和或非门。本任务主要通过实例讲解,理论与实操相结合,学习基本逻辑门电路。

任务点 1　与逻辑及电路的作用

学习目标

知识目标:

1. 理解与逻辑的关系;
2. 理解与门电路的原理。

技能目标:

1. 掌握与门电路的应用;
2. 能够按照电路图正确连接电路。

素养目标:

1. 培养严谨细致的工作态度;
2. 培养空间想象能力。

知识准备

与门电路

认识基本门电路

只有决定事物结果的全部条件同时具备时,结果才发生,这种因果关系叫逻辑与,或者叫逻辑相乘。表示的逻辑关系是 $Y = AB$,如图 6-3a)所示。

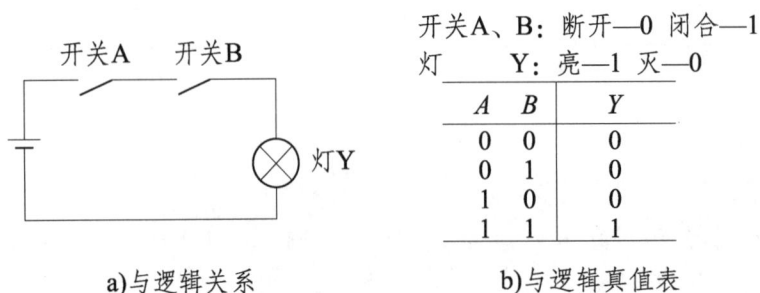

开关A、B:断开—0 闭合—1
灯　　Y:亮—1 灭—0

A	B	Y
0	0	0
0	1	0
1	0	0
1	1	1

a)与逻辑关系　　　　　　b)与逻辑真值表

图 6-3　逻辑与

当开关 A 与 B 均闭合时,灯 Y 才亮。用真值表表示如图 6-3b) 所示。体现的逻辑关系是"全 1 为 1,有 0 为 0"。

实现逻辑与关系的门电路称为与门。与门的符号如图 6-4 所示。

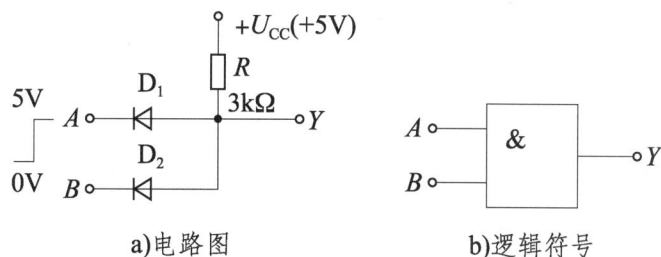

a)电路图　　　　　　　　　b)逻辑符号

图 6-4　与门电路与符号

常见的与门电路有四 2 输入与门 74LS08 和 CD4081,引脚如图 6-5 所示。

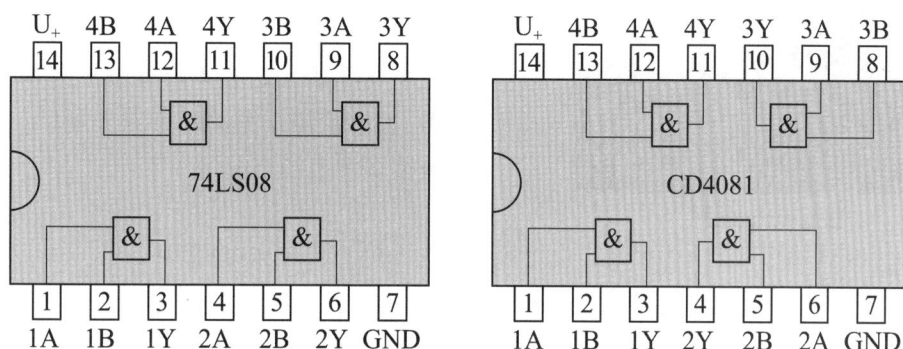

图 6-5　常用与门集成电路引脚图

与门逻辑关系表达式:

$$Y = A \cdot B \cdot C$$

边学边做

(1)通过以上学习,具备了一定的理论知识,下面将进行实训。首先,准备实训需要使用的积木板、器材,见表 6-8。

实训器材　　　　　　　　　　　　　　　　　　　　　表 6-8

可调电压锂电池模块	与门特性实训板

(2)实训步骤:与门特性实训(表6-9)。

与门特性实训 表6-9

步骤	图示	工作页
1	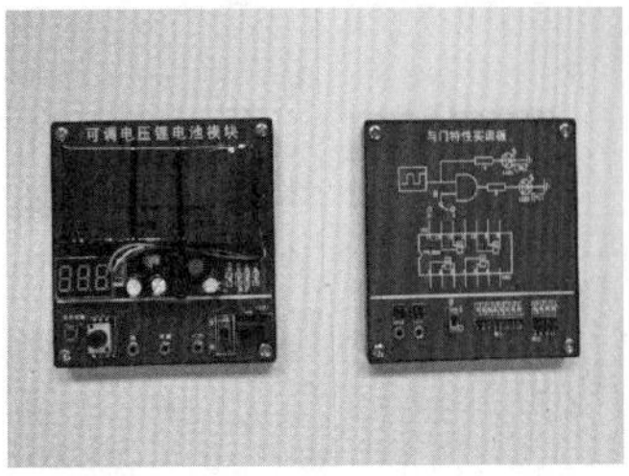	摆放好积木板的位置,检测积木板外观是否完好
2	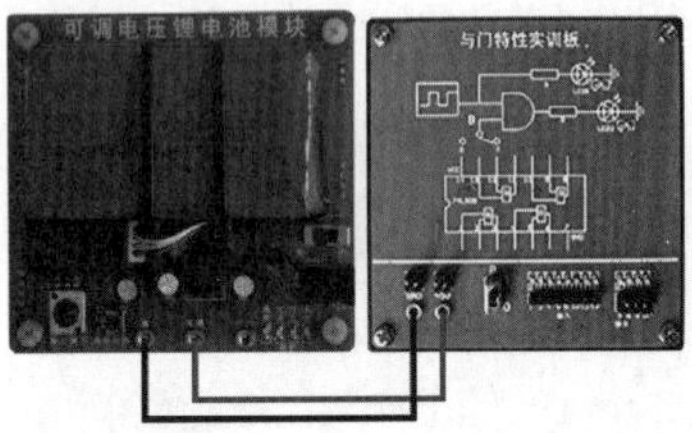	用连接导线按照积木板连接示意图连接成完整电路,注意连接前先关闭电源开关(可调电压锂电池模块调节电压为5V)
3		连接好实际的积木板电路,检查无误后打开电源。从与门特性实训板上可以观察到原理图。 由振荡信号和拨动开关B作为与门的输入信号端,与门的输出信号端连接LED2灯构成一个与门电路。 当振荡信号输出高电平时(LED1亮): 将拨动开关B,拨动到1(高)时,观察与门电路输出端LED2灯的状态为_____; 将拨动开关B,拨动到0(低)时,观察与门电路输出端LED2灯的状态为_____。 当振荡信号输出低电平时(LED1灭): 将拨动开关B,拨动到1(高)时,观察与门电路输出端LED2灯的状态为_____; 将拨动开关B,拨动到0(低)时,观察与门电路输出端LED2灯的状态为_____

任务点 2　或逻辑及电路的作用

学习目标

知识目标：

1. 理解或逻辑的关系；

2. 理解或门电路的原理。

技能目标：

1. 掌握或门电路的应用；

2. 能够按照电路图正确连接电路。

素养目标：

1. 培养团队合作和守正创新精神；

2. 养成自主学习习惯。

知识准备

或门电路

在决定事物结果的诸条件中只要有任何一个满足,结果就会发生,这种因果关系称为逻辑或,或者称为逻辑相加。表示的逻辑关系是 $Y = A + B$, 如图 6-6a) 所示。

当开关 A 与 B 只要有一个闭合,灯 Y 就亮。用真值表表示如图 6-6b) 所示,体现的逻辑关系是"有 1 为 1, 全 0 为 0"。

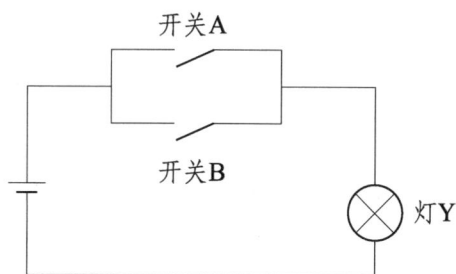

开关A、B：断开—0 闭合—1
灯　　 Y：亮—1 灭—0

A	B	Y
0	0	0
0	1	1
1	0	1
1	1	1

a)或逻辑关系　　　　　　b)或逻辑真值表

图 6-6　逻辑或

实现逻辑或关系的门电路称为或门,或门的符号如图 6-7 所示。

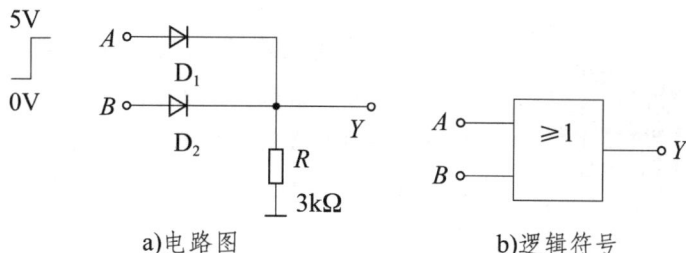

a)电路图　　　　　　b)逻辑符号

图 6-7　或门电路与符号

或逻辑关系表达式:

$$Y = A + B$$

边学边做

（1）通过以上学习,具备了一定的理论知识,下面将进行实训。首先,准备实训需要使用的积木板、器材,见表6-10。

实训器材 表6-10

可调电压锂电池模块	或门特性实训板
	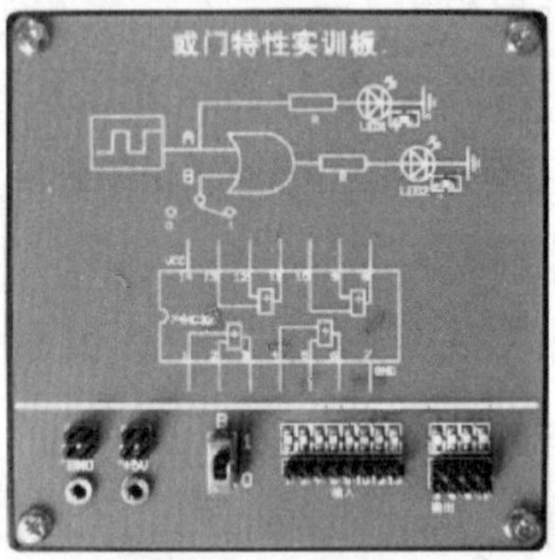

（2）实训步骤:或门特性实训（表6-11）。

或门特性实训 表6-11

步骤	图示	工作页
1	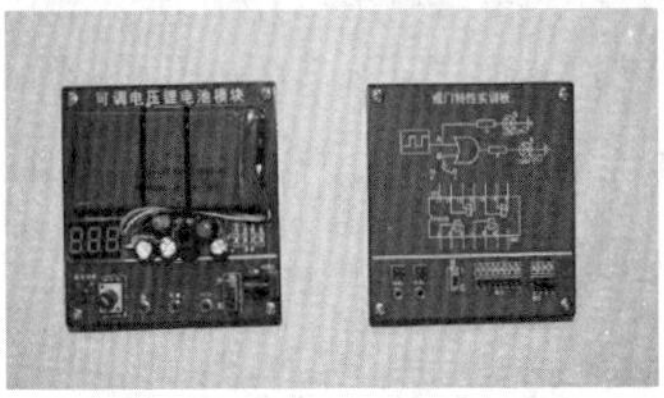	摆放好积木板的位置,检测积木板外观是否完好
2	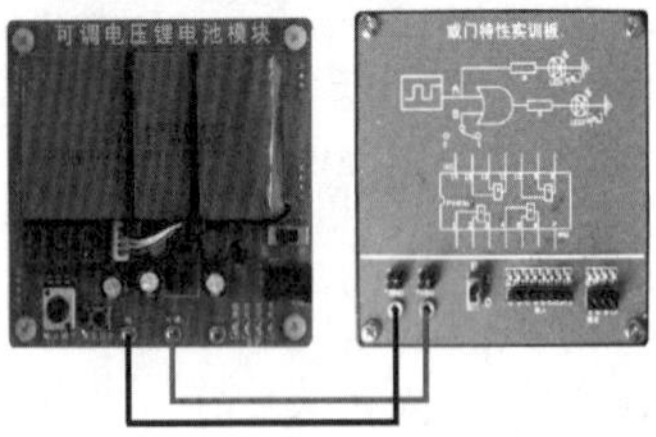	用连接导线按照积木板连接示意图连接成完整电路,注意连接前先关闭电源开关(可调电压锂电池模块调节电压为5V)
3		连接好实际的积木板电路,检查无误后打开电源。从或门特性实训板上可以观察到原理图。 由振荡信号和拨动开关 B 作为或门的输入信号端,或门的输出信号端连接 LED$_2$ 灯构成一个或门电路

步骤	图示	工作页
4		当振荡信号输出高电平时(LED₁ 亮)： 　将拨动开关 B,拨动到 1(高)时,观察或门电路输出端 LED2 灯的状态为_____; 　将拨动开关 B,拨动到 0(低)时,观察或门电路输出端 LED2 灯的状态为_____
5		当振荡信号输出低电平时(LED1 灭)： 　将拨动开关 B,拨动到 1(高)时,观察或门电路输出端 LED2 灯的状态为_____; 　将拨动开关 B,拨动到 0(低)时,观察或门电路输出端 LED2 灯的状态为_____

任务点3　非逻辑及电路的作用

学习目标

知识目标：

1. 理解非逻辑的关系;

2. 理解非门电路的原理。

技能目标：

1. 掌握非门电路的应用;

2. 能够按照电路图正确连接电路。

素养目标：

1. 培养团队合作和守正创新精神;

2. 养成自主学习习惯。

知识准备

非门电路

只要条件具备了,结果便不会发生;而条件不具备时,结果一定发生。这种逻辑关系称为逻辑非,也称为逻辑求反。表示的逻辑关系是 $Y = A$,如图 6-8a)所示。

当开关 A 闭合,灯 Y 就不亮。用真值表表示如图 6-8b)所示。体现的逻辑关系是"是 0 则 1,是 1 则 0"。

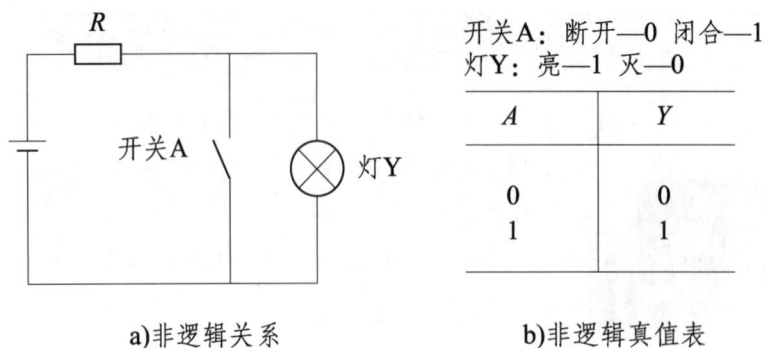

a)非逻辑关系   b)非逻辑真值表

图6-8 逻辑非

实现逻辑非关系的门电路称为非门,非门的符号如图6-9所示。

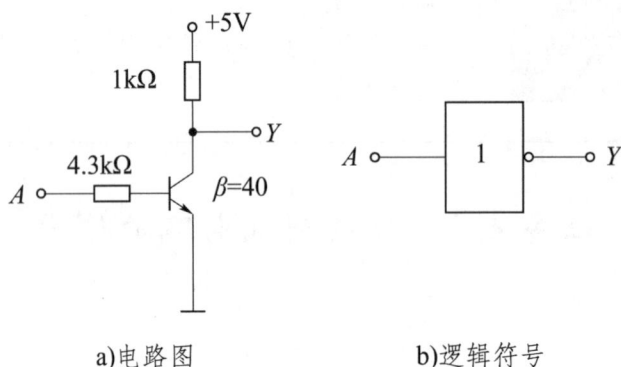

a)电路图   b)逻辑符号

图6-9 非门电路与符号

非逻辑关系可用下式表示:

$$Y = \overline{A}$$

常用的非门电路有六反相器74LS04和CD4069,引脚如图6-10所示。

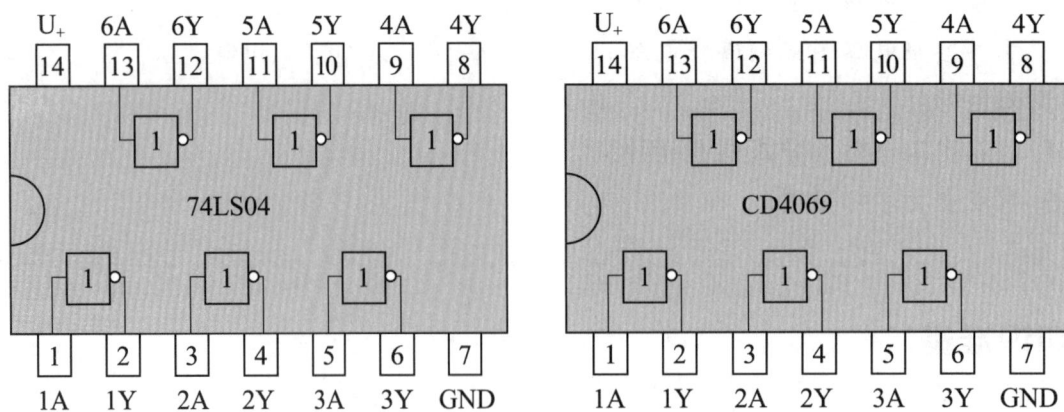

图6-10 常用非门集成电路引脚图

边学边做

(1)通过以上学习,具备了一定的理论知识,下面将进行实训。首先,准备实训需要使用的积木板、器材,见表6-12。

实训器材   表6-12

可调电压锂电池模块	非门特性实训板
	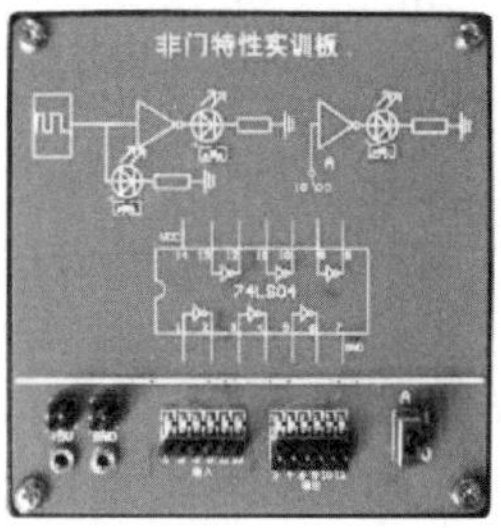

(2)实训步骤:非门特性实训(表6-13)。

非门特性实训   表6-13

步骤	图示	工作页
1		摆放好积木板的位置,检测积木板外观是否完好
2	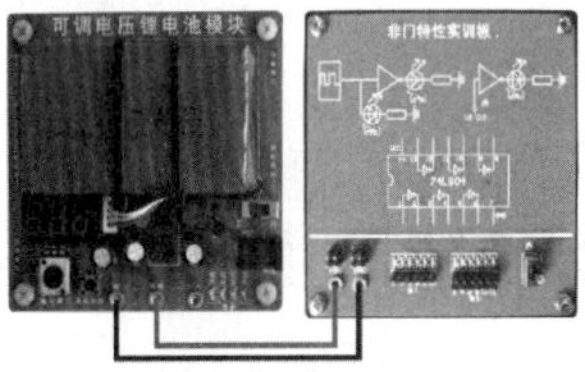	用连接导线按照积木板连接示意图连接成完整电路,注意连接前先关闭电源开关(可调电压锂电池模块调节电压为5V)
3	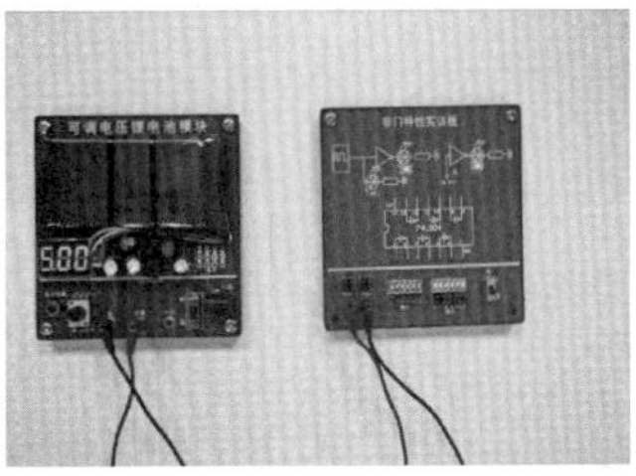	连接好实际的积木板电路,检查无误后打开电源。从非门特性实训板上可以观察到原理图。 功能一:由振荡信号直接作为非门的输入信号端,非门输出信号端连接 LED 灯构成非门电路。 当振荡信号输出高电平时:非门电路输出端 LED 灯的状态为 _____ 当振荡信号输出低电平时:非门电路输出端 LED 灯的状态为 _____
4	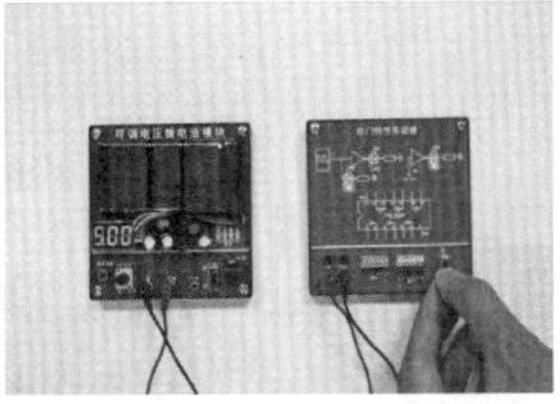	功能二:由拨动开关 A 直接作为非门的输入信号端,非门输出信号端连接 LED 灯构成非门电路。 将拨动开关 A,拨动到1(高)时:非门电路输出端 LED 灯的状态为 _____ 将拨动开关 A,拨动到0(低)时:非门电路输出端 LED 灯的状态为 _____
5	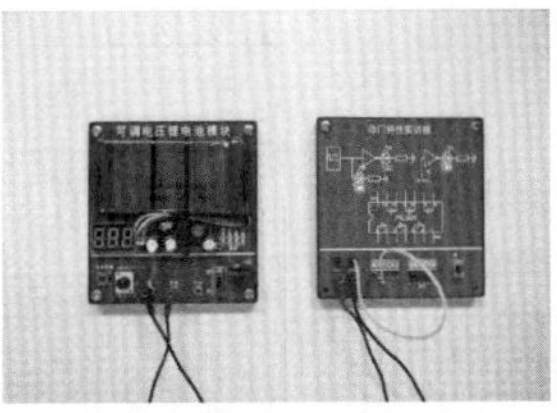	实训板上直接使用了74LS04 芯片,引出其相应的输入、输出引脚,只需接上相应的引脚即可单独使用多个非门的功能(实训板右下角)

任务点4　复合逻辑门电路的应用

知识准备

一、与非门电路

与非门表示逻辑关系是 $Y = \overline{AB}$,相当于在与门的基础上加了一个非门,与非门的符号如图 6-11 所示,真值表见表 6-14。常用的与非门集成电路有四 2 输入与非门 74LS00 和 CD4011,如图 6-12 所示。

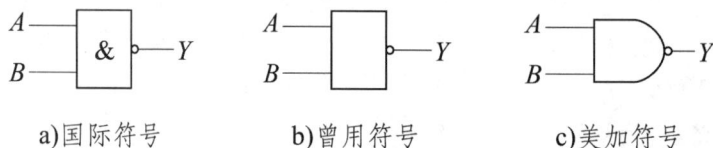

a)国际符号　　　　b)曾用符号　　　　c)美加符号

图 6-11　与非门的符号

与非门和或非门的真值表　　　　　　　　　表 6-14

输入		与非门	或非门
A	B	$Y = \overline{AB}$	$Y = \overline{A + B}$
0	0	1	1
A	B	$Y = \overline{AB}$	$Y = \overline{A + B}$
0	1	1	0
1	0	1	0
1	1	0	0
体现的逻辑关系		有 0 为 1 全 1 为 0	有 1 为 0 全 0 为 1

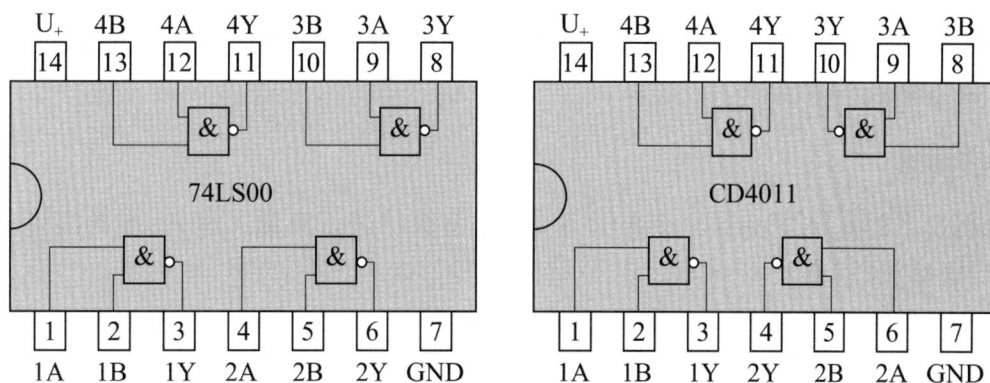

图 6-12　常用与非门集成电路引脚图

与非门逻辑关系可用下式表示：

$$Y = \overline{A \cdot B}$$

二、或非门电路

或非门表示逻辑关系是 $Y = A + B$，相当于在或门的基础上加了一个非门，或非门的符号如图 6-13 所示，真值表见表 6-14。常用的或非门集成电路有四 2 输入或非门 74LS02 和 CD4001，如图 6-14 所示。

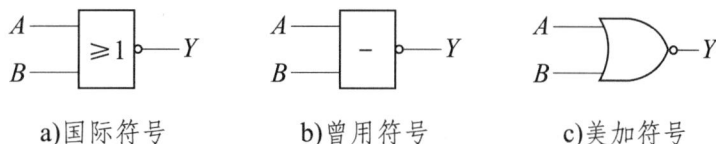

a)国际符号　　　　　b)曾用符号　　　　　c)美加符号

图 6-13　或非门的符号

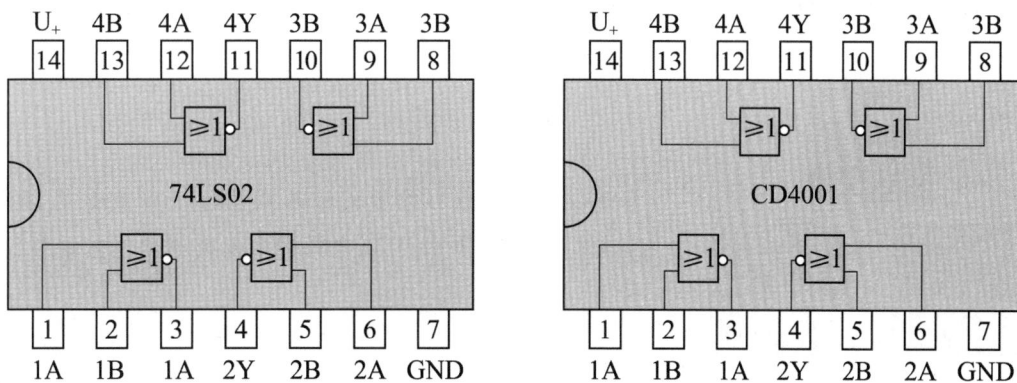

图 6-14　常用或非门集成电路引脚图

注　意

门电路的输入可以两个以上,逻辑关系与两输入同理分析。

或非门逻辑关系可用下式表示：$Y = \overline{A + B}$

操作规范:常用的数字集成电路主要有两大类型:TTL型74系列和CMOS型4000系列。两个系列的电源电压不同,TTL为+5V,CMOS为3~30V,而且CMOS电路因电源电压不同,输出的高低电平的值是不同的。

🔧 边学边做

(1)通过以上学习,具备了一定的理论知识,下面将进行实训。首先,准备实训需要使用的积木板、器材,见表6-15。

实训器材   表6-15

可调电压锂电池模块	非门特性实训板	或门特性实训板
	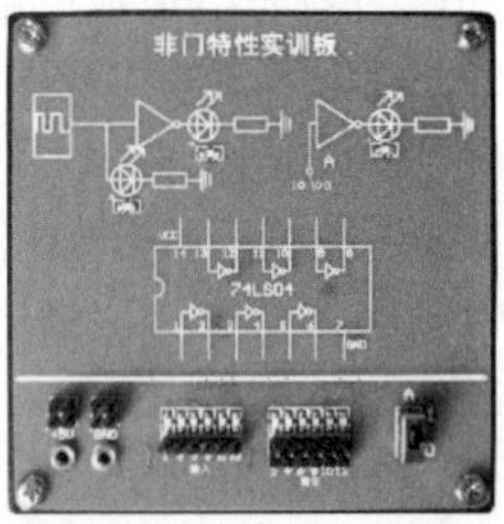	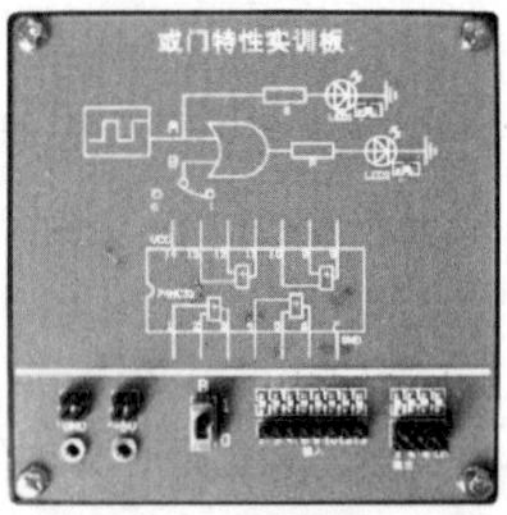

(2)实训步骤:或非门特性实训(表6-16)。

或非门特性实训   表6-16

步骤	图示	工作页
1		摆放好积木板的位置,检测积木板外观是否完好
2		用连接导线按照积木板连接示意图连接成完整电路,注意连接前先关闭电源开关(可调电压锂电池模块调节电压为5V)
3	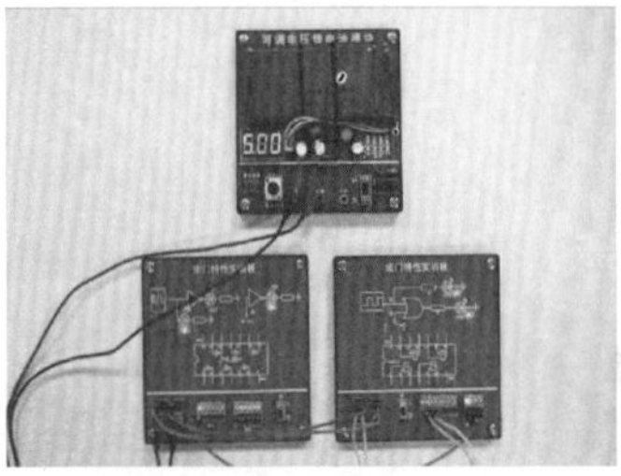	连接好实际的积木板电路,检查无误后打开电源。 连接方式一:或门电路的两个输入端接高电平,输出端接入非门电路的输入端。或门电路输出端的LED状态为_____;非门电路输出端的LED状态为_____

续上表

步骤	图示	工作页
4		连接方式二:或门电路的一个输入端接高电平,另一个输入端接低电平,输出端接入非门电路的输入端。或门电路输出端的 LED 状态为_____;非门电路输出端的 LED 状态为_____

考核与评价

一、考核方式

(1)每小组对应一套电子积木板、一张实训工作台。

(2)检查实训任务:真实、完整、有效。

(3)按各实例的知识讲解及实训情况进行自评、互评。

二、考核说明及评价

考核说明及评价见表6-17。

考核说明及评价　　　　　　　　　　　　　表6-17

评价指标	考核说明	考核记录		
基本知识点考核	逻辑门电路的功能 基本门电路的符号 掌握基本门电路的使用			

评价内容	检验指标	权重	自评	互评	总评
1. 检查任务完成情况	(1)完成任务过程情况				
	(2)任务完成质量				
	(3)在小组完成任务过程中所起的作用				
2. 专业知识	(1)能够描述逻辑门电路的功能				
	(2)能够描述基本门电路的使用				
	(3)掌握基本门电路的检测				
	(4)掌握简单的逻辑函数运算				

评价内容	检验指标	权重	自评	互评	总评
3. 职业素养	(1)学习态度:积极主动参与学习				
	(2)团队合作:与小组成员一起分工合作、学习				
	(3)现场管理:服从工位安排、执行实训室"6S"管理				
4. 综合评议与建议					

想一想

(1)振荡电路是怎么制作的?

(2)汽车电路中哪些功能电路中有门电路?

附录　本教材配套数字资源列表

序号	资源名称	资源类型	所在页码
1	电路的组成	视频	2
2	电路的工作状态	视频	3
3	汽车电路特点	视频	5
4	电流(方向、强度)	视频	18
5	电压	视频	20
6	电功率的计算	视频	26
7	欧姆定律	视频	29
8	串联电路示意图	视频	34
9	并联电路示意图	视频	37
10	电路求解大师	文本	46
11	安全用电教育	文本	52
12	继电器的结构与工作原理	视频	56
13	继电器电路的基本组成及原理	视频	57
14	带起动继电器的控制原理	视频	61
15	直流电动机结构原理	视频	66
16	汽车专用示波器基本操作	视频	76
17	正弦交流电的周期、频率和角频率	视频	78
18	正弦交流电的瞬时值、最大值和有效值	视频	79
19	正弦交流电的相位、初相位和相位差	视频	80
20	二极管极性测试	视频	86
21	二极管及其检测方法	视频	89
22	发光和感光二极管	视频	92
23	整流电路类型	视频	95
24	整流器原理	视频	98
25	电容器及其检测方法	视频	106
26	电感器及其检测方法	视频	110
27	整流和稳压二极管	视频	116
28	认识光电式传感器	视频	124
29	霍尔式凸轮轴位置传感器工作原理	视频	136
30	霍尔式轮速传感器工作原理	视频	136

续上表

序号	资源名称	资源类型	所在页码
31	爆震感测器	视频	147
32	常见温度传感器类型	视频	154
33	冷却液温度传感器3D结构展示	视频	155
34	进气温度传感器3D结构展示	视频	155
35	大国工匠	文本	158
36	半导体领域的珠穆朗玛峰	文本	158
37	NPN的原理	视频	161
38	PNP的原理	视频	161
39	三极管及其检测方法	视频	164
40	开关电路(截止状态)	视频	168
41	开关电路(饱和状态)	视频	168
42	变压器的基本构造	视频	185
43	变压器的工作原理	视频	186
44	汽车点火系统	视频	190
45	数字电路的特点	视频	192
46	认识基本门电路	视频	198

参 考 文 献

[1] 沈忆宁,刘江.汽车电工电子基础[M].2 版.北京:高等教育出版社,2022.

[2] 刘映霞,王强.汽车电工电子技术[M].北京:人民交通出版社股份有限公司,2023.

[3] 冯津.汽车电工电子基础[M].2 版.北京:人民交通出版社股份有限公司,2018.

[4] 林美云.汽车电工电子基础[M].北京:航空工业出版社,2022.

[5] 李缘忠,胡秋初,谢良维,等.汽车电路识图[M].北京:北京理工大学出版社,2018.

[6] 蔡兴旺.新能源汽车结构与检修[M].2 版.北京:机械工业出版社,2019.

[7] 黄媛媛.电工与电子技术基础[M].上海:上海交通大学出版社,2015.

[8] 林清炎,巫兴宏.新能源汽车动力蓄电池系统检修[M].北京:人民交通出版社,2024.

[9] 杜德昌.电工电子技术与技能学习指导与练习[M].北京:高等教育出版社,2024.

[10] 曾晖泽,张发.新能源汽车维护[M].北京:人民交通出版社,2024.

[11] 李晶华,李穗萍.新能源汽车使用与维护[M].北京:机械工业出版社,2020.

[12] 谢京军.电工电子技术基础[M].3 版.北京:中国劳动社会保障出版社,2022.